U0624694

2020年青岛市哲学社会科学规划项目（QDSKL2001359）成果

昔烟一城梦

战警堂百年青岛档案

贺伟 著

中国海洋大学出版社
·青岛·

¤ 英国维多利亚和阿尔伯特博物馆(Victoria and Albert Museum)收藏展览的 20 世纪 30 年代青岛玉春号广告画

自序
捡拾起的余屑

上海一名历史学教授赴英国伦敦进行学术交流时，在维多利亚和阿尔伯特博物馆看到一张20世纪30年代青岛的广告画并拍照发给了我。这张80多年前以时髦女郎为主题的广告画上，印有"青岛玉春号敬赠"几个字。

玉春号！一个熟悉又陌生的民国商号。令我颇感意外的是，这张普通的广告画居然被展示在万里之外的博物馆里。

广告画上写有"玉润珠圆光辉相映，春华秋实人寿同登"，而玉春号主人战警堂，此时已去世30余年，漫漶时光带走了他所有的传奇。我凝视沉默许久，因图而感怀。觉得是时候把这几近湮没的故事写出来，讲述给大家了。

在民国人物传记《风雨半城山——刘子山传奇》付梓之前，我已筹备本书的写作。从刘子山看民族资本奋斗的过往，最令人感慨的是大时代所遮掩的个人命运。与富可敌城的巨商刘子山相比，青岛的很多普通商人在时代背景中都是名不见经传的小人物。在身不由己被裹挟前行的大时代洪流下，这些商人已如烟云般飘散。

历史就是如此健忘。以至于仅仅过了几十年，关于这座城市几乎所有的记叙，都已经忘记了战警堂等人曾经的海滨一梦。然而，这些商人历经数个政权更迭过程中的奋斗、期待、苦闷、惊恐、无奈、兴奋、顺和、彻悟，却是构成本土工商史和家族史的真实印记。本书试图还原的掖县（今山东莱州）商人战警堂的境遇，也正是民族资本家经历大时代风雨的典型缩影。

随着时代变换，战警堂这些"小人物"的身影或因运而荣，或由事而枯，斑斑驳驳而难以留下被流年洗印的清晰踪迹。他们的行述，大多未被宣付于主流叙述，所以复原“小人物”的完整历史记录，是一件相当复杂、困难的工作。以至于找寻青岛近现代工商史上的失踪者战警堂的过程，就如同大海捞针。

所谓功不唐捐，机遇总会偏爱有心之人。不曾想到，战警堂的全部秘密，在他来到青岛创业整整100年后的初春，居然会以一种戏剧性的方式被人撞见。记录战警堂1949年之后人生经历的一麻袋完整档案，历经尘封辗转，从某个仓库流到了废品站。这个过程中，无人知晓战警堂是谁，也无人关心内容。除了后人和族亲，这个城市已经完全忘记了他的存在。

幸运的是，故纸收藏者陈承杰，在这宗珍贵的“废纸”险些被化为纸浆之前，在废品站将其抢救了下来。他在得知我一直在找寻战警堂相关的文献后，将全部档案无条件交给我扫描以便研究利用。

这宗意外发现的档案，包含大量战警堂的亲笔书信、回忆录、检讨书、询问笔录、外调材料，以及公安机关、银行、法院、区市政府、多家企业与其往来的函件，涉及战氏家族在青岛百年工商业的详细信息。此后，这些故纸成为我长达数月的唯一夜晚读物。由于这批档案40多年间从未被人翻开过，我在阅读的时候不得不每隔十几分钟就去洗脸、洗手，以消除陈年霉菌带来的极不舒适的刺痒感。

对这宗故纸的研判和梳理，引领我沿着战警堂的脚步和思维，逐步走入他复杂的内心。从之前研究刘子山的经验得知，对传主履历和性格的认知过程，除了通过查阅大量的原始档案去伪存真，结合筛选、比对后代的口述记忆，并根据时局来串并、整合零散线索以解决困惑之外，没有其他捷径。

历史学家理查德·马里厄斯和梅尔文·E.佩吉在《历史写作简明指南》中指出：“当你仔细思考历史，尤其是当你学习与阅读它时，将这些熟悉的问题记在心中——何人、何事、何时、何地、何以如此——将它们作为你的指导。”通过大量阅读文献，一段时间之后，我已经可以和鲜活、生动的战警堂对话了。因为，我对他在人生履历各时段中的何人、何事、何时、何地，尤其是何以如此，都已熟知于心。

通过一段时间笨拙的信息积累，我把捡拾到的飘散于历史深处"小人物"战警堂的蒙尘碎片，接续裱糊成一个真实且鲜艳的时间画布的工作，有了技术上的可能。

接下来，我开始履行一个历史发现者的责任，也就是在努力接近真相的前提下，把这些被大时代改变的"小人物"的命运记录下来。本书所试图还原的战警堂家族的财富往事和个人命运转折，以战家祖辈生息开始，转折于1907年前后战家移居青岛创业，一直延续到20世纪80年代。

兰台之外，尚有余纸。

这本用一手未刊档案修复的故事，是细说而非戏说，求生动而非枯冷，力图走回旧年而非遥念过去。这部褪色的近代工商识小录，不溢美，不掩过，但求还原史实，在大叙事堆放而起的史书边案之角，且对近代地方工商史和家族史补苴罅漏。

非常感谢陈承杰的无私支持和对历史的敬意。基于他聚拢的这批档案，才得以有此书的丰满与真实。

感谢战警堂外孙邹士松、外孙张亦青、孙女李静静、曾外孙女刘夏的信任。他们相信笔者能公正地记录和研究这段被遗失于角落里的尘封家族史，并多次接受访谈，提供了内容丰富的家族记忆。

此外，故纸收藏者张冠群、李德福、刘铁明、刘志康等相继提供了战警堂的照片和相关史料，黄海提供了战警堂商号的广告画，金鹏赠送了战警堂的股票原件及部分凭证。中国人民抗日战争纪念馆程皓博士，对本书中涉及的莱州历史地理沿革，给予了热心指教；就读于日本筑波大学的徐畅，为本书翻译了多份1922—1945年青岛工商业的日文原始档案；已有20年信息交流史的"发现青岛历史小组"的各位研究者在许多专业领域为笔者提供了关键性的帮助。在此一并对师友们的帮扶深表谢忱。

需要说明的是，书中出现的人物名字超过300个，鉴于各种原因，对部分检举者、在押犯、证人，以及因其他原因不便列出姓名者的全名进行了技术处理。对于书中的非工商营业房产信息，除战警堂的一处主要房产外，其他只列举到路名而隐去门牌号码。鉴于1949年后的档案除个别语句外，大部分读者都能顺畅理解，为了呈现档案真实原貌，不再对大量引用的档案原文另加过多表述。

本书涉及的时间长达百年，且各种大事、小事在时间上纵横交织。笔者对时间的梳理和表达纠结了很长时间，最后决定在尽量依照时间顺延的前提下，以大事件顺序为写作框架。由于笔者非职业学人，因水平浅薄所致的表述错误或不确切之处，请各位读者批评指正。

1925年，作家茅盾在《文学周报》发表了一篇少见于收录的小文《大时代中一个无名小卒的杂记》。战警堂的百年往事，就以此文开始。

或许读完全书之后，把这篇小文作为后记来读，更有别番况味。

贺　伟

2024年3月29日

大时代中一个无名小卒的杂记

友人某甲，一日来访我。谈了些话走后，遗落下一本薄薄的记事册，内中都是些杂碎的见闻录。我读了一遍，很感得趣味——一种难以名状的趣味。甲先生在他的杂记中自称那时代是"大时代"，但我细翻那大时代的实录，总不见甲先生的大名。那么，他大概只是一个无名小卒而已。可是他的几页杂记实在有吸引目光的魔力。或者这些已成了历史。所以我便私下抄几则来在这里发表。想起安特列夫曾经有过《大时代中一个小人物的忏悔》这么一部书，便也套调儿题名为《大时代中一个无名小卒的杂记》。[①]

① 沈雁冰．大时代中一个无名小卒的杂记[J].文学周报，1925，194:2.

目录

第五章　家国沦陷 实业路艰难

第六章　河山重光 乱象中彷徨

第七章　清新青岛 且行且揣测

第八章　亦步亦趋 迈步从头越

第一章

月明他乡　父子见商埠

磕掉门牙的孩子

1957 年蝉鸣荷放的夏天，当战警堂在大学路读报栏看到家乡掖县的新闻时，故乡早已是他乡。

八关山下，长风斜过。来到青岛 40 多年的战警堂，此时已经“光荣地成为一名自食其力的劳动者”。

“人生天地间，忽如远行客。”

1917 年那个遥远的春天，故乡掖县山涧的桃花开放正艳。55 岁的战警堂，还记得当年桃花虾的味道吗？

山东莱州，旧称掖县。

掖县之得名，源于绕城之掖河。自明代升为莱州府后，至有清一代，掖县均为莱州府知府衙门驻地。掖县之南有夏邱镇，镇辖的一个小村庄，在清末民初时间被称为“掖南魏家疃”。[1]

明洪武二年，也就是 1369 年，魏姓族氏自四川迁至此地，此为魏家村立村之始。

魏家村聚落呈长方形，主产作物为小麦、玉米和花生。经数代人历时四百年的耕作生息，村庄在清中期得以扩大规模。遂以村中三条街为界，划分为三个村庄，分别叫作前魏家村、中魏家村、后魏家村。

---

① 战警堂．我的出身和经历[Z]．1952-04-04.

中魏家村的村民大多姓魏，此外还有姓战的。战氏先祖战伯阳，明代与其胞兄自四川最早落脚于平里店镇，其后人有散居于其他村落者。

中魏家村村民战庆云，生于清同治七年。这一年是1868年，逢左宗棠率军西征平乱。距离大清朝不远的岛国日本，则已开始明治维新。

¤ 掖县近代民居样式

战庆云娶妻吴氏，并育有一个儿子和两个女儿。

战庆云34岁得子，这个独子出生在清光绪二十八年（1902年）2月26日，属虎，起名为战鸿铎。

掖县彼时是山东土产贸易重镇，女有纺织之业，男通渔盐之利，民风朴实。

掖县当时是全国草帽缏交易的集散中心和价格风向标。由美国记者创办于上海的《密勒氏评论报》曾报道："烟台于一八六二年开为商埠后，外人即见该处之草帽缏制造业极为重要。"① 民国金融机构的调查报告认为："吾国有草帽缏工业，盖始于一八六二年烟台开埠之时……至草帽缏最良而亦占最重要之区域，当推莱州……"②

① 山东之草帽缏业[J]. 民心周报，1920，1(44)：1096.

② 继定. 我国草帽缏工业状况[J]. 钱业月报，1924，4(6)：36.

¤ 民国初年掖县大关帝庙街　资料来源：程皓提供

掖县草帽缏集散地在沙河镇，著名的草帽缏商汇昶号、永庆堂等“八大家”商号均在沙河镇。在当地，“掐缏子”是多数妇女非常熟练的手艺，这里早在光绪年间就已设办邮政局和电报局。1892年后，大量草帽缏以青岛为基地，出口至欧洲。

沙河镇距离战庆云的村落有几十里路，战庆云并没有在草帽缏生意中获利，他只是个老实巴交的农民。掖县自古出产优质石材“莱玉”，但石材收发生意似乎和战庆云也没有什么关联。

战家自有二亩七分田地，产收难以支撑一家五口的生活。战庆云只得在耕地之余给别人打工，每月逢初四、初九去夏邱堡大集卖点农货。

因生活所迫，战庆云学习掌握了石匠手艺。他能得以磨石头贴补家用，得益于魏家村出产一种“色白质细黄山石”[①]的优质滑石石材。多年后，战鸿铎还清楚地记得父亲的乡村生活：“当时我父亲因生活不能维持，给人家做短工，又做石工。”

尽管生活清苦，但是战庆云依然很明智地让儿子去村里的私塾读书。这一年是1910年，战鸿铎9岁。

掖县旧时的私塾多由几十户人家联合请教书先生，学生需要每年交三升小米和小麦供先生伙食，学费为每年2000文钱。由于开支少，不少农村家庭尚能供给。

六年私塾时间很快过去，战鸿铎学习认真。这个顽皮的孩子性格外向，曾经趁着教书先生外出参加红白喜事的时间在私塾打闹，从桌子上摔下来磕

① 刘锦堂．掖县志：卷2［M］．铅本．掖县：同裕堂书笔印刷局，1935:127.

掉了门牙，因此而被惩罚。

长至少年时，依照男子"以字行"的规矩，战鸿铎取字为"警堂"。

此时，父亲战庆云已离开家乡，去寻找海滨的新生活。

青年战警堂的命运，被指向了父亲的理想国——新生的青岛。

去青岛

1891 年 6 月 14 日，清廷发布上谕批准了李鸿章的奏折："另片奏拟在胶州、烟台各海口添筑炮台等语，著照所请，行该衙门知道。"由此，胶州湾正式设防。

次年，登州镇总兵章高元率 3000 人主掌胶州湾防务。这时的青岛，依旧是一个有了驻军的偏僻渔村，而非具备行政机构及职能的城市。

1897 年 11 月，德国借口其传教士在山东巨野被杀，德军舰队在青岛登陆，青岛沦为德国租借地。1899 年 10 月 12 日，德国皇帝威廉二世颁布命令，将千山万水之外的胶州湾租借地的新市区正式命名为"青岛"。

这个长时间波澜不惊的北方渔村，快速进入"模范租借地"开发时代。被暴力撬开的新城市，随之楔入欧洲工商业理念和新文明、新秩序。

青岛租借地进入大规模建设开发之时，掖县战家的乡村生活，随着战庆云不甘贫困的渴望正在发生着改变。不晚于 1908 年，战庆云以毅然的姿态告别家乡，加入青岛这个新城市早期移民的队列里。

"如果说农村经济的崩溃，生活的压迫，兵匪的劫掠，迫使难民离乡背井，成为绝大多数农民进城的动因，那么寻找更好的发展机会，则成为农民主动离乡的诱因。青岛工业的发展提供了较多的就业机会，农村里生计恶化的农民，在亲友乡邻的信息交流中，燃起对城市生活的向往，他们希望到都市去寻找新的改善生活的机会。"①

战庆云告别妻子和孩子们，去青岛投奔已在此做小生意的堂弟战先五，寻找新的安身立命空间。

---

① 柳敏．融入与疏离：乡下人的城市境遇——以青岛为中心（1927—1937）[M]．太原：山西人民出版社，2013:102.

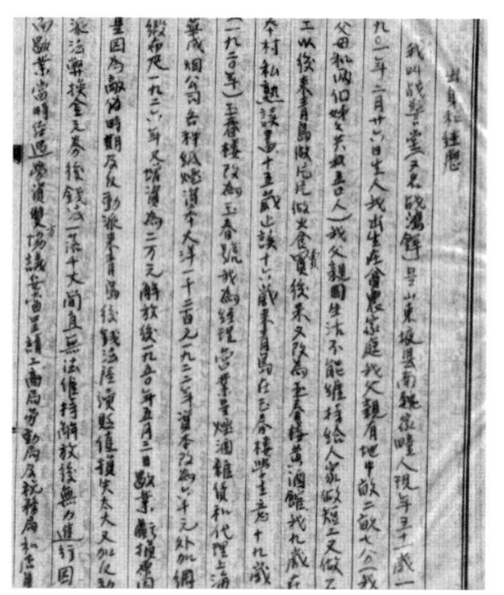

¤ 战警堂手写的《我的出身与经历》 资料来源：陈承杰收藏

解读堂弟战先五的信息，同时带来了刨根问底的疑惑和快感。能证实战先五身份的仅有的两份文档，至少跨越了 26 年的时间。

战警堂在 1952 年的自述和他证中，均记录了其四堂叔战先五开办“和合栈”商号多年，接纳了来青谋生的父亲，并且对于战家早期的生意有过帮助。

以和合栈为坐标，以籍贯掖县和年龄小于战警堂的父亲为标尺，最终在一份 1926 年日本对青岛的经济调查报告书中找到了答案。

1922 年，日本人水野天英受青岛兴信所委托，对青岛境内的山东、日本、欧洲商人进行了详细调查，并形成《山东日支人信用秘录》和《山东欧米人[①]信用秘录》。调查报告包括各个商人的年龄、籍贯、简历、商号及经营情况。报告中记录的掖县商人战福吉，和战先五的信息吻合。

《山东日支人信用秘录》记载的战福吉就是战先五，属名和字之分而已。“战福吉，掖县城北人，住所天津路 68 号，和合栈土产商。他在乡里读私塾八年，后来去了奉天，在同德兴杂货铺做生意。1903 年至 1904 年来到德国管辖的青岛，日德战争之后，来青岛的日本人增多，生意有了发展。”[②]

战先五去奉天闯关东的时候，路旺镇祝家村一个叫张宗昌的乡人也去了关东谋生路。在奉天同德兴杂货铺做生意的战先五，显然比日后成为军阀的张宗昌时年筑路小工的身份更为优越。

战先五之所以离开奉天，远赴德管青岛，极有可能是为了躲避 1904 年辽东半岛日俄战争的战火。他舍弃的奉天生意给他带来了不可估量的损失，因为在他离开之后的几年，奉天已经是杂货经营业的重要集散地。《奉天劝业

① 欧米人，即时年日本对欧美人的称谓。

② 水野天英．山东日支人信用秘录［R］．1926:234.

报》记载了杂货行业的日渐繁盛："其最宜注意者，实因杂货之取引以营口为市场，近时则其中心点渐移于奉天。故奉天已成满洲杂货之集散地。"[①]

战先五到青岛的这一年，青岛到济南的铁路已经全线通车，本地华洋土产生意的涨势又给他带来了新的前景。根据胶海关的统计，青岛土产商1904年出口外洋及香港的土产品贸易量较上一年翻了三番，运往国内各通商口岸的土产品较上一年增长了一倍。[②]

战先五以老本行土产杂货业，在距离住宅不远处的天津路13号开办了合和栈，这是一家青岛"行栈"。

"行栈"在外埠也叫作牙行，主业是生意中介服务。在贸易信息沟通及物流运输不畅的年代，各地行栈商作为一个牵线平台对接供需，将大宗货物从产地或集市承运到贸易口岸，或为供货商存放于行栈仓库的货品代觅买家并收取佣金。

比如，在战警堂的家乡掖县，有许多从事草帽缏交易的行栈直接被称作"缏庄"。缏庄为出口商多头收购大宗草帽缏等土产，运送到天津、青岛港口代办销售。根据学者庄维民的研究，1903年至1916年，掖县籍商人在青岛共开设16家缏庄，为礼和洋行、禅臣洋行等14家外商提供草帽缏货源。

行栈商与买办不完全相同。买办是最早的新式华商，在中国早期资本主义工商业蹒跚起步中发挥了重要作用。比如上海江浙财团的大买办虞洽卿，早在1892年就开始从事买办业务，逐步投资入股航运、地产等行业，成为沪上巨商。其他江浙财团的名商亦有多人自买办起步后投资实业。

青岛开埠较晚，自渔村立身后，突然之间就被推进到"模范租借地"的跨国商贸中。在德管早期，青岛的华人贸易仅限于从事民生业的小型商铺，并没有近代意义上的华商资本家。外商在青贸易虽须依赖华人，但本埠没有出现过像津沪等地区那样出色的大买办。相反，青岛第一代富商大多有着跟随德国商人打杂或从事小买卖交易，从而接触到现代文明和商贸流程与规则的经历。眼界的开阔和好的悟性，尝试的决心和诚实勤奋，造就了本地华商业务的快速铺展。

---

① 沈毅．行销奉天地方日本杂货之调查（奉天商业会议所稿）[J]．奉天劝业报，1910(3)：1.

② 袁荣叟．胶澳志：中册[M]．青岛：青岛出版社，2011：57.

1914年青岛被日本占领后，日资主导的青岛商贸运营模式，使得买办这个本来在租借地不甚发达的行业日渐萎缩，直至自然消亡。华商行栈业务风生水起，渐达顶峰。

“日占青岛时期，行栈资本获得进一步发展。日本商人和商行因为比较熟悉中国的商业贸易制度及语言文字，一般很少使用买办作贸易中介，大多是直接与行栈商进行委托代理贸易；这时欧美洋行在条件许可的情况下，也乐得放弃买办制度这种方式迂回、开销不菲的贸易形式。更直接地与行栈商打交道。”①

福合永、协聚祥、德源永、祥泰、丁敬记、洪泰、立诚、复诚、泰东、大成栈都是青岛著名的行栈。这些行栈商不但因此积累了财富，而且为繁荣青岛内外贸易，促进市场流通，留下了不可磨灭的痕迹，做出了巨大的贡献。

虽没有数据支持，也没有档案证明合和栈何时转型经营批发业务，但可以肯定的是，战先五的这家青岛早期行栈经营状况良好，否则合和栈不可能持续营业几十年。

在小富安康之后，战先五安顿了从乡下来投靠的堂哥战庆云。

战庆云选择了沿街叫卖食品小生意。战警堂老年时，笔述父亲在青岛的第一份工作是“做片片，做伙食卖”。②

所谓的“片片”，是掖县的一种传统食品——“片汤”。片汤与面条的区别是，片汤是将发好的面揉成面团，再削成菱形放入锅内煮开，也可加入蔬菜等佐食。

一份和战庆云同时代的掖县人叫卖记忆，可作为战庆云游走街巷的写真。“有个卖大米稀饭的，常在夕阳西下的时候，先从关外飘来几声‘大米粘粥’。那大米两个字拉着长音一顿，粘粥两个字回向大米又是一顿。调子里带着些苍老和厚道的意味儿。”③

在冬日黄昏时挑着热气腾腾的担子沿街叫卖，自然不少吃苦。不甘贫困的战庆云辛苦奔走，换来了老家妻儿的温饱和自己的零星积蓄。在这个东西

① 庄维民．近代山东市场经济的变迁［M］．北京：中华书局，2000:249.

② 战警堂坦白书［Z］．1952-04-04.

③ 侯统照．故城掖县［J］．山东文献，1975，1(1):151.

方理念和文化交融碰撞的新城市，改变生活的渴望，促使他决定开办一家固定门市。

1899年，区分于欧人区的华人聚落区域大鲍岛（Tapautau）开始规划建设。相异于台东镇作为华人居住区的功能，大鲍岛被定性为华人商住区。当年，既有的四条马路两侧全部建满了房屋。德商西姆森（Alfred Siemssen）主持的祥福洋行，作为租借地最大的房地产公司，参与开发了多处房产。

次年，德国胶澳总督府颁布《治理青岛包岛东西镇章程总则》，正式将青岛租借地划分为内、外两界。其中，内界包括青岛、大鲍岛、小泥洼、孟家沟、小鲍岛、杨家村、台东镇、扫帚滩、会前9个村；其余274个村庄为外界，统称为李村区。

大鲍岛这个被称为中国城的区域，因为紧邻繁华的弗里德里希大街[①]和欧人居住区，迅速成为一个重要商圈。随着掖县帮、黄县帮、即墨帮和广东帮等早期移民纷至沓来，大鲍岛一夜之间成为华人找寻淘金梦想的聚集地。开发后的两年，大鲍岛已经建成房屋234栋，占青岛主城区新建房屋总量的三分之二。以今中山路北段为中心，青岛最早的街市已经形成。

在“模范租借地”科学的规划之外，西方外来科技与文明，也在悄然改变着中国城商圈内华人的生活方式。至少在1901年，大鲍岛李村路上高成本的路灯开始点亮，华人逐次收起煤油灯，漫天彩霞落尽后开启的电灯照亮了中国城的街道。也是这一年，大鲍岛有了提供清洁饮用水的公共水龙头。

在青岛中心城区建设了当时东亚地区最先进的排水系统之后，德国当局开始在大鲍岛推行冲水厕所，以取代华人每家都有的便桶容器。到1910年左右，大鲍岛区域已建成三处大型的自来水中央冲水公厕，并逐步改变华人倾倒粪便的传统习惯。甚至在历经百年后，“大茅房”仍是本地人称呼大鲍岛核心区的地标用词，在此处生活过的居民，尽人皆知。

德占时期的大鲍岛，不但有了干净的直饮水，空气也变得清新起来。周边华人食肆的炊烟，进一步刺激了中国城居民的味蕾。“玉春酒楼”开张了。这是战庆云在大鲍岛街区开办的店铺。

① 德占时期，今中山路被分为弗里德里希大街和山东街两段。

玉春酒楼，在战警堂的自述中，也被称为玉春黄酒馆。位于大鲍岛高密街（Kaumi Str.）和博山街（Poschan Str.）街口的玉春酒楼，后来的门牌号是高密路 58 号。在这个华人聚居的位置开设一间小酒馆，战庆云的选择无疑是正确的。这间一楼的店铺，成为战家改变命运的转折点。

“德国人倾向于整齐的街道空间，同欧洲市区一样，大鲍岛房屋的沿街立面也必须平行于道路红线建造。出于防火的考虑，主楼立面墙体以及所有建筑的沿街墙体必须使用砌体结构，黏土墙和木结构被明令禁止，屋顶也禁止使用茅草等不防火的材料。”[①]

和大鲍岛的多数建筑一样，高密街玉春黄酒馆所在的商业楼，是典型的中西合璧风格。两层连排，上住下商式布局，立面处理相对简单，以白灰勾缝，以灰色清水砖砌筑，仅对门楣和窗楣做简单装饰。酒楼探出墙体的布幌招牌，使人距离很远就能看到其字号。

关于玉春酒楼开张的具体时间，一度难以查辨。玉春酒楼仅是大鲍岛百余年前一家普通的华人酒馆，要从浩繁的档案中确认其开张日期，实非易事。除了遍查相关文献之外，还有很大的运气成分。

终于，在检索 1938 年青岛沦陷后土产杂货业同业公会资料时，意外发现了一份玉春号的登记表。表中商会调查科明确记录，高密路 58 号玉春号“成立日期，清光绪三十四年五月十五日”[②]。

玉春號
地址 高密路五八號
黃酒
拾貳萬元
成立日期 清光緒三十四年五月十五日

¤ 记载有玉春号于光绪三十四年间开业的档案　资料来源：青岛市档案馆

① 青岛市城市建设档案馆．大鲍岛：一个青岛本土社区的成长记录[M]．济南：山东画报出版社，2013:45.

② 青岛市土产杂货业同业公会关于高密路青岛玉春号战警堂等土产业公会会员登记表：B0038-001-00218-2151 [A]．青岛：青岛市档案馆，1942-12-31.

1908年五月十五日，吉时已到。这一天，站在高密路和博山路路口的战庆云看到了什么？

此时的青岛，已经走进大规模开发建设的第十年，一个偏僻荒凉的渔村，正按照“模范租借地”的规划，打造在司法、贸易、交通、建筑、教育、卫生、旅游、绿化等领域领先东亚的样板城市。这里有不到4000名外国居民，除了居多的德国人和日本人之外，还有美国人、奥地利人、英国人、印度人、俄国人、法国人、意大利人，以及两名丹麦人和挪威人、土耳其人各一名。东西方文化在海滨交融，一座快速成长的新生城市，已经走出了襁褓期。

¤ 青岛高密路战家玉春酒楼，骑马人正前方面对的建筑是劈柴院

战庆云给予希望的酒馆开张时，他看到：“取代青岛村和中国兵营的是一座按照统一规划建设的规模宏大的城市，有欧洲人的青岛市区以及与之相邻的位于奥古斯特·维多利亚海湾的别墅区，大鲍岛中国人市区和距大港、小港很近的台东镇、台西镇工人居住区，还有一个地处大鲍岛和大港之间正在形成的工商业区。市区有一个可通行汽车的街道网，有雨水和污水下水道，自来水和电灯照明设备，有向欧洲人和华人开放的教堂、医院和学校，有一个邮局、一个交易大厦和一座符合一切卫生要求的屠宰场……海军管理当局特

别重视在青岛四郊植树造林，这是一件不但可以美化市容，也能改善城市卫生状况的非常重要的工作”①。

那一天，当朝的统治者——光绪帝和慈禧太后均健在于皇都。而面对一座日新月异的现代化城市，作为在青岛租借地生活的31500多名中国男人之一，战庆云已经没有心思向他北方的皇帝和太后致敬了。

他改善命运的梦想，随着酒香，在这个洋溢着对新生活无限向往的大鲍岛街区舒展着弥漫开来。

然而令人困惑的是，在1908年五月十五日战庆云开业之前，却有文献记录玉春号早在1901年即已从事黄酒生意。学者庄维民在《日本工商资本与近代山东》中列举了青岛早期华人的工商业状况。其中提到玉春楼开办的年份为1901年。

两份均有详细记录的档案资料，在时间节点上却有差异。

在未发现更完整的档案之前，综合这些线索大致可以推测，玉春酒楼早在1901年即是战家族亲的生意，战庆云来青投靠堂弟后沿街卖片汤，后加入玉春酒楼，并在1908年与族亲合伙或单独接下玉春酒楼。

战庆云之所以继续开办玉春黄酒馆，是因为酿造的黄酒品质好，销量高。这种黄酒以黍米为原料，秋天用麦子做酒曲发酵，冬日酿造后封缸月余而成。战家的黄酒口感醇厚，加之选址合适，玉春黄酒馆便生意兴隆。

玉春酒楼开业四年后，德国胶澳总督发布《订立抽收中国酒捐章程》，在对进入青岛境内的外国酒征税后，开始实行中国酒专卖制度。但很快，这个城市就不再属于德国了。

第一次世界大战爆发后，日本加入协约国，向同盟国的德国宣战。为了取代德国在中国山东的权益，日本出兵同德国交战，青岛成为第一次世界大战东亚地区唯一的战场。

日军协同少数英军，兵分两路向山东进发。一路由神尾光臣中将率领，于1914年9月3日在山东龙口登陆，目的是避开德军强大的海岸防御火炮

① 青岛市档案馆．青岛开埠十七年——《胶澳发展备忘录》全译[M]．北京：中国档案出版社，2007:467-468.

和坚固工事，从背面袭击青岛的德军；另一路由加藤定吉中将率领，于9月18日从青岛东部崂山的仰口湾登陆。

1914年11月7日，日军攻克德军台东镇炮台等中央堡垒，青岛德军的陆路防线全线崩溃。当天德军代表同日军代表在东吴家村会谈，接受了日军提出的停战投降要求。11月10日，日军正式接受德军投降，接管青岛市区，并随即宣布对青岛实行军管。

从此，日本开始第一次对青岛的殖民统治。

日德青岛之战给青岛本地带来了重大损失，致使工商业、贸易业、加工业、制造业停顿半年。

青岛华商百业凋敝，岌岌可危。1914年3月，青岛工商界有日本人2184名、华人110名。各种工商企业190家，只有11家为华人独资企业。

战后，青岛工商业行政管理由日本青岛守备军司令部民政署总务课负责。大批日侨来到青岛投资，十几家大型工厂开始创办。"欧战发生后，日本取代德国在胶州及胶济铁路沿线的势力，日本人除接收了部分德国工厂外，亦自创工厂。"[①]

截至1917年，内外棉株式会社青岛内外棉工厂、铃木丝厂、青岛大连制冰厂、大仓蛋粉厂、青岛磷寸株式会社、东洋油房等日资企业已开工生产。

研究近代山东日本工商业活动的学者认为，在第一次日本占领青岛时期，被日资完全吞并的华资工商业其实并不多见。据了解，当时日本工商资本在青岛所构建的日资工业体系，无疑对民族工业的发展起了抑制作用。同一时期，华商在济南则为自身工业的发展赢得了机会，并在与日资企业的竞争中取得了优势。这一事实说明，关于外国资本的作用和影响，在不同的历史空间和时间中有着不同的表现，需要结合当时历史实际加以具体分析。

这些日资产业给华商的经营带来了很大的冲击。但不能否认的是，第一批青岛华人移民之前已获得了财富快速扩张的机会。掖县商帮刘子山、黄县商帮傅炳昭、广东商帮古成章、扬州商帮丁敬臣、即墨商帮陈次冶等各路带头商人，在这个时期分别完成了资本积累。华商在建筑材料、地产租赁、外贸出

---

① 张玉法．中国现代化的区域研究：山东省（1860~1916）[M]．台北："中央"研究院近代史研究所，1982:215-216.

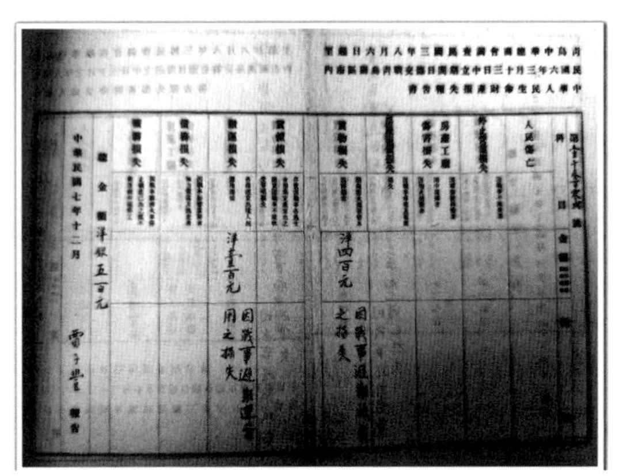

¤ 日德青岛之战中国商民损失调查表

口、土产批发、南北互货等市场开疆拓土，并开始与日资合作。

在青岛部分中日合资企业中，华商的地位不可忽视。日资利用本地华商提高生意便利的希望，使部分华商转型为股东。而较早从乡绅商人向青岛城市资本市场转型的新兴华商，要达到盈利的目的，就需要适应这种日资主导的经营模式。

统计显示，自 1914 年至 1922 年，也就是日本第一次占领青岛到胶澳商埠建立这八年间，青市中日合资企业如山东仓库株式会社、山东运输株式会社、山东乳业株式会社、中日盐业株式会社、日鲁渔业株式会社中，均出现了华人股东的身影。

而玉春酒楼之类的华人酒馆，战后受到的冲击并不大。客人还是那帮客人，生意还是那般生意。而且伴随着经济持续发力，导致用工需求量增大，也为酒馆增添些许盈利。

休憩时的午后或月凉如水之夜，大鲍岛的华人酒馆会热闹起来。三五人等小聚玉春酒楼，沽一壶焦香满屋的黄酒，几碟小菜摆上木桌，谈谈街头见闻、家长里短，一天的疲惫便在微醺中纾解。玉春酒馆在中国城的光景，不乏日常生息的温度和烟火气。

“忙日苦多闲日少，新愁常续旧愁生。”某日早晨醒来，整天操劳奔波的战庆云突然醒悟，该有个帮手了。

1917 年，15 岁的少年战警堂，被父亲从老家招来青岛。

对战警堂而言，这一天，掖县的当夜已然是他乡明月。一个陌生的海滨城市，将要改变他的一生。

他来了。从中山路往玉春酒楼走的路上，沿着缓坡先要路过万源永商号。这家南方食货店的气息，足以引得农村少年流口水。

大鲍岛的中国城里，就此多了一个不起眼的掖县少年。他和陆续到来的各埠少年一样，都是跟随长辈的追梦者。

¤大鲍岛街景旧影　资料来源：作者收藏《青岛名所写真帖》

在父亲的酒馆里，战警堂要做杂活并学习酿酒。根据他晚年的自述，他还负责把黄酒送到客户的店宅。在每日穿行于大街小巷的战警堂眼中，这个到处是欧式建筑群落，到处是人的城市，充满了新奇与诱惑，新鲜光亮的风景，隐藏着难以言说的吸引力。

因为父子二人的辛勤劳作，玉春酒楼生意日渐兴隆。1918 年夏季，玉春酒楼销售额大幅增长。玉春楼资本 500 元，职工人数 5 人，年销售额 4330 元，黄酒酿造，合伙经营，店员 2 人，工人 3 人。[①]

在战家以 500 银圆资本奋发图强的 1918 年，战警堂的掖县同乡刘子山，已经在距离玉春酒楼两街之隔的河南路上，以 20 万银圆开办了东莱银行。这是青岛首家完全以华商私人资本开办的现代化银行。他们和家乡纷至沓来的逐梦人，逐步奠定了掖县帮在青岛工商业的头牌地位。

作为掖县移民青岛的新一辈，17 岁的战警堂对财富的稳定增长充满着云霓之望。

① 庄维民，刘大可．日本工商资本与近代山东[M]．北京：社会科学文献出版社，2005:122.

酒香飘溢

1920年,青岛日商的投资持续活跃,中日合办青岛取引所开张,日本长崎纺织株式会社所属的青岛宝来纱厂建立,日本正隆银行青岛支店营业,聊城路周边的日侨聚居区日渐密集,自成一片繁华。

华商餐饮业依然有赚有赔。战家父子在大鲍岛辛劳操持的酒楼生意稳中有升,这应该得益于战家黄酒和饭菜的品质始终如一。1920年出现的一个新机会,使战家完成了关键性转身。在积累了一些收入后,战家不满足于小富即安,而是将全部家当投入了百货批零行业。

1920年玉春酒楼更名为玉春号,完成了由酒馆向商号的转变。玉春号的本金由两年前的500银圆增至1200银圆。对于当年的一般家庭来说,这笔钱具有较强的购买力。按照这一年上海的平均物价,中等大米一石(156斤)的市场批发价为9元6角。[①]上海中医陈存仁曾将日常账目逐一记录,成为当时生活的真实样本。他的记录展现了1920年银圆的购买力:"我虽然每月只得薪金八元,但袋中常有铿锵的银元撞击声,气概为之一壮。内心有说不出的快乐,外表上也觉得飘飘然,因为当时八块钱有很多东西可买的。"[②]

这一年,战家注册的1200银圆,可以在青岛主城区莱阳路海滨购买146平方米海景房的产权。

玉春号主营杂货、趸布和丝绸批零,黄酒零售成了副业。战警堂曾自述:"1920玉春楼改为玉春号,我为经理,营业是烟酒杂货。"[③]

开办杂货行也并非稳赚不赔,除了大鲍岛华人区的商铺,竞争还来自日本人经营的杂货店铺。在1915年,日侨经营杂货者已有114家之多[④],仅次于日侨在青经营旅馆的数量。有名气的杂货日商有樫村洋行青岛支店、福昌

① 中国科学院上海经济研究所,上海社会科学院经济研究所.上海解放前后物价资料汇编(1921年—1957年)[G].上海:上海人民出版社,1958:120.

② 陈存仁.银元时代生活史[M].上海:上海人民出版社,2000:19.

③ 战警堂坦白书[Z].1952-04-04.

④ 赵珊.青岛的日侨街区研究(1914—1922)——以新町为中心[D].青岛:中国海洋大学,2014:27.

公司青岛出张所、富永商行、高桥硝子商会等。

根据高桥源太郎《最近之青岛》的记录，在战警堂来青岛的1917年年底，在青日本业户数量已达2500家。“以购销为业的日本商人共1068人，这些商人分布在38个业别，其中有杂货商245人、贸易及中间商297人、旧货商104人、果品商40人、五金机械商23人、药品商35人。”①

日商在青岛有明显的领先优势，甚至在大鲍岛区域也出现了一些日本人商店。华商对于大鲍岛营商环境的感知，从自信逐步变为坚守。

大鲍岛和小鲍岛一山之隔，两地的中国商人既与日商有着生意上的竞争，还要提防日本社团的欺诈。玉春号成立的次年，便发生过一起轰动青岛的日本人逞凶案件。

1921年8月18日上午8点钟，桓台路永顺利渔行的华商孟吉瑞，到辽宁路找朋友刘某商谈。刘某是此处日商渔行的杂役，负责处理生鱼。该渔行经理志摩证彰见到后，出面驱逐孟吉瑞离开，并脱下木屐对孟进行殴打。围观者打抱不平与之理论，这期间有一名叫叶桓达的警察出面排解。不料志摩证彰返回渔行内，打电话向日本在青国粹会求援，国粹会随即集合数百名日本人，手持刀、棍等凶器赶来。

本地媒体对事态发展的叙述如下：“查国粹会为日本侨居青岛之浪人所组织，平日假武士道大和魂美名，耍刀耍枪，谓系保存日本武士道国粹，故名国粹会。实则完全仇视华人，压迫华人，一种有组织之机关也。此次一经志摩电邀，立即携带刀棍，全体出发，一遇华人，不问皂白，便一阵乱砍。并派人阻绝交通，不许警察近前干预，以遂其残杀之目的。是时华人在外乘凉者及往来行人，约有千数百人，因手无寸铁，无法抵制，跑不及者，均受刀棍重伤，一时秩序大乱，哭嚎之声，惨不忍闻。该管分所巡警，见无法制止，只得飞报公安局请示。”②

警察局随之派警员前往弹压，将中日伤者送医并驱散国粹会暴徒。事发之后，青岛商民义愤填膺。当局向驻青日本领事馆交涉，并提出惩办凶徒及赔偿要求。日方自知理亏，应允惩办施暴日人，并考虑解散暴力组织国粹会。

① 庄维民，刘大可．日本工商资本与近代山东[M]．北京：社会科学文献出版社，2005:83.

② 青岛日人逞凶案[J]．时事月报，1921,5(4):603.

玉春号开张伊始，便立足了根基。

1922 年 2 月 4 日，经过谈判中日双方签订《中日解决山东悬案条约》，后来又经过五个月的谈判，中国收回青岛主权。

伴随着青岛回归的万众普庆，玉春号资本增加到 6000 元，主营绸缎布疋。这个信息证实了玉春号立足华人圈，贩卖衣食等生活必需品的营业方向对路。

对于玉春号的黄酒而言，这一年青岛黄酒酿制的二等税负也不算很高，每三个月只征营业税 10 元，与西洋茶点店一样，在民生行业里仅高于华人药铺和咖啡店的税率。①

1922 年，青岛一般民众大多消费不起高级餐饮。海泊路的三阳楼，不远处天津路的东华旅社、春和楼，北京路的顺兴楼都是华人开办的名牌菜馆。豪华酒席一桌 8 元，叫来唱戏的助兴加 1 元，召妓来饭局陪酒加 2 元。一桌 20 元的顶级奢侈酒席，则会有燕窝、海参、鸡鸭鱼肉等珍馐美味。而当年青岛的警察和纺织工的月薪还不足 12 元。

相比之下，价格亲民的玉春牌掖县黄酒，具备一定的竞争优势，吸引了固定客户群。

回收主权三年后的青岛工商业，与胶澳商埠财政一样举步维艰，桎梏于日资企业的利润逼压。以新兴化学工业为例，日资维新化学工艺社、山东化学工场、青岛染色株式会社、明治制革株式会社等依旧占据主要市场。

但在青岛主权回归的振奋下，豪商巨贾、贩夫走卒都对未来充满希望。上海银行公会会长盛竹书，在对青岛进行经济考察时认为："青岛之优点，固在天时与地理。而港口之深，码头之巩固，一切建筑之精工，非其他各商埠所能企及。至民情朴质，风俗敦厚，劳动家之耐苦，尤觉不数数遘也。其商业及蕊含苞，如日初生，方兴正有未艾。倘经商国内及侨商外洋之资本家、实业家，闻风兴起，亲往考察，共图发展，不独为青岛一隅商业前途幸，并为我中华民国全国商业前途幸也。"②

在一份青岛本地工业考察报告中，振奋和自豪也跃然于纸上："青岛位居华北中心，气候温和，交通便利，市容整洁，设施完善，风景美丽，港湾优良。内

① 叶春墀．青岛概要[M]．上海：商务印书馆，1922:20.

② 盛竹书．盛竹书君青岛游行之经济视察观[J]．银行周报，1923,7(30):17.

¤ 从中山路看高密路，远处右侧为玉春号，近处左侧是著名的南货店万源永号

地工业原料之丰富，附近居民性情之朴实，尤为他埠所不及，确为最适当之工业区域。径前国人对于青岛尚未具有深切之认识，一切优良特点，均多未加注意。近年以来，青岛吾国之工业，稍具规模，虽在世界经济恐慌，均感不景气之状态之下，犹在努力挣扎之中，此亦市政当局整饬之得法，救济努力，始有这种比较好的现象。”①

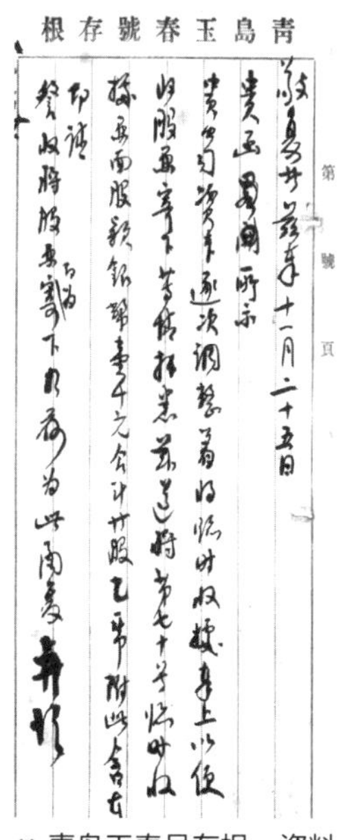

青島玉春號存根

¤ 青岛玉春号存根　资料来源：陈承杰收藏

务实诚朴的掖县商帮，对回归的青岛始终不乏认同感。二十几岁的战警堂，在青岛的五六年间，做生意没有走过弯路，一方面是他具有掖县人的经商天赋，一方面也得益于青岛一城的天时地利。

放眼望去，无论是在青岛还是在他埠，掖县人的生意如水银泻地，无处不在。1920 年及以后，北京商会会长、青岛商会会长、辽宁商工总会会长、哈

① 青岛市档案馆．胶澳商埠档案史料选编（三）[G]．青岛：青岛出版社，2016:217.

尔滨商会会长的职位上，全都出现过掖县籍商人的身影。

这时候，意气风发的战警堂，已经褪去了店铺业主对安稳的满足，萌发出进击资本的渴望和野心。在浅海戏水的战警堂，开始找寻逐浪的机会。

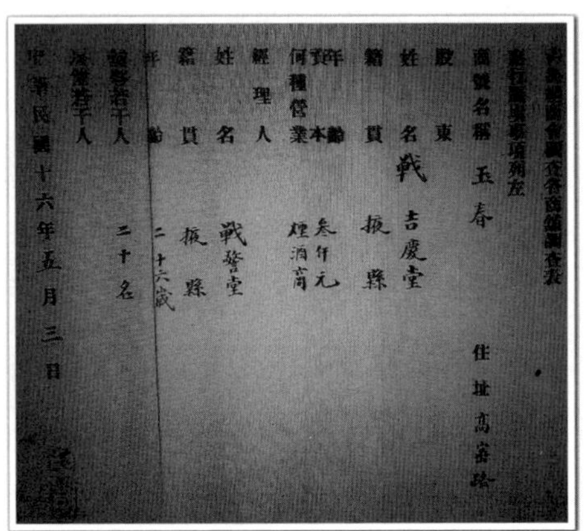

商號名稱 玉春　住址 高密路
股東 姓名 戰吉慶堂
籍貫 掖縣
年齡
資本 叁仟元
何種營業 煙酒商
經理人
姓名 戰警堂
籍貫 掖縣
年齡 二十六歲
號夥若干人 二十名
學徒若干人
中華民國十六年五月三日

¤ 青岛总商会玉春号调查表

一颗金鼠蹦蹦跳

1923年初夏，战警堂以250元的小股本，试探性地投资了一家股份制企业。他成为中日合资胶澳电气股份有限公司的一名股东。

溯源胶澳电气股份有限公司的历史，如同翻开点亮青岛的发电史。

1898年，青岛进入城市化快速开发后，德商库麦尔电气公司（O. L. Kummer & Co.）在河南路和天津路路口建成青岛首家小型发电厂AG Elektrizitaetswerkr，点亮了城市婴儿期的第一盏电灯。发电厂初期发电仅供租借地行政及公共事业部门使用，后供应少量城市照明。但发电厂因经营惨淡，不久便于1901年倒闭。1902年初，西门子公司接手了发电厂。

在西门子公司看来，库麦尔电器公司在青岛投入的小型发电设备似乎过于简陋，他们打算一切从头开始。据青岛历史研究者孙建铭考证："西门子重新建的发电厂，没有继续使用原发电设备，原发电厂的变压器和蒸汽机等设备于1904年被西门子公司拍卖，原发电厂的土地也于1905年被出让。"

西门子公司的新发电厂建在广州路。在一张经常将西门子发电厂误认为库麦尔电气公司发电的旧照片里，广州路的路面尚未修完。随着城市电力发源地的高大烟囱竖立起来，完成道路建设的广州路北段，被总督府命名为"千瓦大街"（Kilowatt street）。

青岛历史研究者王栋，曾对此有过解读："新装一台60马力发电机的发电厂也在1903年开始投产，巨大的变压器由拉特瑙创办的德国通用电气公司（Allgemeine Elektrizitaets Gesellschaft）承建。西门子的电器工程师恩斯特·普莱斯曼和德国通用电气公司的克里伯也参与了发电厂的创办。但是，在运转了一年多之后，西门子电厂的投资者认为这一产业无利可图，于1904年底退出了青岛的供电经营，并把发电厂交给了总督府。"①

西门子公司发电厂被胶澳总督府接管后，改称电灯厂，西门子转向出售电器等新业务。总督府的电灯厂一直在努力扩容，不过除了官方的工厂外，早期绝大多数私人企业都没有办法直接从发电厂获得电力供应。而到了1906年，电灯厂发电量大幅增加，及至1909年，整个大港和附近市区开始得到供电，包括144户华人在内的539户青岛住户，享受到了新工业文明带来的温暖。

1914年日德青岛之战后日本接管发电厂，改名为青岛发电所，隶属青岛日本守备军司令部的民政部门管理。中国收回青岛主权后的1923年5月27日，发电厂改制为中日合办胶澳电气股份有限公司（日方称为胶澳电气株式会社），发电量达到3500千瓦，其经营范围包括"以胶澳界域为范围，所有界内电灯、电力及一切电气事业"。

¤ 1915年广州路影像。烟囱处即为青岛发电所，右边建筑为原德资奥斯特船厂，左边建筑为日资协丰园酱油酿造场　资料来源：作者收藏三船秋香写真集《青岛土产》

① 王栋．青岛影像：明信片中的城市记忆[M]．青岛：中国海洋大学出版社，2017:292.

战警堂入股时，这个发电企业的地址已经从德占时期的广州路3号更改为广州一路38号。发电设备总容量为5000千瓦，公司注册资本为200万元，分为16万股，中方股东居然多达393人，占股41%。山东福山人王子雍任总经理，40岁的山东掖县人宋雨亭任协理，日本福岛县人高桥光隆任经理。

不久后，刘子山的名字出现在胶澳电气股份有限公司股东的名簿中。已经开办东莱银行数年，持股多家公司的刘子山，坐拥青岛半城的房产。虽然此时他已移居天津，但因为持股较多，刘子山直接成为该公司的大股东。他以3500股在各大持股人中位列第六。董事会在青岛大饭店召开的第七次股东总会上，宣布本期股东红利为6万银圆，股东利息为10万银圆。胶澳电气股份有限公司股东人数虽多达527人，但持50股以下的小股东就有249人。其中，包括仅持20股的战警堂。

这期间，战警堂娶妻傅冠华，他比夫人小七岁。入股胶澳电气股份有限公司一年后，战氏夫妇喜得长子战德馨。

凭杂货店的第一桶金，以微小股份参与大型合资企业投资。这种试探，是战警堂踏入更广阔视野的一步台阶。

终于，他没有辜负一个来自上海的机会。

¤ 德占青岛时期西门子发电厂旧影。时间约为1904年，厂址位于建设中的广州路　资料来源：青岛市档案馆

玉春号开业的第五年，即1925年，战警堂偶然接触到了上海华成香烟，并如愿成为该厂在山东地区的销售总代理。此种机遇，实属难逢，战警堂自然牢牢抓住。他相信这会给玉春号的财富积累提供一个快速增长的可能。

1924年，经营铁厂的浙江镇海人戴畊莘与他人接办上海华成烟公司。"其创办动机因鉴于舶来卷烟输入我国之汹涌，每岁利权被攫何止千万。触目惊心之余，毅然斥资接盘老华成烟厂，以为从事制造国货卷烟纸基础。"①

华成烟厂初创时资本为4万元，厂址在法租界紫薇里，四年之内又开设两家分厂，增资为40万元，并迁址汇山路。华成烟厂创办时正逢鼠年，第一个卷烟牌号取名为金鼠牌。商标正版是一只金老鼠塑像，副版印有六枚金币。华成烟厂生肖年推出第一个寓意吉祥的牌号后，在《申报》持续刊登广告②，宣传"烟味好，价格巧"，并将广告画密集投放到上海公交车上，以至于发生了乡下人进城误以为是金鼠牌汽车的笑谈。"沪上公共汽车之外面，遍贴广告，俨若广告车然。老乡初游上海，自外而归逆旅。余问曰：'坐汽车回的？也还是坐电车回的？'老乡应曰：'坐金鼠牌的汽车回的！'"③

金鼠牌香烟在上海滩的畅销，远出乎烟厂意料。以至于几年之后，上海市面上出现了仿冒金鼠图案的金驼牌等香烟，并且两者的广告都刊发于《申报》的元旦版。

金鼠牌创牌不久，华成烟厂为了开辟外埠市场，派了一位叫王义勇的销售员春节前到青岛试探市场。

相比于上海的消费者，青岛烟民对这个新创的卷烟品牌不甚认可。当时青岛本地尚无一家民族资本烟厂，而大英公司在孟庄路的厂房刚刚完工尚未投产。除了少数消费者习惯性购买舶来香烟之外，大多数烟民日常消费的都是手工纸烟或旱烟。

王义勇未能将带来的新产品销完。在华成烟厂"虽偏僻乡村，亦畅销无疑"信念的指导下，王义勇和青岛朋友刘华亭商议去乡下卖卖看。巧的是，他们选定的正是战警堂老家的集市。

① 中国华成烟草公司近况[J]. 实业季刊，1936，3(1)：9.

② 金鼠牌香烟广告[N]. 申报，1926-03-03(4).

③ 约钦，金鼠牌汽车[J]. 逸经，1937(27)：52.

¤ 左为金鼠牌香烟,右为上海金飞烟厂仿冒的金驼牌香烟

此时正逢掖县庙会,战警堂因为回去过春节也在老家。更巧的是,刘华亭和战警堂相熟。经介绍后战警堂和王义勇见了面,在仔细了解华成烟厂及其产品在上海的销售情况后,战警堂有了做销售代理的念头。“战警堂因青岛地方小,怕王义勇不相信他,说到青岛合和栈找他四叔做个保,再代理销售华成烟厂的香烟。”①

回青后,战警堂和四堂叔战先五说明了自己的想法。战先五表示支持,并同意以合和栈商号做担保。华成烟厂在确认消息后,派管理员前来考察玉春号并和战警堂议定合作细节。根据20世纪50年代的一份书面回忆,合作意向在战警堂的一次宴请后达成,玉春号成为华成烟厂金鼠牌香烟在青岛的经销商。

不久后一次收购原料的合作,加深了彼此的信任。其实,这很难判断是一次正常的业务活动,还是华成烟厂对战警堂的考验。但无论出发点是什么,数年历练生意场的战警堂,都表现出了超乎寻常的决断力。

---

① 战心泉. 我知道的战警堂情况[Z].

事情的起因，是华成烟厂欲到山东昌潍地区（今潍坊）收购烟叶，告知战警堂前往协助办理，且需要他垫付收购款。这是一笔不少的钱，战警堂拿不出，但他毫不犹豫地应允下来，随即求助四堂叔战先五。“当天就到他四叔家下跪，征求同意接济一下收烟的钱。事后得到四叔同意，支持下去收烟，不用现款，打合和栈汇票就行了。”[①]

合和栈的垫资，给战警堂在华成烟厂方面树立了极好的信用和印象。随后，华成烟厂将其产品在山东省内的总代理权授予了玉春号。

战警堂由此从杂货商迈进了经理人行列。

吉庆堂露面

1926年，玉春号快速增资为2万银圆。

这一年，战警堂夫妇长女战德芳出生。

次年，在裕盛祥号的介绍和担保下，玉春号成为青岛总商会会员商号。商会为玉春号颁发了外墙会员门牌。“总商会发给调查表式，遵照填列外，为此具呈请愿书所祈，鉴核实行，并请发给门牌证书，实为商便。”[②]

一家大规模卷烟厂的名牌香烟代理商，其销售利润非常可观。战警堂的偶像，

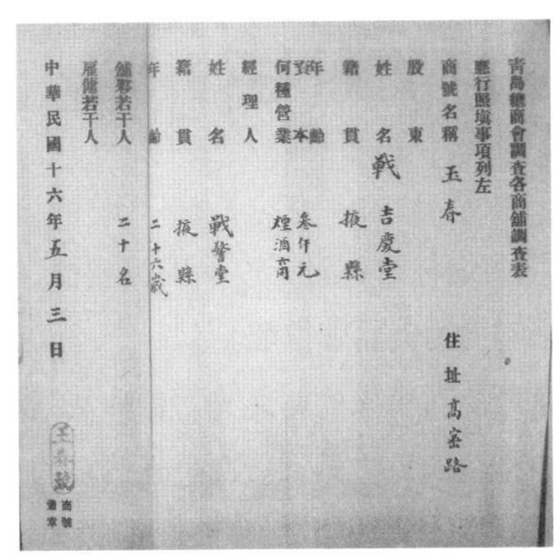

青島總商會調查各商舖調查表
應行照填事項列左
商號名稱 玉春　住址 高密路
股東 姓名 戰吉慶堂
籍貫 掖縣
年齡 資本 叁仟元
何種營業 煙酒商
經理人 姓名 戰警堂
籍貫 掖縣
年齡 二十六歲
舖夥若干人 二十名
雇傭若干人
中華民國十六年五月三日
商號圖章

¤1927年，玉春号加入青岛总商会会员商号的调查表

¤ 玉春号代理的上海中和香烟的广告赠品

① 战心泉．我知道的战警堂情况［Z］．

② 关于发给玉春号门牌证书的呈：B0038-001-00254-0211［A］．青岛：青岛市档案馆，1927-05-03．

非上海滩传奇烟商郑伯昭莫属。

广东人郑伯昭，从推销洋雪茄烟的伙计做起，一生以代理香烟为主业，通过永泰栈的前卫销售手段和精明头脑，成为英国卷烟商老刀牌、大英牌香烟的中国代理，以此积聚了巨资。这个早年的跑街销售员，经过多年买办生涯，最终成为烟草托拉斯的合伙人。1921 年，郑伯昭以 49% 的股份，和烟业巨头英美烟公司合资成立永泰和烟草股份有限公司，推出“红锡包”香烟，并成为英美烟公司最大的代理商。同时，受制于外商不得在租界之外置产的规定，英美烟公司委托郑伯昭代理其在沪地产业务，郑伯昭因之成立了宏安地产公司。至此，英美烟公司的业务已经无法绕开郑伯昭，郑伯昭则当之无愧地成为中国百年烟草业的首席代理商。

虽与郑伯昭的业绩有万里之差，但华成烟厂美丽牌香烟在全国的畅销却实实在在地为玉春号带来了丰厚的利润。

1927 年，金鼠牌香烟已经采取了更加灵活的促销方式，采取六个空烟盒可以到烟店换取一张彩票的方法加大营销，并于各大报纸刊登广告：

烟叶嫩黄气味又好，
较比他烟实在是高，
空盒六个换一彩票，
盒上外皮中文有效。
赠奖银元物品皆有，
快吸此烟机会到了，
希望极大可别失了。[①]

金鼠烟大卖之下，华成烟厂意识到烟标设计对于产品的重要性，遂精心设计，推出了在中国烟草史上极具影响力的美丽牌香烟。

美丽牌香烟的设计者，是华成烟厂高薪聘来的谢之光。曾师从刘海粟的谢之光，以其独特风格成为上海最有地位的广告画家。谢之光选定的主题样例是美女，他将京剧名伶吕美玉《失足恨》的剧照摹画下来，配以英文“My Dear”，“美丽牌香烟，有美皆备，无丽不臻”的广告语。

① 上等香烟金鼠月份牌[N]. 顺天时报，1927-01-01(6).

明亮的色彩，秀眉皓齿、丰腴身材、极其柔美的女明星，此烟自出品之日起，便迅速占据市场。

烟标设计虽为摹画名伶，但厂家在烟盒内放置吕美玉剧照的做法，却无疑使侵犯吕美玉肖像权的行为证据确凿。吕美玉及家人遂提起诉讼，在开庭数次之后，华成烟厂与吕美玉达成和解，以每销售两大箱美丽牌香烟付给吕美玉一元补偿为代价，继续使用该商标。

虽然支付了不菲的费用，但这起在上海滩广为传播的商标品牌官司，反而在一定程度上为华成烟厂做了广告。再加之“有美皆备，无丽不臻”的时髦广告语遍布上海街头、电车车身、报亭等处，消费者莫不认可。

美丽牌香烟就此成为时年中国知名度最高、产销量最大的国产香烟。

战警堂与华成烟厂的合作，在1930年前后达到高峰。战警堂自述，其代

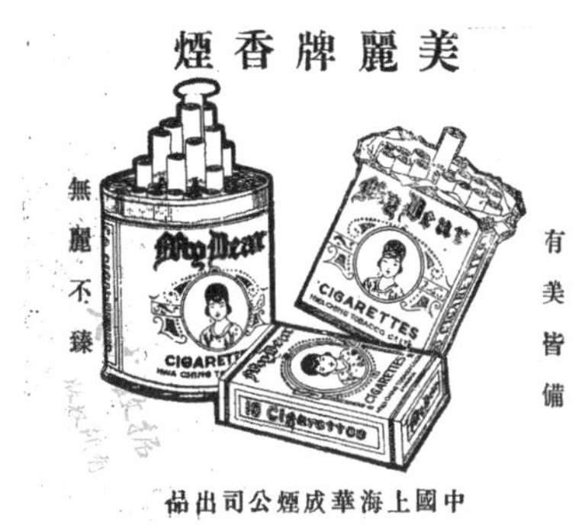

¤1930年美丽牌香烟在杂志上的广告

¤ 作者收藏的华成烟厂20世纪30年代美丽牌50支装大号听装香烟，该烟时年售价与南洋兄弟烟草公司大长城牌香烟同价，一个银圆三罐

理华成烟厂美丽牌香烟等产品，每箱得佣金5元。一大箱卷烟的数量为5万支。

一个月，玉春号代理的产品在山东地区的销售量为300箱，月入佣金1500银圆。看到如此好的销量，又基于青岛是烟叶的重要中转地，以及当地烟草业发达，华成烟厂董事长戴畊莘便在青岛创办了中国烟叶公司，并出任董事长。

“他除担任华成公司的董事长外，并兼任中国烟叶公司董事长。

中国烟叶公司，厂址是在青岛，是专门推销国产的烟叶的。它的出品不但盛销国内的各处，同时对国外的贸易也占重要的地位，真是中国唯一的替

¤ 华成烟厂在《申报》刊登的美丽牌、金鼠牌香烟广告

国家挽回利权的国产实业公司。”①

收获华成卷烟代理销售的利益后，战警堂又成功与上海三兴烟公司建立了代理关系。三兴烟厂由浙江镇海人烟纸店员出身的蒋兰亭创办。“当三兴成立之后，不久就有许多新烟厂的勃起。即以上海一地而论，便有数十家之多，于是同业间竞争之风，日趋尖锐。”②

为了寻找新市场，三兴烟厂遂在 1925 年起以南洋华侨为消费群，专注南洋出口，并以中山牌香烟为主打品牌，在国内则以广东和福建为主要销售区。

或许由于战警堂善于寻找各烟厂的销售错位，三兴烟厂的产品很快就出现在了玉春号的柜台上。青岛的消费者也看到了寓意喜庆的香烟牌子：百万家财牌、意中人牌、红牌、天仙牌等。

战警堂代理销售的三兴烟厂的产品数量似乎不少。据《卷烟统税公报》档案的记录，玉春号曾一次由沪运青 20 大箱中山牌香烟，因在两地重复缴税 536 银圆而申请退还“花价”。

① 徐鹤椿．现代工商领袖成名记[M]．上海：新风书店，1931:212.

② 亦敏．三兴烟公司（工商史料之三十三）[J]．机联会刊，1935(132):16.

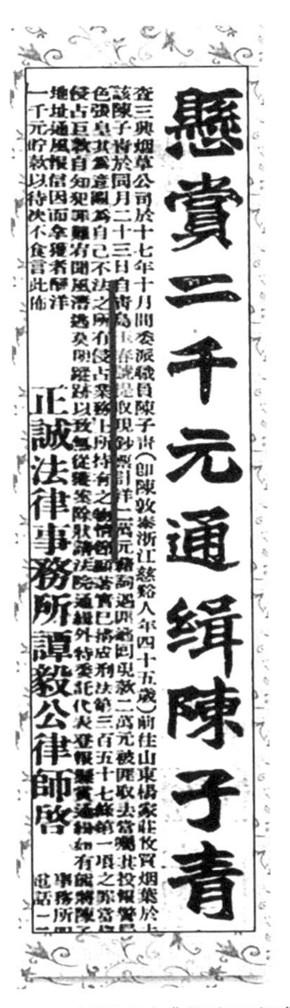

懸賞二千元通緝陳子青

正誠法律事務所譚毅公律師啓

¤ 三兴烟厂在《华光日报》刊登的悬赏通缉贪污玉春号烟款职员的广告

“花价”即为印花税税款。为此,江苏卷烟统税局在调查后,致函山东卷烟统税局,函商山东局通知玉春号及三兴烟厂办理退税手续。山东卷烟统税局回函:“贵局传知玉春号通知上海三兴公司具函来处请领退税证。俾符手续,缘准前由相应函复查照。”①

三兴烟厂与玉春号关联的一起悬赏通缉案,发生在1929年5月。三兴烟厂45岁的职员陈子青,被派往山东杨家庄收买烟叶。烟厂收叶主任沈顺昌命其到玉春号取款,陈子青遂到青岛请战警堂批准提取现洋2万元。在这个过程中,陈子青面对巨款动了私念,回上海后向公司谎报中途遇到劫匪,烟款全部被劫。面对烟厂的质疑,陈子青择机携款潜逃。三兴烟厂为挽回巨大损失,一边报警搜捕,一边连续在《申报》和《华光日报》②刊登律师公告,悬赏捉拿。“特委托代表登报悬赏通缉。如有能将陈子青人赃并获者,酬洋二千元;或确知陈子青匿居地址通风报信因而拿获者,酬洋一千元。贮款以待,决不食言。”③

接下来,战警堂以代理三兴烟厂的方式运作,陆续取得了上海小规模烟厂民主烟厂、中和烟厂的代理权。四家上海卷烟厂的山东代理商身份,外加进口呢绒、绸缎布匹、西洋杂货的代理,使得玉春号的经营愈趋稳健。依据当年的时兴,凡小有成就的商人,会有自己的堂号,如刘子山的“厚德堂”。堂号相当于自己的私家账

① 山东卷烟统税局.玉春号所请发还中山牌花价姑准照退并转知三兴公司来处具领由[J].卷烟统税公报,1930,1(1):12.

② 谭毅公.悬赏二千元通缉陈子青[N].华光日报,1929-05-23(5).

③ 谭毅公,沈豫善.正诚法律事务所谭毅公、沈豫善律师代表三兴烟草公司悬赏通缉陈子青启事[N].申报,1929-01-25(6).

房，管理个人企业的收益、股份公司的分红，以及经租房产仓栈等。

战警堂给自己的堂号起了一个名，叫“吉庆堂”。

¤ 玉春号广告画　资料来源：黄海收藏

第二章

向险而行　协力办烟厂

新起点

卷烟销售的可观利润,使战警堂萌生了一个想法。既然本地无华商卷烟厂,为何不自己开办一家?他将自己的设想定位在一家股份制中型卷烟厂。

然而,这个发展民族工业的愿望,先天存在风险。这源于英美烟公司在中国根深蒂固的实力。

卷烟机在1840年被研发,标志着烟草加工开始进入机器生产时代。之后随着英国和美国大型卷烟工厂的开办,机制卷烟于19世纪末输入中国。1890年,美商老晋隆洋行首次把美国烟草公司的品海牌卷烟运抵上海销售。这个有着两支钢钉图案的10支盒装香烟,是中国人第一次见到的机器制作的卷烟。

早在《辛丑条约》签订后,慈禧太后和光绪皇帝回到北京的1902年,为了避免竞争互伤和共同开拓国际市场,英国和美国数家大型烟公司强强联手,在英国伦敦成立国际烟草托拉斯——英美烟草股份有限公司(British-American Tobacco Co., Ltd.简称B.A.T或英美烟公司)。英美烟公司成立后,迅速将卷烟产销网络散布全球,亚洲的主要拓展区域为中国。1919年,驻华英美烟公司在上海成立。

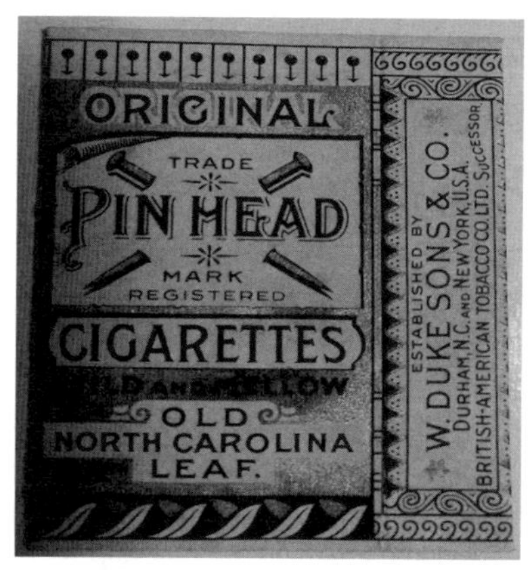

¤ 最早进入中国市场的品海牌卷烟烟标
资料来源:作者收藏

1912年起,英美烟公司在湖北老河口及安徽、河南一带试种烟叶未获成功,转往山东威海试种,也因海风导致烟苗潮湿而失败。经过再三实验和对比,最终认定山东潍坊坊子区是最适合种植烟叶的地方。1913年12月,英美烟公司烟叶部主管致函伦敦总公司,强调"通过对潍县地区和威海卫的土地进行调查之后,我们坚信在这地区由于土地系沙土底层带有黏土,因而将有可能种植优质烟叶"①。

① 上海社会科学院经济研究所．英美烟公司在华企业资料汇编:第一册[G]．北京:中华书局,1983:261.

次年初，英美烟公司租用山东铁路公司坊子煤矿货场和医院土地 180 亩，作为美国弗吉尼亚烤烟试验场，并建设了大型烟叶初烤厂房。自此，坊子二十里堡逐渐成为重要的优质烟叶基地，并使坊子这个胶济铁路上的小站的车票收入年年居高。

有了坊子烟叶基地的依托，英美烟公司为节约运输费用，扩大生产和推销卷烟，借以巩固华中、华北的卷烟市场，乃于 1923 年在青岛购置地产 5 亩，在商河路大港火车站对面建成一栋平房，安装机器并于次年开始生产机制卷烟。后来，英美烟公司青岛烟厂又在孟庄路、埕口路一带租借地皮 130 亩，建成 12000 平方米的厂房，共 46 间，于 1925 年秋天将烟厂由商河路迁入新厂房。

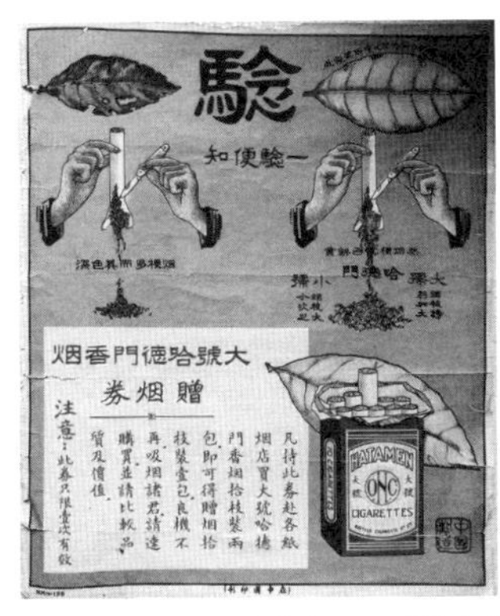

¤ 英美烟公司青岛烟厂早期哈德门烟赠烟券　资料来源：作者收藏

¤ 英美烟公司青岛烟厂早期大前门香烟烟标　资料来源：作者收藏

英美烟公司这个庞大的烟草托拉斯怪兽，凭借雄厚的资本和在华享有的烟草赋税特权，迅速扩大规模，产销横扫中国市场。有报道说，中国城乡可能有人不知孙中山是何人，但无有不知大英牌香烟者。

面对英美烟公司独霸市场的局面，战警堂开办一家中型卷烟厂的风险可想而知。也就是在这时，玉春号代理的华成烟厂香烟的售价自当年 7 月份走低，以美丽牌香烟为例，每千支香烟的售价从 6.633 两跌至 4.489 两[①]。素

① 上海银两，约为银圆的七二折。

¤ 英美烟公司青岛烟厂早期烟标：双斧牌、老刀牌、自行车牌、金砖牌、飞行家牌、令箭牌、红十字牌、黄锡包牌
资料来源：作者收藏

为华商烟草风向标的上海行情，使价格走向日趋不明朗。

倔强的战警堂，在1927年却执意前行。他联系上海人方世华，邀请华成烟厂经验丰富的股东来青岛入股，集合青沪股东共计20人，建立了烟厂投资框架，取名为“中国山东烟草股份有限公司”（简称山东烟厂）。

公司股本合计10万元，分为5万股，每股2000元。股本凑足后即召开董事会。推选战警堂的堂叔战先五为董事长，聘请战警堂任经理。一份书面回忆显示，办厂之前战警堂曾派次子去上海烟厂学习技术三年，学成后回青协助开办烟厂。[①]

但稍一对照就会发现，这显然是演义和杜撰。是年战警堂次子战德华年仅5岁，不可能完成这一托付。新烟厂真正的助力资源，应是上海股东们浸淫烟草业的多年经验。

《中国山东烟草股份有限公司章程》共六章三十六条。《中国山东烟草股份有限公司章程》开宗明义：“本公司遵照公司法股份有限公司之规定组织，名曰中国山东烟草股份有限公司。”“本公司以振兴实业挽回利权为宗旨，专制各种纸烟于销售各处。”[②]

而工厂的人事组成，以战警堂的自述最为翔实：“1927年至1937年，战先五、李树堂、温星垣、沈星德、沈德华、方世华、沈士诚等廿人发起在青岛组织山东烟草股份有限公司，提倡国货振兴实业，共招募股本十万元。经股东会选举，战先五为董事长，李树堂为常务董事，沈星德、沈德华等为董事，聘我为经理，沈瑞庆为协理，方世华为厂长。因为制烟是外行，所以我担任对

① 与东平路×号赵某臣的谈话[Z].1951-12-30.

② 中国山东烟草股份有限公司章程[A].青岛：青岛市档案馆，1928.

¤ 山东烟厂 1928 年开业时，战警堂住地旁边的大鲍岛潍县路街景 资料来源：作者收藏

外事务，沈瑞庆管理业务。方世华是内行，管理厂务。”[①]

上海籍股东中，沈士诚是华成烟厂创建人之一并兼任经理，家住上海华成公司内；沈星德是华成烟厂协理，家住上海宁波路；沈德华是华成烟厂常务董事，家住上海偷鸡桥保康里；厂长方世华是技术骨干，暂住青岛大港一路。其他沪籍股东，有家住上海新闸卡路的陈馥祺、浙江路保康里的沈其项、塘山路正心里的俞伴琴、汇山路的颜少卿、宁波路的陈茂楠。

青岛股东除战家叔侄外，有莘县路鸿盛义号经理龙得海、天津路和合栈股东张聚五、胶州路裕盛祥号经理温星垣、广西路平安公司经理赵彦年、青岛交易所经纪人曲子俊。

而 51 岁的常务董事李树堂，是战警堂同乡。据入股一年前的商业调查，李树堂在德占时期已开始经商，入股山东烟厂时经营东盛昌号[②]并在中鲁银行持股。东盛昌号开办于1923年，经营土产杂货，在上海和济南开设有分号。[③]

山东烟厂的厂房，位于大港二路 3 号。据《青岛市人民政府工商局关于

① 战警堂．自述社会主义教育运动个人简历[Z]．1965-06-20.

② 水野天英．山东日支人信用秘录[R]．1926:244.

③ 青岛商号调查表[J]．中央银行旬报，1931，3(13):32-34.

青岛实业烟厂调查报告》的记录，1928 年山东烟厂开业时设备及职工情况如下："由上海购进卷烟机二部，切烟机四部，十支糊盒机一部，干燥机一部。当年九月安装完毕，开工生产。职工约一百名。"①

¤ 山东烟厂包烟车间旧影

开业之后，恰逢胶澳商埠将烟草税由 20% 提升至 30%，山东烟厂如弱小童婴，刚刚开始学步即磕磕绊绊，而玉春号代理的华成烟厂香烟亦同时面临加税窘境。

无奈之下，战警堂联合英美烟公司代理商青岛胶澳烟公司协记、大美烟公司代理商正泰号、东亚烟公司代理商润盛义记、南洋烟公司代理商宝隆号、永泰和烟公司代理商元盛裕成记以及青岛鹤丰烟公司，共同报呈胶澳商埠请求减少烟草税："务求体恤商艰，准予将税率减轻，或恢复以前原有规定，抑或依按他埠之税率，饬遵缴纳，以舒商困而裕税收。伏乞俯准所请，迅即施行，深感公德两便。"②

虽起步艰难，但令战警堂欣慰的是，在山东烟厂开业这一年，他的次女战德美出生。

① 青岛市人民政府工商局．青岛实业烟厂调查报告[R].1954:1.

② 胶澳各烟商请求减轻卷烟特税税率的呈:B0029-001-3346 [A]. 青岛：青岛市档案馆，1928-08-01.

另辟蹊径

在英美烟公司眼中，刚开业的这家山东烟厂甚至连竞争对手都算不上。为了躲避与英美烟公司青岛烟厂的竞争，寻找夹缝中的销路，山东烟厂将销售群体定位在人力车夫、码头工人、乡郊村民等低消费人群。

这一年，青岛周边农民的生活状况相对困苦，农民年平均收入为 124.04 银圆，年平均支出为 128.8 银圆，不少家庭入不敷出。

山东烟厂最初的产品，是俗称的“苦力烟”。以包装简陋的老虎牌为代表，每纸盒装烟 100 支，售价低廉。为了避免与英美烟公司青岛烟厂发生纷争，山东烟厂从不到英美烟公司青岛烟厂烟叶收购点周边收买烟叶，而是分散到胶东一带到种烟户那里零星收购。

期间因烟草税繁重，山东烟厂呈请减免。“商鉴于国货之滞销而利权外溢愈大，现集合多数股东于青岛大港二路 3 号，创设一中国山东烟厂公司。现将积极成立。窃查公司采用之烟草，均向胶东一带各县境地采办，其货质均极次劣，价目亦不大，或可以资推销，藉挽以往及未来之利权。惟以贵处之烟草税重大，每百斤需纳洋两圆肆角，较之货本，大相悬殊。其利固无可言，且与血本，亦属有亏。将来之营业，既不能进行，窃恐国货亦终难发展。”①

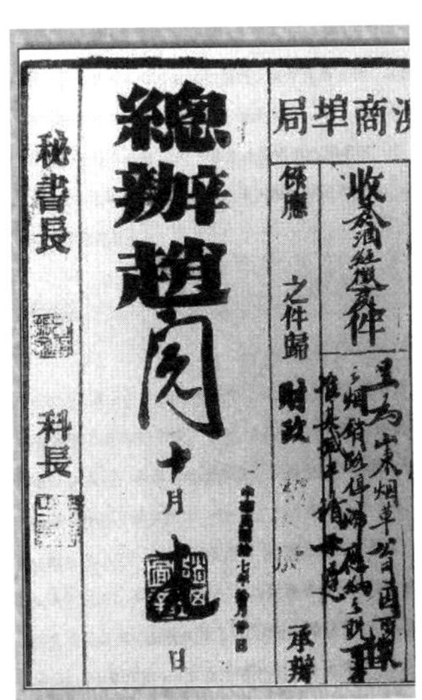
總辦趙閱
十月 日
秘書長
科長
澳商埠局
收
之件歸 財政
承辦

¤1928 年 10 月 19 日，山东烟厂为产品滞销申请减免公费呈胶澳商埠总办赵琪的函

此时，胶澳商埠烟酒经征处负责征收青岛地区的烟酒税，并在沙子口（后移至小港）设立卡口，查缉偷漏烟酒税行为。烟酒经征处对这家华商烟厂给予了支持。处长张慰世在给胶澳商埠总办赵琪的请示中，提出同意山东烟厂的请求，给予减免烟叶税。

这份呈文中，专门提到山东烟厂生产一种低档香烟，每百支仅售价一毛七分，贴印花税五分钱。

① 青岛市档案馆．胶澳商埠档案史料选编（三）[G]．青岛：青岛出版社，2016:347.

时年卷烟业推出的香烟牌号繁多，以此吸引消费者。这种营销策略，"需随时观察社会心理，人民好尚，时事潮流，制造新牌以迎合之。新牌之命名取义，亦必明示或暗喻特殊之喻，以引起人之注意，藉广销路"[①]。

文献显示，胶澳商埠烟酒经征处处长张慰世，对赵琪尊崇有加，如在一份呈文中大赞赵琪："伏见钧座莅任以来，豁免称费、滩费暨一切杂捐，体恤民艰，无微不至，深仁厚泽，闾阎蒙庥，凡隶帡幪，早已有口皆碑。"[②]。

果然，收到请示后，赵琪即命胶澳商埠局批复同意山东烟厂烟叶税额减半，处理地合情合理："呈悉。该公司已畅销国货为主旨，用意堪佳。且烟叶既有优劣之分，税率宜有轻重之差。既据查明所运烟叶均系下等，所制烟草价甚低廉，应准予按原定税额减半缴纳，以资提倡而示体恤。仰即转饬遵照。此令。"[③]

胶澳商埠局可谓雪中送炭，一纸恤商难的指令，或许挽救了此类以七八九等低级烟叶为原料，且"价甚低廉"的烟商。为了打开销路，山东烟厂快速发展代销点，全年以固定价格批发给代理店，而代理店则可以根据情况自行灵活确定售价。

除在青岛本地销售外，山东烟厂还紧跟着往东北和张家口一带开拓市场，走的依然是低价路线。

产销平稳之后，山东烟厂又陆续推出了福寿、鲤鱼、交运、四宝、大有钱、

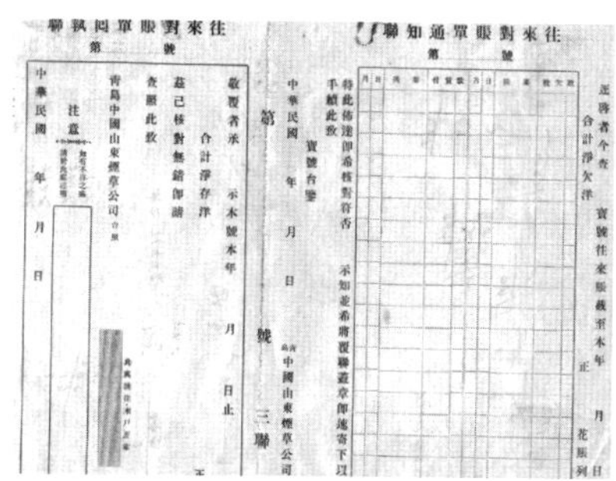

¤ 战警堂旧藏，青岛山东烟厂的往来对账单 资料来源：陈承杰收藏

¤ 山东烟厂广告画　资料来源：青岛良友书坊展览画册

① 章乃身．卷烟业经营之秘诀[J]．商业杂志，1931，5(10):2．

② 青岛市档案馆．胶澳商埠档案史料选编(二)[G]．青岛：青岛出版社，2014:267.

③ 胶澳商埠局就可减山东烟草公司烟商烟税事给胶澳烟酒经征处的指令[A]．青岛：青岛市档案馆，1928.

知足、迎宾馆、一声雷、金瓜、时装、胶济、金卍字等卷烟品牌。名字五花八门，妙趣横生，为的是将产品紧紧塞满市场。

¤ 山东烟厂金瓜牌香烟在实业部商标局的注册底样

¤ 山东烟厂出品的时装牌香烟广告

1936 年 4 月，颐中烟草公司以山东烟厂出产的水艇牌商标抄袭其顺风牌为由，申诉至实业部商标局，申诉代表为家住上海苏州路的颐中烟草公司董事狄克生。

被异议人战警堂到局申辩后，商标局局长陈匪石签发《商标局异议审定书》驳回颐中烟草公司申诉。

审定书认为："本案两造商标就名称言，一为顺风一为水艇，完全不同。以图样论，异议人系以旧时帆船为主体。被异议人商标之主体，则为新式水艇，亦属显然有别。虽颜色设施与排列方法微有相似，但商标之主体既迥然异趣，文字又复有区别。自不能因颜色之排列有略似之号，即谓为整个商标有近似之嫌。基上论断，本案两造商标于市场交易当无混淆之虞，异议人之异议应不成立。"①

卷烟帝国哑巴了。

在青岛民族资本烟厂和英美托拉斯颐中烟草公司的较量中，这样的完胜并不多见。抗争洋货，维系利权，公平竞争，促使民族工商业者在法制制约的市场上不断走向成熟。

① 陈匪石．商标局异议审定书：第四六六号[J]．商标公报，1936，115:21-22.

火祸

1929 年 4 月,南京国民政府接管青岛,改胶澳商埠局为青岛接收专员公署,后确定青岛为特别市,北洋政府管理青岛的时代结束。

1930 年 9 月 15 日,青岛正式改为青岛市。伴随着管理主体的变化,“青岛自去岁以来,贸易繁昌,为开埠以来所仅有”[①]。

这一年,是青岛主权回归后本地贸易的巅峰之年。上半年国内新军阀的混战,以蒋介石获胜而息止。内地的购买力增强,山东农作物出产丰盛,胶济铁路运输畅达,青岛贸易额达到前所未有的 1.66801 亿海关两[②]。

不料,新政府成立 9 天后,一场冲天大火,却将山东烟厂开工两年后的所有希望连同房屋设备一起埋入了小港湾畔的废墟中。

中華民國二十五年五月四日
●商標局異議審定書 第四六六號
異議人 頤中烟公司董事狄克生 上海蘇州路一七五號
被異議人 山東烟草公司戰警堂 青島大港二路
右異議人對被異議人審定之第二一四四二號水艇牌商標提出異議事項，茲依法審定如左：
主文
異議人之異議不成立。
事實
被異議人前以水艇牌商標，使用於商標法施行細則第三十七條第四十七項烟絲捲煙類之捲煙，呈經審定第二一四四二號登載第一〇三期商標公報公告在案。嗣據異議人認為與其移轉註冊第一五二八三號用於同一商品之順風牌商標相近似，提出異議。旋據被異議人答辯到局。

¤1936 年 5 月 4 日,商标局关于山东烟厂代表战警堂与英美颐中烟草公司代表狄克生商标异议审定书。

1930 年 9 月 24 日,秋分。一个天干物燥、易燃火烛的日子。这天青岛市气温 23 摄氏度,风力为全月次高值。[③]

这是一个不祥的下午。

午后两点,崂山烟厂厂长方世华准时走进车间准备配料。

根据在公司工作了 15 年的员工李某亭回忆,事发前几天,方世华用废料木板钉了一个小箱子,“里面有老母酒、酒精、香料等”[④]。

李某亭所说的老母酒即是朗姆酒,朗姆酒并非厂长自饮,而是当年生产卷烟的必要配料。

在事发当年的相关烟草技术刊物中,对朗姆酒等制烟香料有具体的表

① 青岛贸易去岁突增:总额达一亿六千余万两,为开埠以来未有之荣盛[J]. 东三省官银号经济月刊,1930,2(4):8.

② 注:海关两也称关平银,系海关记账用的虚银货币单位,1930 年起被废止。

③ 民国十九年九月青岛气象总览图[J]. 青岛市观象台月报,1930,79:3.

④ 梭管厂. 关于战警堂的一些情况[Z]. 1959-01-13.

¤ 南京国民政府接管青岛当年，青岛各界庆祝国庆纪念筹备委员会编印的《国庆纪念特刊》

述："烟叶的搭配，还要加进香料。以辅助烟叶本身香味之不足，锦上添花，犹如五香豆加甘草。卷烟的香料普遍用劳姆酒（朗姆酒），冬天还要拌甘油，甘油就是洋蜜。"①

当烟叶在蒸汽间经过熏蒸后，干燥易碎的烟叶变得柔软且有韧性，放入由马达带动的圆筒后，铜管会将朗姆酒均匀地喷洒到烟叶上。此时，烟叶就被赋予了醇香的新生。

方世华进入车间的时候，未察觉酒精和朗姆酒有所撒漏。一位叫于元周的工人要兑水，因为光线不好，便鬼使神差地点火照明。顷刻间，火焰喷出数尺，将近旁的酒精一并引燃。顿时黑烟四起，大火爆燃，厂内 200 多名女工惊呼声一片。

因车间内均是易燃物，火势迅猛，无法控制。尤其不幸的是，小木箱就放置在通往二楼的木制楼梯下面，而楼上有不少女工正在做活。木楼梯被迅

① 长耕．一支卷烟的成功[J]．上海生活，1940，4(1)：23.

速烧断，大批女工无法下楼，只能从楼梯处跳下。女工有的被烧伤，有的被摔伤。

大火中有13名女工未来得及逃离。在剧烈的烧灼中，凄惨、绝望的呼喊很快音绝，尸体被烧成焦炭状。

消防队赶到时，厂房屋顶已经被烧穿。救火栓距离厂房较远，接消防皮带需要些时间。大风之下，一排楼房很快被烧成废墟。

此时，战警堂正在青岛统税局办事。厂方在通知消防队前来救火的同时，打电话到统税局，请人转告战警堂速回。[①]

站在小港的马路上，战警堂看到了遮蔽的烟雾、烧焦的厂房、哀嚎的伤者，以及被抬出来的一堆尸体。目睹惨状，战警堂因一时无法控制情绪，当街号啕大哭。

伤者被送往普济医院救治，市公安局和市法院的检察官到达现场勘验。失火原因很快被查清，厂长方世华被带走关押，随即办理逮捕手续。

晚上六七点的时候，余火才完全熄灭。

这场大火给山东烟厂带来了10万银圆的惨重损失，不但要抚恤遇难女工的家人，救助伤者，而且厂房及物资设备俱被烧毁，工厂的未来危机四伏。上海《申报》就事件报道云："青岛山东烟草公司，为本市唯一华商制烟厂，已开设二年有余。资本计十万元，总经理为战警堂，营业极称发达。厂址设于大港二路二号，昨日（二十四日）下午二时忽发生火警。全部楼房焚毁殆尽，并焚毙女工多人。其惨状为历来所未见。"[②]

善后事宜由五部门协同办理，青岛社会局负责牵头。"查勘山东烟草公司火灾情形。本月二十四日午后，山东烟草公司失慎，死伤颇众。本局以惨遭浩劫者尽属贫苦之工人，其未受伤者亦或以公司机器全部被焚，势将失业。极宜调查其详细情况，以谋善后，而恤劳工。除由局长及第二科科长亲往勘察外，复一再派员前往调查，并向伤者及死者家属慰问。"

市公安局、市党部、市商会予以配合，经与厂方代表战警堂商研，并与遇难女工家属沟通，达成抚恤标准。根据时年国民政府《工厂法》之规定："对

① 齐东路×号节约检查委员会，收战警堂自写材料[Z]. 1952-02-16:2.

② 青岛山东烟公司失火惨剧[N]. 申报，1930-09-29(8).

◉青島

山東烟公司失火慘劇

▲焚斃女工多人 ▲損失十數萬元

青島通信、青島山東烟草公司、爲本市唯一華商製烟廠、已開設二年有餘、資本計十萬元、總經理爲戰警堂、營業極稱發達、廠址設於大港二路二號、昨日（二十四日）下午二時、忽發生火警、全部樓屋焚燬殆盡、並焚斃女工多人、其慘狀爲歷來所未見、玆將詳情分誌如下、

▲起火原因　該公司設於大港二路、臨街爲營業部、後進爲製烟部、係二層樓房、樓上爲女工工作之所、樓下爲安置機器之所、昨日下午二時許、男工于元剛正

¤《申报》关于山东烟厂失火惨剧的新闻报道

于死亡之工人除给予五十元之丧葬费外，应给其遗族抚恤费三百元及二年之平均工资。”①

参照同年度同等规模的烟厂女工的工资②，崂山烟厂除了给每个遇难女工 300 银圆法定抚恤金之外，每人还应另行抚恤两年平均工资，约 220 元，外加丧葬费 50 元。

据《申报》的报道，社会局在一周之内办好了善后事宜。“青岛山东烟草公司遇难工友，厂方已拟具善后办法三项。（一）死者每名恤金伍佰元。（二）伤者发医药费。（三）停工期间由厂方发给工友维持费。”③

据战警堂的自述，处理的结果是，每名遇难女工付给抚恤金 600 元，“另外用 200 元为死亡者念经及纸箔等”④。

赔偿的银圆总额，相当于 17 吨半花生油的市场价格⑤，也差不多是 71 间平民廉租房的造价。

火灾调查和处理结果不久公布：“中国山东烟草公司擅改房屋，缺乏消防设备，致引起火灾烧死女工十三名伤三名。厂长方世华送法院严惩。”经法院判决，肇事者厂长方世华以过失致人死亡，判处罚金 1000 元。

① 吉林省政府农矿厅法规 工厂法[J]. 农矿月刊，1930(12):9.

② 汉口社会局：汉口各业工人工资调查表[J]. 妇女杂志，1930,16(8):53.

③ 青岛烟厂火灾之善后[N]. 申报，1930-10-01(8).

④ 齐东路 × 号节约检查委员会. 战警堂材料[Z]. 1952-02-16:3.

⑤ 青岛批发物价表（民国十九年八月）[J]. 物价统计月刊，1930,2(8):16.

这一年，青岛全市共发生火灾 61 起，山东烟厂死亡女工人数为全市火灾死亡总人数的 100%。据《申报》记载，遇难女工最大的 35 岁，最小者 12 岁，以童工居多。①

遇难者包括：侯喜嫚 12 岁、侯戒嫚 13 岁、李结嫚 13 岁、王宣嫚 14 岁、张祥嫚 14 岁、孙四嫚 15 岁、李乐氏 14 岁、刘华嫚 16 岁、王秀英 16 岁、杨徐氏 23 岁、白乔氏 35 岁、孙张氏 35 岁。

10 月 27 日，山东烟厂为遇难女工在湖岛村义地立碑并集体安葬，石碑顶部横刻“纪念碑”三个字，竖刻“中国山东烟草公司火灾遇难女士”字样，并列出遇难女工姓名。之后，此地民间传称“十三女坟”。

废墟中的再生

山东烟厂在青岛祥泰、先施、联保、永宁、礼合五家保险公司投保了火险。火灾事故后，保险公司赔付了 3 万银圆损失。烟厂股东决定，放弃旧厂房，另觅新址重建，并增加投资。次年股东增资为 20 万银圆，一次收足。新厂址位于小港二路 3 号，这块地皮的原业主是余则达。

安徽人余则达是中国最早一批外交官之一，与青岛有着深切的联系。宣统元年，也就是 1909 年，余则达先后任胶州知州、济南商埠总局总办。山东巡抚孙宝琦在推荐余则达代理登莱青胶道的上奏中，对余则达的评价很高：“才长心细，办事稳练，曾充美国纽约领事，现办洋务局，熟谙交涉，堪以暂代登莱青胶道并东海关监督。”②

皇帝朱批“知道了，钦此”，余则达遂以四品官任登莱青胶道道台。登莱青胶道所辖有登州府、莱州府、青州府和胶州直隶州，胶州直隶州治下有即墨和高密，即墨县下辖仁化乡。而青岛在成为德国租借地和一个城市之前正是仁化乡的行政管辖地。辛亥革命后，曾官至山东都督的余则达寓居青岛，置办地产。

收购余则达的地产后，厂房施工，新屋落成。1932 年经青岛市实业部核

① 青岛山东烟公司失火惨剧[N]. 申报，1930-09-29(8).

② 山东巡抚孙宝琦奏请以余则达代理登莱青胶道片[J]. 政治官报，1909，772:13.

¤ 山东烟厂遇难女工纪念碑
资料来源：刘锦提供

准，颁发山东烟厂新字第九十三号执照，营业渐趋发达。时有卷烟机 5 台，切丝机 6 台，烤烟机 1 台，磨刀机 2 台等，电机马力达 180 余匹。

山东烟厂新建厂房内部的场景，可以从 1947 年的一张旧影上看到。厂房内有椭圆形窗户通风，制烟机器分布在立柱两侧，多盏电灯从屋顶垂下便于操作照明。

山东烟厂雇工370人，职工月工资最高70元，一般18元，最低12元。年需烟叶70万磅，分别从东北三省，直隶、河南和山东购买。烟厂年产达4200大箱，产品一开始仅销往山东境内胶济铁路沿线城乡，后来在辽宁开设办事处，拓展东北市场。九一八事变后，山东烟厂在东北地区的销售停滞。

在标有“青岛中国山东烟公司敬赠”的一张广告画《考尔夫美女图》中，一位时髦女郎身穿摩登新衣和皮鞋，在身后喷泉花草的掩映下，摆出带着宠物狗打高尔夫球的造型。这种艳丽、轻盈的愉悦感，也附着在火灾阴影后扩建烟厂的战警堂身上。

¤ 山东烟厂厂房内部旧影

¤ 山东烟厂20世纪30年代广告画　资料来源：黄海收藏

建造新厂时，30岁的战警堂以山东烟草股份公司经理的身份加入青岛总商会。[①]

青岛总商会的雏形，始于1897年德占之前的商号自发社团——“公所”。德占青岛后的1902年，总督批准在前海天后宫成立“中华商务公局”，以此机构12名华人董事主管并协调青岛华商事务。12名华人董事中，山东籍6人，外省籍3人，洋行买办3人。

1910年晚清政府颁布《商会简明章程》，据此正式成立“青岛商务总会”，这是青岛首个正式注册的商会机构。1916年北洋政府实施《商务法规》后，“青岛商务总会”改称“青岛总商会”，并开始采用投票方式选举董事会。

青岛总商会虽是社团组织，但因其聚拢市域名商而在政府面前有一定的发言权。商会不但代征营业税，为会员作保，开具各种证明，而且经常成为政府向银行借款的担保人。这个介于政府和企业中间，担负官商协调及商内联络的组织，基本类似一个二级政府，因此加入总商会体现了商人的地位，也是一份荣誉。

果然，战警堂在青岛总商会的身份在入会的第二年就发挥了作用。作为山东烟厂仓库租地的地产主人，胶济铁路管理局给青海路周边的地租大幅涨价。“路局之地既无一切建设，骤由十八元增至四十元，殊失公平。”

在胶济铁路管理局地租明显高于市政府地租的情况下，战警堂牵头，联合周围业主以青岛总商会的名义质疑胶济铁路管理局并申请降价。此函《为据商号山东烟公司战警堂等呈称请胶济路局仍照旧章征收地租等情据情待请查核见复由》，语气较为强硬，且从家国情怀开释，给对方上了一堂法制课。

“契约既有双方签订，在原规定之时效尚未届满期间，着由一方忽而变更章制，违反契约，似不合法。夫共和国家革命政府，以厉行民生，保障民权为训

① 青岛总商会入会商店会员代表人名单[A]．青岛：青岛市档案馆，1931-02.

政之基础。路局与商民息息相关，必能尽力维护，勿事摧残庶足以发展路政。”①

1935 年，青岛经济危机余波尚未平复如常。经济危机导致市内商业萧条和农村产品滞销，农村业户由于担心生计，便普遍把钱存入青岛市区，以期有周旋余地。大量现银由农村流入的境况却让银行倍感压力，因为市内工商业状况不佳，银行有钱却不敢给企业放款，企业又因缺少资金而周转困难。

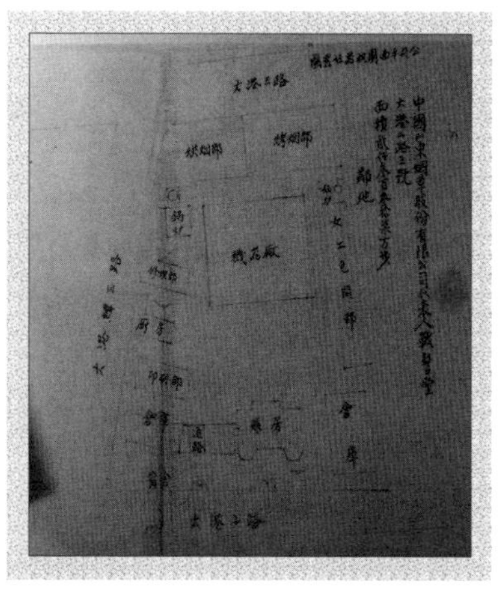

¤1932 年后，山东烟厂大港二路 3 号新厂房平面图　资料来源：作者收藏

在此怪圈下，山东烟厂又遇到国民政府烟草统税变更，二级新税制使得烟厂税负明显加重。同时因为经济下滑，民众消费力下降，各市县手工土制烟的产量增加，使得机制卷烟受到冲击。

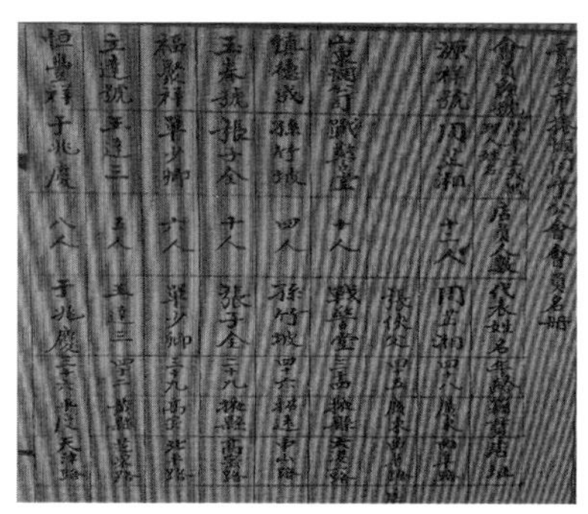

¤1934 年战警堂在青岛卷烟业同业公会会员名册的登记　资料来源：青岛市档案馆

山东烟厂因这一系列原因经营受挫，全年累计亏损 3.8 万元，山东烟厂辽宁办事处也随即撤销。

山东烟厂 1935 年 4 月至 6 月的产量分别为 150 箱、63 箱、18 箱，仅为去年同期的 17.8%。在当年的营业报告里，烟厂无奈地记录：“曾经联合同业，累此向税务当局声明口恳恢复七级税制，未获如愿以偿。徒唤奈何，嗣即千方百计设法推广。不惟推进未展，更受市面金融紧缩，农村经济枯竭，愈感推行维艰。除将历届积余弥补，再加全年各项开支，结果净赔洋三万八千四百七十五元四角一分。”②

① 青岛市商会公函第卅八号，致胶济铁路管理局为据商号山东烟公司战警堂等呈称请胶济路局仍照旧章征收地租等情据情待请查核见复由[A]. 青岛：青岛市档案馆，1932-06-07.

② 中国山东烟草公司二十四年营业概况[A]. 青岛：青岛市档案馆，1935.

¤1934 年山东烟厂在《青岛时报》刊登的广告

老舍的邻居

玉春号生意不断兴旺，战警堂却依然没有放弃黄酒的生产经营。一家成功的批发商行，为何要守住一个酒池子？这背后既有战家早年创业的感情，同时还因为有不少的盈利。复原玉春黄酒馆当年的经营业态，倒也是一种触摸历史真实的方式。

卖酒，自然要有成本，还要交税。山东酒税缘起于光绪二十七年，也就是1901 年，征税比例为每斤酒收制钱 8 文至 16 文。玉春黄酒馆开张时，酒税已经发生了变化。

大东书局 1929 年版《烟酒税史》载，“鲁省征收烟酒税仍沿用前清所定之税率。其后烧酒每斤收京钱 32 文，黄酒每斤收京钱 10 文”[①]。“京钱 10 文”，相当于青岛的制钱 5 文，即青岛银钱行情里一个铜圆的半价。一个铜圆可以抵战家生产两斤黄酒的税收，而大洋 1 元最少可以兑换 170 个铜圆，由此可以换算出生产 350 斤左右黄酒只需缴税 1 银圆。

收回青岛主权后，胶澳商埠因系华洋杂居之地，被划作征税特别区域。

① 财政部烟酒税处．烟酒税史：下册[M]．上海：大东书局，1929.

¤ 鸟瞰高密路玉春号

遂“按照胶澳地方习惯情形参考山东通行章程之规定”，专门出台《胶澳商埠烟酒征收处征收烟酒税章程》，规定黄酒每百斤征收大洋3元6角5分。

对黄酒产销商而言，更有利的是酒类市场消费比率。1928年前后，青岛啤酒一箱48瓶，每瓶青岛啤酒3.4元。而同年度青岛“鲁籍各帮商店普通伙计，月给10元”。

三瓶青岛啤酒相当于店铺伙计一个月的薪水，显然，青岛啤酒对于一般收入民众来说属于奢侈品。于是，价格低廉的烧酒、黄酒和地瓜酒，依次成为青岛民众消费最多的酒品，客户群体庞大。除此之外，还有绍兴酒、状元红、玫瑰露，后来药酒史国公、五加皮也列入了青岛市民的酒单。

1930年8月，青岛制作掖县黄酒的原料黍米的市场批发价格为每百斤5元，原料成本加税收折合每百斤不到9元，但高粱酒等酒类的批发价格已经是每百斤38元。[①] 由此看来，即便再加入人工费和杂费，玉春黄酒的经营也有较大的利润。1930年，经青岛市市长葛敬恩批准，青岛市黄酒同业公会成立，制定《青岛市黄酒同业公会章程》。公会在海泊路72号办公，战警堂被选为常务委员，其后担任公会理事长。

酒香对酒客有诱惑，触手可及的财资对店内的不法伙计也有诱惑。随即，玉春号发生了轰动大鲍岛的巨额财物内盗案。

犯罪嫌疑人是22岁的玉春号掖县籍店员彭玉璞，于五年前经人介绍到玉春号当学徒。彭氏后被玉春号信任，担任仓库管理员，不料其竟监守自盗。

① 青岛批发物价指数（简单几何平均）[J]. 物价统计月刊，1930，2(8)：2.

"因尚忠实安分，以次拨充现职。讵料于二月十二日忽弃职潜逃，遍查无踪。赶即派员查点该原经管货物。"①

清点库存后，战警堂大吃一惊。彭玉璞盗取的大宗香烟、上海货品等，总价值高达 6487 元 9 角 6 分。1933 年，青岛尚处在银圆时代，6487 是一个惊天大数字。

此盗案发生后，《青岛民报》刊登过一则令人唏嘘的新闻。有女名张秀英，因幼年丧父尚需抚养弟弟，家中无法度日，无奈被母亲押给了青岛平康三里的金顺班做妓女。"当使押账 300 元，以五年为满，届期将押款还清，方可自由领女出院。"② 民女张秀英五年春楼服务所值也才 300 元。换言之，6487 银圆可以换取 20 多个张秀英的五年。

对比一下本地日用品的物价，或许会对 6487 银圆的价值有更清楚的认识。这一年，青岛一块银圆可以买到半斤海参，或 40 个鸡蛋，或 9 斤花生米，或 17 斤细盐。③

6487 银圆当年可以在青岛市场购买 0.88 吨猪肉或者 0.21 吨黄铜。案件发生时的 2 月份，上海荣氏企业出产的高档绿兵船牌面粉，售价为 2.696 银圆一袋④（约重 22 千克）。这笔钱，可以在上海购买 2183 斤精面粉。

如果说数量如此之多的生活必需品，对于一个家庭而言缺少可比性，那 1933 年青岛土地竞拍的租价，显然更为直观。这一年青岛东莱银行为员工承租函谷关路 9 号公地，面积 16 亩，缴费 3097.2 银圆。⑤ 算下来，该笔失盗款可以在青岛最有升值前途的八大关别墅区租用 32 亩公地。

从个人收入而言，时年青岛棉纺织业工人的平均月薪是 17 块银圆左右。该笔案值款项则相当于一个纺织工人 32 年的工资总收入。

一个仓库管理员盗取的赃款如此之巨，大鲍岛华商店铺顿时一片哗然。

---

① 青岛市商会关于请公安局严缉玉春号管理员彭玉璞归案的公函：B0038-001-00666-0086 [A]. 青岛：青岛市档案馆，1933-02-14.

② 于景莲．民国时期山东城市下层社会物质生活状况研究（1912—1937）[D]. 济南：山东大学，2011:145.

③ 青岛批发物价表（民国二十一年九月份）[J]. 物价统计月刊，1932，4(9):17.

④ 中国科学院上海经济研究所，上海社会研究科学院经济研究所．上海解放前后物价资料汇编（1921 年—1957 年）[G]. 上海：上海人民出版社，1958:172.

⑤ 青岛市政府．青岛市第六次竞租公地姓名登照：第五册 [G]. 1933:15.

特别市商会立即致函市公安局，请求快速侦查破案，建设平安鲍岛。

《请公安局严缉玉春号管理员彭玉璞归案》的公函写道："该员身任管理仓库之责，竟敢监守自盗，吞款远飏，实属罪无可逭。查该系中国银行行员彭子明介绍，易州路裕兴成经理李鸿□作保，自应连带负责。该员携带巨款，一时恐不易匿迹，该各贼品货物究系何人代为变销，亦急应迅为彻查。肯予特请函公安局，迅予查缉，勿任漏网等情，查缉归案，严究以昭惩儆。"[①]

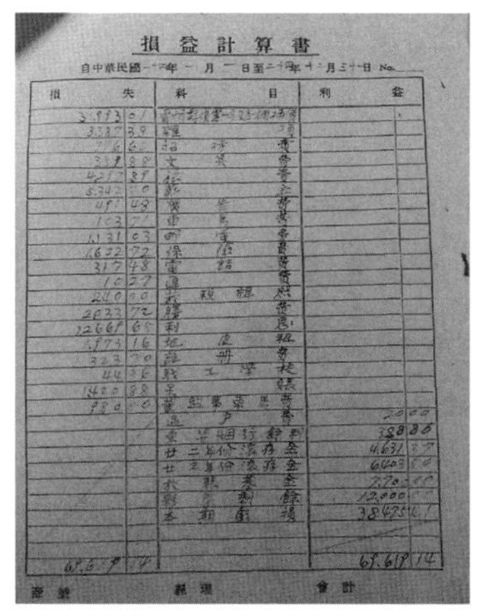
損益計算書

¤ 玉春号损益计算书

函中提到的"作保"，是民国商界规避经营风险的"铺保"制度。俗称的民国青岛商店的"伙计"，分为正式店员、学徒和工友三种。学徒是指年轻人进店后，边学做生意边做杂役，严格依照店里的制度行事，由东家包管吃住，不准私自外出行动。而工友则一般比学徒年龄大，有过从业经验，店里不管吃住，干足钟点活之后自由行动。

¤1933 年青岛市公安局刑事警政
左上图为押送犯人的护送车，右上图为指纹技术资料，
左下图为刑事资料参考室，右下图为海泊河交警检查站

① 青岛市商会关于请公安局严缉玉春号管理员彭玉璞归案的公函:B0038-001-00666-0086 [A]. 青岛:青岛市档案馆,1933-02-14.

几乎所有初当学徒者都须有铺保。铺保人不能是亲属，应或有一定社会地位，或有一定经济基础，或因桑梓乡谊等与商店主人熟络。根本之原则，就是铺保必须得到商店主人的信任。作为学徒遵守业内规矩的担保人，铺保对学徒的违规行为负有无限责任，在有责情况下需向店主进行经济赔偿，并会因之影响自己在商界的信誉。发生如此大案，作为犯罪嫌疑人铺保的裕兴成经理李鸿□，必定寝食难安。

玉春号巨额盗窃案是否侦破，未查找到档案记载。

为了消除晦气，战警堂决定在黄县路建设一座住宅楼。建房子的地方，是一个异常安静的所在。相邻的国立山东大学是本地无可比拟的文化高地。文学院院长闻一多刚刚离开，但外文系主任兼图书馆馆长梁实秋、文理学院院长黄际遇等学者随时可以遇到。清幽整洁的黄县路，弥散着花香与书香的混合气息。

战宅于1933年申请规划建设，由青岛联益建业华行的建筑师许守忠设计。出生于1900年的许守忠，一生以建筑设计为业。根据金山博士关于青岛近代城市建筑的研究[①]，许守忠早年在广州和上海从业，1928年担任在杭州举办的西湖博览会工程处设计股股长，此后被青岛市政府聘任为工务局第四科科长。许守忠于1931年底去职，与几名同业合作，创办了当时青岛规模最大的建筑师事务所——联益建业华行。

战宅的施工方为青岛永记营造厂。1933年4月28日，青岛市工务局《营造请照单》批准该处建筑地面积16.1亩。[②]

1933年5月17日，战宅动工。

建筑完工期限被批准至半年后的11月17日。后因“油漆玻璃未完，呈请展期至(民国)二十三年一月十七日完工”。[③]

1934年1月，战宅新屋落成。1月10日，青岛市工务局通过了勘察验收。工务局科长俞浩鸿签署验收意见，局长批示同意。“查该处所建房屋，业已完

① 金山．青岛近代城市建筑1922—1937[M]．上海：同济大学出版社，2016:72.

② 青岛市工务局营造请照单第二三四五号[A]．青岛：青岛市城建档案馆，1933-11-21.

③ 青岛市工务局收文第五二六六号青岛市工务局执照展期声请单八八九号[A]．青岛：青岛市城建档案馆，1933-11-21.

工，与图相等。谨呈。”①

老建筑档案带来的疑问是，几份工务局文书中记载的战警堂在新建房屋之前的住宅地点均为“中山路交通大楼四〇一”。“交通大楼”，即建于1932年的中山路交通银行青岛分行。

交通银行共五层。第一层为银行营业室，第二层为会计室、接待室、会议室，三层以上为对外出租的写字间。“全部工程由申泰兴记营造厂承造，水电及暖气为祝礼德洋行设备，电梯部分则为沃的思电梯公司安装。至于内部家具，尽属美艺公司设计，完全采用新式图样，新颖家具与古派建筑映照起来，亦别具风味也。”②

从资料记录来看，这是一个典型的办公建筑。家口较多的战警堂，显然不会在这个金融写字间里居住。那么，他与交通银行究竟有着怎样的关联呢？通过对比两份档案，给出了一个答案。

档案显示，玉春号于1931年租用了其不远处的一处仓库，用于仓储经销的商品，这处仓库的业主正是交通银行。③

¤1934年，交通银行青岛分行建筑外观及内间

时年的银行，大部分都有自己的大型仓库，这些仓库也被称为“堆栈”，用途是存放贷款商户的抵押品并对外出租库房。战警堂新屋起筑的时间，距其租赁交通银行仓库相隔一年半。其后的档案也显示，战警堂与交通银行一直保持着良好的合作关系，在青岛市商会的一份《商人调查书》④中玉春号的“往来银行名”里，列在首位的即是交通银行，其次是中国银行、金城银行、大陆银

① 青岛市工务局查勘单[A]. 青岛：青岛市城建档案馆，1934-01-10.

② 青岛交通银行建筑始末记[J]. 中国建筑，1934，2(3)：3.

③ 交通银行关于租户玉春号租交通银行青岛仓库的租约事宜：B0040-002-00721-0232[A]. 青岛：青岛市档案馆，1931-10.

④ 青岛市商会商人调查书：B0038-001-00905-017[A]. 青岛：青岛市档案馆，1938.

行,以及三家钱庄。因此,交通银行的这处写字间应该是战警堂的办公地点之一。

还有另外一种可能。根据当年出版的《青岛指南》记录,有五名建筑师租用了交通银行写字间办公。其中,战宅设计师许守忠的联益建业华行的地址登记为“中山路交通银行四楼”。[①]

或许,联益建业华行在提交申请时,顺手替战警堂填写了公司地址为其住址。

据此两种原因,战警堂申请建楼时的居住地才以其“颐庆堂战鸿铎”的名义,登记为交通银行 401 房间。

此时战警堂实际的住处是禹城路和李村路的两处房产。而承建黄县路新楼的永记营造厂,营业地点恰巧是战警堂家相邻的禹城路 23 号。[②] 是否因为邻里相熟的关系,永记营造厂承接了这项工程,不得而知。

战宅门牌号是单号,当年青岛市政府对于门牌的规定如下:“凡在各路起端之右手者,均按奇数,即 1、3、5、7、9 等数挨次编钉。”[③]

白果飘香,黄县路新增了一处庭院。这就是后来的黄县路 15 号。占地面积 308 平方米的战宅为三层,采用了简约的国际风格。建筑平面、立面均强调以中轴线对称,同时中轴处理较为丰富,三层立面都通过窗门数量的增减进行变化。楼主入口居中,楼前为条石砌筑的花池。

两级台阶之上是敞开式的阳台,两侧用处理过的花岗石做成遮挡。次入口对称设于左右两侧,上方还设置了兼有装饰与采光功能的小圆窗。二层、三层均设有外阳台,阳台采用铁艺栏杆,外墙采用混水墙条石勒脚。进院处有门卫房,楼侧建有停放私家轿车的车库,宽敞的院子里栽种了两棵高大的老银杏树。2018 年春节在对战警堂孙女李静静进行访谈时,她忆及小时候院里种着本地几乎所有品种的果树。

整个住宅简洁、明快,具有明显的韵律感。

砖木结构以红瓦敷顶的复古主义,本是黄县路、大学路居住区的典型建

---

① 武康,魏镜. 青岛指南[M]. 青岛:平原书店,1933:64.

② 青岛市工务局使用请照单第二四八五号[A]. 青岛:青岛市城建档案馆,1934-01-06.

③ 青岛市公安局. 编钉市内正户门牌办法(丙)[G]. 1933:1.

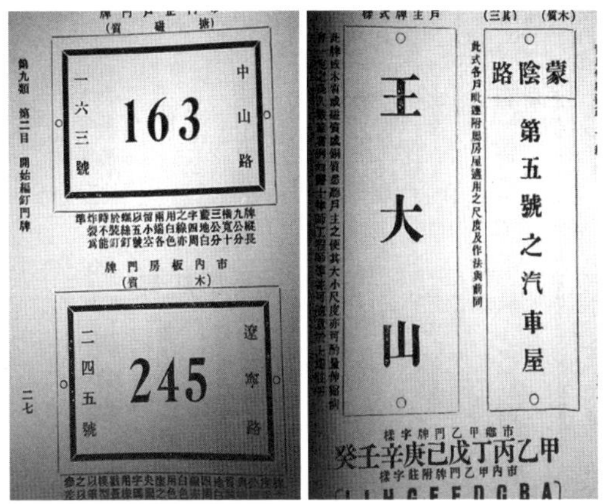

¤ 1933年青岛市门牌及户主牌标准样式

筑风格。而战宅的这种国际主义建筑风格多少有些特立独行，宛如楼主本人的行事个性。

新宅落成，似乎也当真给战警堂带来了好运。这一年，山东烟厂春季的产量，达到了开业以来的最高峰值。以每箱 5 万只香烟为准，1934 年 4 月至 6 月烟厂产量分别为 448 箱、542 箱、312 箱。①

这个令战警堂欣喜的产销业绩，也对应了本年度全国华商卷烟业的一个振奋记录。根据民国财政部税务署相关税收项及统税物品销量统计数据，1934 年，全国华商烟厂产量为 55.8255 万大箱。② 这是华商烟厂自肇始以来，至抗战前产量唯一超过在华外商烟厂产量的一年。

这两年间，战警堂居住的黄县路周边也弥散着一股清新的文化气息。他的一名邻居，在黄县路小楼里完成了小说《骆驼祥子》的写作。或许在丁香花和紫藤花开放的清晨，两位路过的邻居会颔首问好，老舍在惦念着洋车夫的命运，而战警堂则琢磨着下一桩生意。叫上一辆人力车，两个不同方向的人渐行渐远。

① 上海社会科学院经济研究所．英美烟公司在华企业资料汇编：第一册[G]．北京：中华书局，1983:238.

② 严中平，徐义生，姚贤镐．中国近代经济史统计资料选辑[G]．北京：中国社会科学出版社，2012:91.

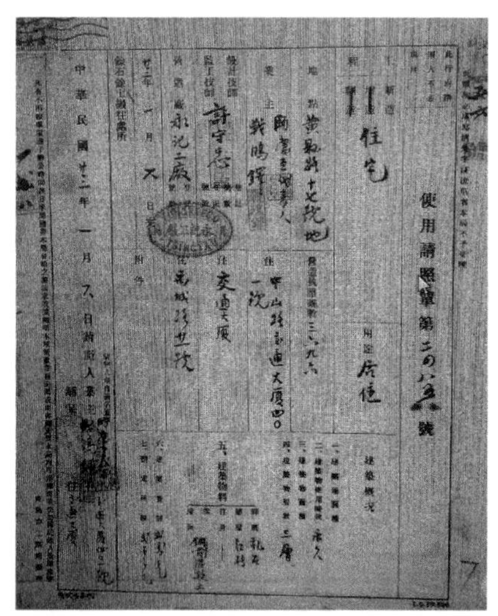

¤ 青岛市工务局关于战警堂新建住宅营造请照单 资料来源：青岛市城建档案馆

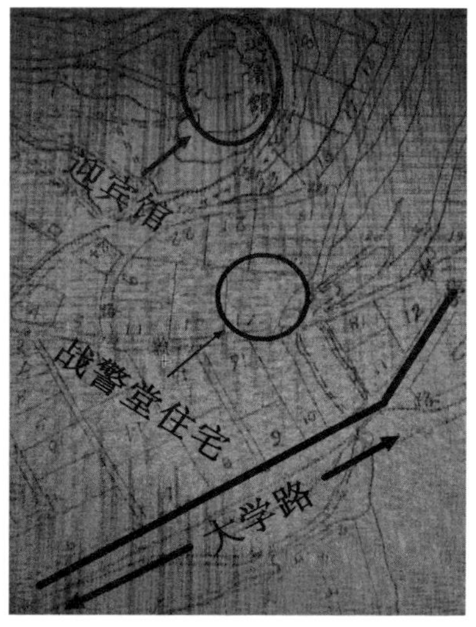

¤ 战警堂黄县路住宅 1933 年地块图位置 资料来源：青岛市城建档案馆

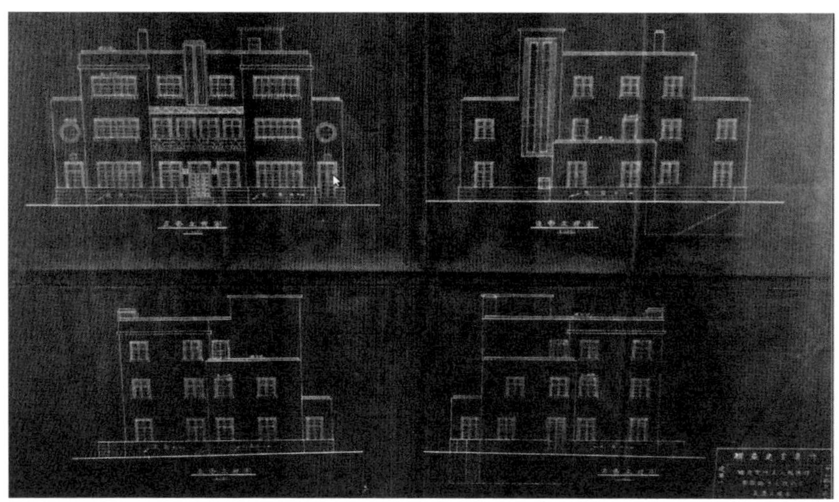

¤ 战警堂黄县路住宅 1933 年外立面设计图纸 资料来源：青岛市城建档案馆

第三章

多方投资　都市赢赞誉

点燃民族之光

战警堂与他人合作发起的华北火柴厂，是这个孜孜不倦的工业投资人在青岛的又一笔生意。华北火柴厂的开办时间与战警堂投资开办山东烟厂同期。能同时筹建两家工厂，可见玉春号经年积累的资金之巨大。

被国人称为洋火的火柴，系清同治年间自欧洲舶来。“考火柴之输入，始于万国通商，以其来自外洋，故亦有洋火之命名”[①]

中国最早的民族火柴工业发端于重庆，民国二十五年《最近中国火柴工业概况》专门进行了考证。“创立最早者为四川重庆之森昌、泰兴两公司，前者成立于光绪十五年，后者成立于光绪十九年。”[②]其后，香港九龙、长沙、北平、天津、上海先后开办火柴厂。至光绪终，已有火柴厂 14 家。

在中国火柴市场的外商企业中，起初日本和瑞典的企业占据份额较大。日资火柴业在中国的早期发展以东北地区为中心。民国二十八年出版的《中国工业资本问题》，简要叙述了日本和瑞典在华投资火柴的关联：“至光绪三十二年，中日在奉天合办之日清磷寸株式会社。自兹而后，日人单独设立者，如吉林磷寸株式会社、东亚磷寸株式会社、奉天磷寸株式会社、大连磷寸株式会社等。其中以吉林磷寸株式会社为最大，设分厂于永吉及长春，后又卖

① 屠恒峰．中国火柴业之过去现在及将来［J］上海总商会月报，1935，5(1)：1.

② 施鑫泉．最近中国火柴工业概况［J］．上海法学院商专季刊，1936(10)：15.

于瑞典火柴商，为瑞典火柴业侵入吾国之根据。”[①]

¤ 青岛振业火柴厂蜘蛛牌火柴商标

民国初期，日本以泷川磷寸会社、大阪磷寸电光会社等为代表企业，通过神户和大阪两地向中国大量输入火柴。

济南一地，为山东火柴工业之嚆矢，商人丛良弼创办了山东第一家火柴厂。在山东都督兼民政长周自齐的支持下，1914 年济南振业火柴股份有限公司成立，“三百里内不准设同种营业”[②]。

最早见到并使用火柴的青岛是什么情景呢？本地第一次见到的西洋火柴，是由德国航路输入的产品。“光绪二十四年，德国火柴由青岛输入，日见其多。于是本地居民遂全用德国之火柴矣。”[③]

民国《工商半月刊》的山东火柴工业调查，记录了 1898 年德国正式租借青岛这年，市民第一次见到“洋火”的情形。除了德国火柴，本地居民最早还使用过北京丹阳火柴厂及天津北洋火柴厂的产品。这些国货火柴由济南转运至青岛，然甚寥寥也。

德占时期，青岛并无火柴工厂。通过比对档案资料得知，日本第一次占领青岛后的 1917 年，日商明石磷寸工厂、山东火柴株式会社开青岛火柴制造业先声。次年，日商青岛磷寸株式会社和中日合办青岛华祥磷寸株式会社筹备开业。

此四家工厂资本雄厚，规模宏大，高峰时用工人数达数千。“山东火柴工业，以青岛为中心。而青岛之火柴工业，则以日商为最占势力。”[④]

① 方显延．中国工业资本问题[M]．上海：商务印书馆，1939:31.

② 济南振业火柴股份有限公司通告[N]．益世报（天津版），1919-11-07(10).

③ 山东全省火柴业调查[J]．工商半月刊，1931,3(3):31.

④ 问渔．中国火柴业过去与将来[J]．人文月刊，1930,1(6):20.

鉴于火柴作为朝阳产业的巨大市场和利润，为保护日资企业的利益，日本青岛民政部门规定，市内除此四家工厂之外，不允许另设其他火柴工厂。

在这般壁垒森严的行业保护政策下，华商欲创办国货火柴工厂以争利权构想的落地运行，只能绕开青岛市区的工业用地。于是，随后创办的华商胶东增益火柴厂，选址在市区外的城阳，而华商鸿泰火柴厂则选址胶州乡里。

至 1922 年年底青岛主权收回之前，青岛共有七家中日火柴工厂，一直到 1927 年尚无新厂增设。“此数年中各厂营业发达，获利甚多，可谓青岛火柴之黄金时代。”①

1928 年战警堂和他的合作伙伴开办火柴厂的想法，与其他两个团队同步。济南振业火柴厂在青岛筹备开办分厂，青岛明华火柴厂也在建厂开张。在旧七新三的格局下，战警堂等五人发起的青岛华北火柴厂，于当年顺利开工。厂址位于台东镇利津路 20 号，资本额 20 万银圆。

¤ 华北火柴厂青岛利津路 20 号厂房旧影，建筑已不存

华北火柴厂正门旧影，在日本京都大学保存的《华北交通写真》档案中清晰可见。

利津路上这座火柴厂的厂房全景，有震华火柴厂和华北火柴厂两种说

① 山东全省火柴业调查[J]. 工商半月刊，1931，3(3)：31.

¤ 华北火柴厂正门旧影

法。根据京都大学保存的工厂正门的图片，结合正门两侧立柱、侧方建筑立面转角、二楼铁质露台等特征判断，该厂房应为华北火柴厂原址。

华北火柴厂所在的区域，曾为青岛第一次日占时期在台东镇以西开辟的工场指定地，小型工业作坊鳞次栉比。从照片看厂房全景，临街建筑为两层联排式，以朝向路口的立面为中心，分别沿诸城路和利津路向西北、东北延展。整组建筑入口设于路口街角，两翼均未设次入口。二楼正中设置一座镂花铁艺外阳台，顶部弧形山墙装饰为 20 世纪二三十年代本地流行风格，镂空窗户显得颇具匠心。整组建筑立面简约朴素，浅色带有简单装饰纹样的拉毛墙面，坐落在花岗岩墙基上，屋顶敷设机制红瓦。在青岛研究者王栋看来，此建筑并不像传统意义上的工厂建筑，但也不似住宅。相比同一区域的其他工业建筑，华北火柴厂的临街立面形象，很容易让人联想到同时期青岛云南路、海关后一带的里院。

从照片分析，工厂门口悬挂的“庆祝春节”四个字已是简体字，所以不可能拍摄于 1964 年之前。其两侧对联标语，模糊可辨“全市 ××× 增产 × 约运动，×××× 建设的伟大胜利”。结合新中国数次“增产节约运动”结束的时间与推行简化字的时间判断，这张华北火柴厂旧址的照片，应拍摄于 1965 年或 1966 年春节。

华北火柴厂的设备除白玉粉机和玻璃末机之外，其他都是进口产品，其中硫化磷和洋硝机、洋胶机、红粉机均为德国产品。开业时有工人400余名，包装部全部为女工和童工，生产车间全部为男工。其中男工最大的32岁，女工最大的26岁，最小的14岁，工人多数为文盲，“识字者仅三分之一”[①]。

工厂建有宿舍一处，有男工驻厂值守，驻厂男工伙食均由工厂免费提供。

华北火柴厂的发起人，均非等闲之辈。

出生在山东蓬莱潮水镇的邹道臣是工厂董事长。邹道臣少年时代在大连渔行当学徒，早在1918年6月即以3万银圆的资本，在青岛海泊路经营福兴祥钱庄。该钱庄除办理市民存款、放贷业务外，还受理承兑业务，在宝山路1号建有仓栈存放客户的抵押品。[②]福兴祥钱庄的经营状况良好，邹道臣相继拥有市场三路2号及3号地块的产权。

國際貿易導報 第六卷 第八號

華北火柴公司	東鎮利津路十一號	民國十七年	有限公司	一〇〇,〇〇〇
信昌火柴公司	東鎮順興路七十八號	民國十八年	無限公司	二〇,〇〇〇
魯東火柴公司	東鎮台東八路特四號	民國十八年	無限公司	一五,〇〇〇
華魯火柴公司	青島市外四方村	民國十八年	有限公司	四〇,〇〇〇
明華火柴公司	滄口隆昌路一號	民國十八年	無限公司	二〇,〇〇〇
興業火柴公司	東鎮程口路八號	民國十九年	無限公司	二〇,〇〇〇
華盛火柴公司	東鎮新民路新一號	民國二十年	有限公司	三〇,〇〇〇

¤ 民国期刊对华北火柴公司开业时间及资本的记载

工厂经理由周子西担任。周氏为青岛福增公司经理，家住四方路1号地。[③]

有意思的是，同为工厂发起人和股东的战警堂、邹道臣、周子西，都是相互的亲家。连环的姻亲关系，使得冰冷的工业横生出一些温暖的意趣。持股和联姻，使得股东之间的合作更加稳固与从容。

邹道臣除了与周子西是亲家外，和战警堂也是亲家。战警堂的二女儿战德美，嫁给了邹道臣的三子邹来钧。

① 青岛特别市社会局编制股．青岛社会华北火柴工厂之概论[G].1929:3.

② 中国人民银行青岛市分行．青岛金融史料选编：下册[G].1991:862.

③ 青岛特别市政府秘书处．日本人官有地第一次发表四九一件 青岛特别市公私土地权利业主姓名表华人外国人官有地[G].20,23,57.

在青岛物品证券交易所股份有限公司的一份股东名簿里，战警堂和亲家邹道臣的名字并列，从股东名簿可以得知，邹道臣住在距离战警堂家不远的海泊路82号。[①] 相对于成立于1920年的中日合资青岛取引所，青岛交易所的出现，恰恰是青岛华商对日商垄断土产、棉纱和证券等大宗货品交易的直接抗衡与反击。

¤ 40岁左右的青岛名商邹道臣　资料来源：邹道臣之孙，战警堂外孙邹士松提供

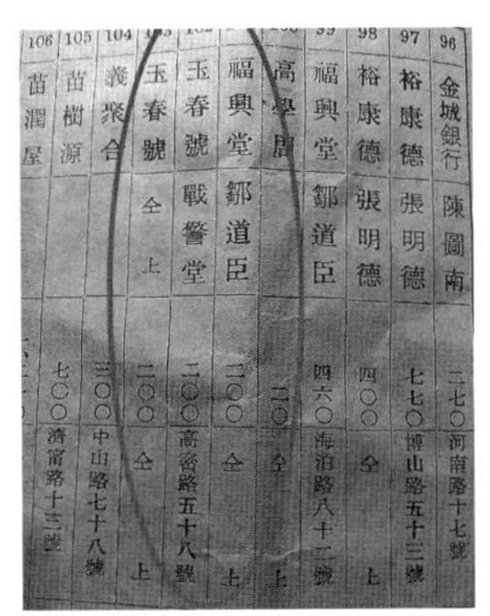

96	97	98	99	[illegible]	[illegible]	[illegible]	[illegible]	104	105	106
金城銀行	裕康德	裕康德	福興堂	高[illegible]閣	福興堂	玉春號	玉春號	義聚合	苗樹源	苗潤屋
陳圖南	張明德	張明德	鄒道臣		鄒道臣	戰警堂	仝上			
二七〇	七七〇	四〇〇	四六〇	二〇	二〇〇	二〇〇	二〇〇	三〇〇	七〇〇	
河南路十七號	博山路五十三號	仝上	海泊路八十二號	仝上	仝上	高密路五十八號	仝上	中山路七十八號	濟甯路十三號	

¤ 青岛物品证券交易所股份有限公司股东名簿　资料来源：黄海提供

工厂副理江一山，住长兴路11号地。出生在崂山夏庄的工厂董事李代芳，则是林学专家。礼贤中学毕业后，李代芳考入南京金陵大学农学系，曾著有200多页的胶济铁路周边造林育林报告《胶济铁路林场造林计画书草案》[②]，并参与了1922年青岛主权接收工作，继而于次年出任青岛农林事务所所长。青岛中山公园小西湖及亭阁，即由李代芳主持修建。1928年李代芳赴任济南，后服务胶济铁路管理局，不久投身实业，发起组建华北火柴厂。

另一个工厂董事张柏祥是山东黄县人，早年赴东北做生意。1927年转至青岛，在奉天路（今辽宁路）三十二、三十四块地开办祥瑞行印务部，后改名祥瑞行美术印书馆。祥瑞行美术印书馆因彩印设备先进且技术精湛，不久成为青岛规模最大的印刷厂，其印刷的月份牌、年画与广告画，代表了山东印刷业的最高水平。1934年初夏，张柏祥还与多人集资在四方开办骨粉、骨胶工厂，取名青济国货胶厂。

① 青岛物品证券交易所股份有限公司．青岛物品证券交易所股份有限公司股东名簿[G].

② 李代芳．胶济铁路林场造林计画书草案[J]. 林学，1936(6):65-74.

1928年，华北、振业、明华三家华商火柴厂在青岛相继开业，两年后又有鲁东、华鲁、振东、信昌、兴业五家火柴厂开业。同时日商东华、益丰等火柴厂亦开业。多家工厂的投产，催生了青岛本土火柴杆制造的落地。

作为关联产业，华北火柴厂在青岛独家开办的火柴制杆工厂，用安东椴木、俄国白杨木、吉林棉花木等做原材料制杆，打破了青岛火柴杆均由日本进口的局面。其后，青岛华阳路的新生制杆厂、山西路的鲁生制杆厂、潍口路的中国制杆厂、曹县路的新兴制杆厂陆续开业。这些制杆工厂生产的火柴杆，不但满足了庞大的青岛火柴制造业的需求，还远销北平、上海、广州和汕头等地。

竞争的日趋激烈，导致各火柴工厂的效益下降。"民国十七年时代，每箱成本加原料人工及其他费用诸项，最多不过三十三元。至今至少五十元。"[①]

但另一方面，即便成本增加，华商火柴工业还是扭转了以往日资工厂独霸市场的局面。这种鼓舞，恰恰对应了青岛国货运动的全民欢腾时段。于是，青岛的一些日商火柴厂打起了歪主意。

在华北火柴厂投产一年多之后，市场上有日资火柴以国人提倡国货的语气，在商标处写上"提倡国货，勿忘国耻"，却不标注生产厂家。为此，青岛市火柴同业公会愤然致函全国商会联合会揭露此现象，并寄去华商火柴商标请求对外公示："显系鱼目混珠，希图影射……深恐贵会习焉不察，被其朦混。"[②]

不料，打击假冒国货火柴的快意，却在当年弥消。1930年，由于中央增加统税，青岛火柴业不堪重负，有全业停工之虞。根据1930年对青岛市民职业的统计，全市工业从业者占比高达62.95%，商业从业者占比26.21%，一旦有批量工厂倒闭，必致民生于困苦之中。

国民政府实业部天津商品检验局以青岛为例进行了调查，对山东省火柴业表示忧虑："全世界火柴之税率，将以我国为最重。故自加税以来。由本月五日至现在，一箱未销。所制成之箱，皆存积于仓库。致资本积压，不克周转。倘目前不能解决，年前恐又全数停产之虞，不特外货可以倾销，致权力外溢，而直接间接赖火柴厂之生活之二十万人，恐全数失业。实为目前之一大问题也。"[③]

① 山东全省火柴业调查[J]. 工商半月刊，1931，3(3)：31.

② 青岛洋商火柴商标之朦混[J]. 工商半月刊，1930，2(22)：13.

③ 青岛火柴业[J]. 实业部天津商品检验局检验月刊，1933(11-12)：6-7.

燃眉之下，青岛火柴业同业公会关于减免费用的请示层层报至各部门。其中，铁道部给予了支持，出台减免部分火柴工厂运输费用至年底的政策：“据青岛火柴同业会呈略称，我国火柴业自受外商压迫以来，已岌岌可危。年来金价暴涨，损失更不可以数计。现在华商痛苦，较之往昔不惟未见减少，而外商之侵略日甚一日……本部为救济火柴业期间，暂准自本年九月一日起，将华商火柴减等收费办法展限四个月。”[①]

次年的 1931 年，国民政府的关税改革政策挽救了国货火柴业，使得此年成为国内火柴产销旺盛的一年。“自 20 年（1931 年）1 月实行增加关税后，国外火柴进口减少。中国厂家，渐有转机。此一年间，为营业最安定之年。21 年（1932 年）起，重入暗淡，各厂相率跌价，大厂尚可支持，小厂痛苦万分。”[②]

在民族火柴业“重入暗淡”之际，山东烟厂惨痛、恐惧的火灾阴影刚刚散去，华北火柴厂居然再次失火。

1932 年 10 月 18 日，是青岛火灾史上一个灰色的日子。这一天，全市同时燃起三处大火。

晚上六点，首先起火的是利津路华北火柴厂，消防队接警后即往扑救。

¤ 华北火柴厂营业执照及广告

① 铁道部训令第一三〇号[J]. 铁道公报，1931(185)：10-11.

② 陈真，姚洛．中国近代工业史资料第一辑：民族资本创办和经营的工业[G]. 北京：生活·读书·新知三联书店，1957：618.

可以想象战警堂此时有多么崩溃，两年前烟厂烧毁的惨痛经历还历历在目。万幸的是，火势在易燃易爆的火柴厂并没有失控，也没有引发爆炸。火灾被及时扑灭，但此时消防队又接到紧急警讯，台西镇两处贫民窟已火烧联营。

台西镇的两处失火点，分别是东平路脏土沟和四川路马虎窝。起火原因是东平路 9 号住民烧柴做饭遇火，大片迅速蔓延至周边连片的布棚和木板房。

晚上 7 点 20 分，消防队由华北火柴厂赶到台西镇时，火已大炽，无法扑灭，所有板房悉数化为灰烬。从火窟中逃出的男女老幼遍布附近街道，妇孺号哭之声惨不忍闻。“社会局长储镇、公安局长余晋龢、公安一分局局长孙秉贤均到场弹压。该管一二分所长警亦全体出勤，对于肇事地点之治安及灾民之救护颇为出力。至十时许，始火势渐熄。”①

此次台西镇大火因居民及时逃离，未有人员伤亡，但脏土沟和马虎窝贫民窟的 600 间棚户屋有一半被烧毁，1500 余名灾民无处居住。

战警堂似乎命中惧火。两处厂房，两次火灾，有惊有险，连绵不断。好笑的是，因战警堂对火灾处置有经验，在青岛益成五金行失火保险理赔时，其被市商会推选为公证人。令战警堂想不到的是，还有一场火灾会烧到他的头上。

复业后的 1934 年，财政部给予了国货政策倾斜，指令青岛市政府变通照

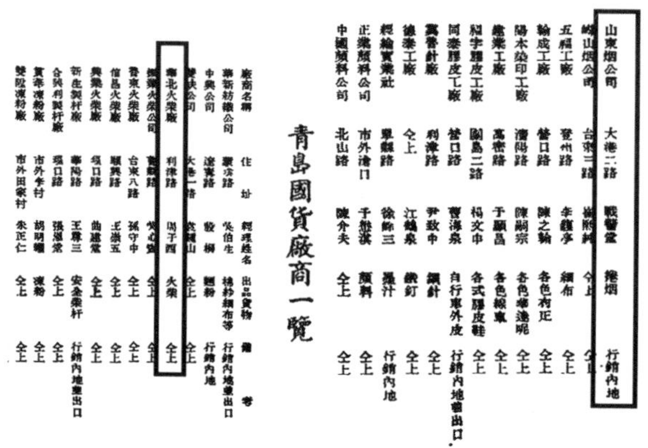

青島國貨廠商一覽

廠商名稱	住址	經理姓名	出品貨物	備考
山東烟公司	大港二路	戰警堂	捲烟	行銷內地
嶗山烟公司	台東三路	[illegible]	仝上	仝上
五福工廠	登州路	李鐵亭	細布	仝上
輪成工廠	營口路	陳之翰	各色衲疋	仝上
陽本染印工廠	濟陽路	陳嗣宗	各色嗶嘰呢	仝上
維業工廠	高密路	于願昌	各色線車	仝上
利宇膠皮工廠	關島二路	楊文中	各式膠皮鞋	仝上
同泰膠皮工廠	營口路	曹海泉	自行車外皮	行銷內地暨出口
冀魯針廠	利津路	尹致中	鋼針	仝上
德泰工廠	仝上	江鶴泉	鐵釘	仝上
經綸實業社	單縣路	徐錦三	墨汁	行銷內地
正業顏料公司	市外滄口	于[illegible]	顏料	仝上
中國顏料公司	北山路	陳介夫	仝上	仝上
華新紡織公司	[illegible]	吳伯生	棉紗細布等	行銷內地暨出口
中興公司	遼寧路	殷桐	麵粉	行銷內地
[illegible]公司	大港一路	[illegible]山	仝上	仝上
華北火柴廠	利津路	周子西	火柴	仝上
振業火柴公司	[illegible]	[illegible]	仝上	仝上
魯東火柴廠	台東八路	孫守中	仝上	仝上
信昌火柴廠	順興路	王崇五	仝上	仝上
興業火柴廠	滄口路	曲建棠	仝上	仝上
新生製杆廠	華陽路	王壽三	安全柴杆	行銷內地暨出口
合興利製杆廠	滄口路	張鴻棠	仝上	仝上
寶華澱粉廠	市外李村	胡明[illegible]	澱粉	仝上
雙盛澱粉廠	市外田家村	朱[illegible]仁	仝上	仝上

¤1936 年《青岛国货厂商一览》中，战警堂的山东烟公司和华北火柴厂的信息

① 青岛贫民窟大火灾[N]. 申报，1932-10-22(8).

顾,将原有一等火柴每盒限装 80 支调整为 95 支,减少一部分税收。火柴各厂可将库存统一由保险公司保险,换算为利息后,向银行贷出现金以维持原料供给。

随后有关青岛火柴商开工的消息称:“兹悉财部已咨市府拟定变通办法,各工厂虽仍多困难,但因市府胡秘书长屡招各厂经理,商令开工。盖自各厂停业后,失业工人过多,实与治安关系重大。各厂经其劝导,遂不得不忍痛开工,信昌振业三家已于二十六日开工,其余各厂亦于一月之内,可相继开工复业。”①

多次召集各火柴厂开会并呼吁坚守的,是青岛市政府秘书长胡家凤。作为协调人,他执行的是市长沈鸿烈的决定。

沈鸿烈,字成章,湖北天门人,1905 年考取日本海军学校,并在日本加入中国同盟会。归国后在黎元洪部下从军,曾在武昌起义中策动长江中的清朝舰只起义成功。20 世纪 10 年代末转于张作霖旗下担任奉系海军将领,1923 年成为中将海军司令,1931 年年底就任青岛市市长。

作为地方行政官,沈鸿烈有一套系统的市政发展和城乡建设思路,以及发展经济、振兴国货、保障民生的理念,这使他坚持华商产业救市。这一点与沈氏次年力争将第四届全国铁路沿线出产货品展览会落地青岛的出发点和思路相一致。

在政府的鼎力支持下,本地多数工厂开工复业,华北火柴厂产销业绩渐好。

1934 年,青岛火柴工厂如破土春笋,次第冒增。根据该年度《中华实业季刊》的统计,在济南火柴工厂只有三家的情况下,青岛火柴工厂有华北、磷寸株式、日升、新东、新记、振业、兴业、华鲁、鲁东、信昌、青岛、山东、益丰、东华、丰盛、明华、洪泰、胶东、丰源,共计 19 家。②

华北火柴厂原材料硫化磷 63159 箱的产量,居青岛各厂之首,接近振业火柴厂的三倍,比日资山东和青岛火柴工厂之和还要多。③

① 青岛火柴商开工[J]. 实业部天津商品检验局检验月刊,1934(3-4):184-185.

② 曹明甫. 华北火柴调查报告[J]. 中华实业季刊,1934,1(4):102-103.

③ 张新吾. 丹华火柴公司沿革[G]//中国人民政治协商会议全国委员会文史资料研究委员会. 文史资料选辑:第十九辑. 北京:中华书局,1961:143.

这一年，华北火柴厂的工人不少于416人，是青岛华商火柴厂里唯一使用电动机的企业。[①]其成品火柴较上一年度增加一万多箱，年产量达到39800箱，居全市同业之冠。除青岛市场外，其产品外销济南、大连、徐州。[②]

华北火柴厂1935年在《青岛工商季刊》刊登"请用国产上等火柴"广告，宣传自己的产品"本品精良，阴雨不变，如有不着，保险退换"。

广告列举了虎牌、先生牌、良心牌、光明牌、忠山牌、北斗牌等牌号，以示"牌名繁多，不胜枚举"。广告显示，华北火柴厂还附设有橡皮部，专门采用上等原料，精制各种人力车和脚踏车的内外橡胶带，自谓"出品精良，经久耐用，如蒙赐顾，定当格外克己也"。

即便在国产火柴高产的年度，外商的势力仍不容小觑。有工业调查尖锐指出："尚有一事，我不能不明告国人。即火柴厂之多，固以青岛占全国第一位，而外人在中国经营火柴厂者，亦以青岛占全国第一位。是青岛火柴业之所以能占全国第一位者，究其实不过沾东壁之余光耳。焉能抱乐观哉？"[③]

业界人士同时注意到："在华北火柴工业，其矛盾因子最为显著者即是货物滞销。所以滞销的原因，一方是因有舶来火柴入口，及外商在天津、青岛等处设厂制造，因而夺取了国商火柴厂一部分的销场。一方是因于税率太重，致售价太高，故而用户均节减使用。其次就是因为生产力量的增加，而消费量不能随着俱增。"[④]

在历史文献呈现的有限真相中，华商与外商的火柴利权博弈，如同其他工商业一般，在角逐中交替往复。而华商显现出的布局谋略、竞争魄力、产品品质，从未示弱。

就是在这样的时代风雨下，磕磕绊绊的民族工商业始终坚忍不拔，一路颠簸，一路前行。

---

① 青岛市社会局．青岛市工厂工业手工业调查[R]．1933:9.

② 陆国香．山东之火柴业[J]．国际贸易导报，1934,6(8):115.

③ 玄贞．青岛的火柴工业：所谓全国第一位[J]．海王，1935,7（36）:648.

④ 秋苇．华北火柴工业概况[J]．华年，1936,5(50):966.

百分之一

1931年，战警堂成为青岛中鲁银行的股东。他的股权占比刚好是这家牛商银行总资本的百分之一。

青岛是中国近代新兴银行业的迟到者，却也是后来居上者。德占时期之后，青岛开办的银行是青岛近代银行业之嚆矢。1898年德国租借青岛之前，德国远东舰队司令致函德国海军军部称："货币问题有困难，除了等待德华银行从速在青岛成立汇兑机构外，别无他途"。

1898年3月，中德政府签订《胶澳租借条约》。解决货币汇兑的急迫，快速催生了青岛首家银行。5月15日，由德意志中央银行设办的德华银行青岛分行（Deutsch-Asiatische Bank）开业，办公地点位于今太平路 。当时有规模的工商业、国际贸易皆在德人之手，故该行实际上掌握着本埠的金融大权。

自德华银行青岛分行开业，华资银行在11年后才在青岛发出先声。大清银行1909年9月21日在中山路152号开设青岛分号，隶属济南管理，办理胶海关收支事项。民国之后大清银行改组为中国银行，中国银行青岛分号于1913年5月15日开始营业。

1914年日德在青岛交战后日本占领青岛，日资横滨正金银行取代了德华银行青岛分行。横滨正金银行青岛支店（Yokohama Specie Bank Ltd.）办公地点最早设在叶樱町1号（今馆陶路），后来搬迁至所泽町（今堂邑路）。横滨正金银行青岛支店接收了德华银行青岛分行的所有业务，办理金本位和银本位的各种存款和贷款，兑换外汇，发行银圆兑换券，掌控着青岛的金融大局。

青岛金融界在全国通例下，有一特殊情形，即银号钱庄未尽展布。言其原因，系德华银行青岛分行和横滨正金银行青岛支店的势力笼括一切。而且德日时代对于金融取缔甚严，华人经营银号钱庄不甚发达。

中鲁银行是由中鲁钱庄、中鲁银号演变而来。最早的中鲁钱庄则由青岛的贩牛大户发起。

卖牛肉的商户，何以有实力发起组织资金量巨大的钱庄？这其实是青岛自1898年开始的大规模城市化推进带来的红利，港口开了，铁路通了，仓库有了，屠宰场建好了，牛肉生意便万事俱备。对于20世纪20年代青岛中日牛肉商来讲，牛肉收购业务已非常活跃，赚钱并不是问题。

日本,是拉动本地牛肉生意快速运转的核心纽带。1923 年,青岛全市中外土货商共向日本出口鲜冻牛肉 19.9 万担,而流向上海的仅有 203 担,流向全国其他通商口岸共 3660 担,可见青岛一地对于日本本土牛肉供给的重要地位。

据青岛商品检验局 1929 年对日商自青岛港出口牛肉情形的记录,经营牛肉出口的共荣社、花井时一商店、士蔴洋行、一郡商会、三井物产株式会社等日商多达 35 家,而且几乎均密集开办于日侨聚居区。经由青岛出口的牛肉,多销往神户、大阪、东京三地。"(青岛的日侨牛商)合计商号三十五家,资本共计 2510000 元,一九二九年份出口总值 5595240 元。其在青岛所占牛肉势力之大可知。"[①]

这一贸易规模的出现,并非取决于在青日本牛肉商经营有术,而更得益于日本移民的与日俱增。据研究者的统计,1928 年在青岛的日侨有 13870 人,占时年全部在华日侨人数的 5.3%。青岛日侨人数仅次于上海,为上海日侨人数的一半,同时为北平日侨人数的七倍。[②]

而另据《新中华报》所载《青岛日侨》的统计,1928 年 12 月在青岛的日侨人数则有 23941 人之众[③],旅青日商人数之多,带动了与其本土进出口贸易的繁荣。

在市场需求的刺激下,青岛华人牛肉商亦多有商机,对应牛商的金融服务便应运而生。牛商大户聚顺兴号经理王荩臣、汇兴栈经理郭贵堂、东记号经理郭善堂、源兴栈经理矫玉丰、德聚福号经理王子久、亚鲁号经理吕皖三、大成商行经理唐振声等合资 5 万银圆,于 1926 年 10 月在东平路组建中鲁钱庄。钱庄董事长为王荩臣,经理为张玉田。

随后,中鲁钱庄先后两次分别增资至 15 万银圆和 30 万银圆后,按照公司章程组织为中鲁银号,并迁至保定路营业。

中鲁银号主要业务为存贷款,其营业服务甚为周到。据亲历者潘经五回忆:"当时中外各银行的营业时间有一定规定,对各往来户的态度有时也不佳。

① 侯厚培,吴觉农.日本帝国主义对华经济侵略[M].上海:黎明书局,1931:163.

② 桑兵.交流与对抗:近代中日关系史论[M].桂林:广西师范大学出版社,2015:141-142.

③ 青岛日侨[N].新中华报,1929-02-01(3).

中鲁银号成立之初，即对往来户尽量给予方便。如有急需提取现款者，虽已下班，只要号内有人，即可付款。又如星期六下午，其他银行不办公，中鲁银号照常营业。星期天各银行照例放假，中鲁银号仍在上午营业，给往来户不少便利，使各商号均愿与之往来，因而中鲁银号吸引存款较多，获利也较丰。”①

随着银号业绩发展，经理张玉田又联系本市较大工商业者扩股，战警堂、平度帮的义原公号经理尚景六、掖县帮的洪聚昌号经理李树堂、胶州帮的双蜉面粉经理高湘南、广东帮的宜今兴号经理陈义初等102户再入股20万元。

1930年，在总资本额已达50万元后，中鲁银号有了改组为银行的新期望。

这一年，青岛的两家银行改组的信息，引起了金融界的关注，中央银行在两期旬刊中均发布了消息。其一是上海商业储蓄银行在济南分行复业后，于青岛分设代理处，此年度欲改组为支行。其二是中鲁银号改组为股份制的中鲁银行。“青岛中鲁银号，营业向称发达。近有改组银行消息。闻拟增足资本五十万元，已陈请市府社会局验资，以便实行改组。”②

呈请市政府和国民政府财政部注册后，中鲁银号在天津路17号购买地皮，自建三层办公楼，于1931年改称中鲁银行。“敝行改组完成，于民国二十年一月一日起实行银行名称。”③

与银行业关系密切的青岛总商会，此年亦实行改组。南京国民政府发布《商会法》后，青岛总商会改称青岛市商会，由宋雨亭担任主席。

中鲁银行总经理依旧为张玉田。作为本地的资深金融业者，张玉田曾任青岛东莱银行的营业主任，与工商界各色人等熟悉有加。在青岛居住多年的戏剧家宋春舫，在上海商业储蓄银行《海光》杂志社从事编研工作时，曾记录过中鲁银行张氏的来历：“中鲁银行总经理张玉田氏，本为东莱银行营业主任。东莱既因政治关系而停业，张氏鉴于潮流之变迁，乃将银号改为中鲁银行。此民国二十年事也。”④

① 中国民主建国会青岛市委员会，青岛市工商业联合会，工商史料工作委员会．青岛工商史料：第三辑[G]．1988：149.

② 青岛上海商业储蓄银行代理处改组支行及中鲁银号改组银行讯[J]．中央银行旬报，1930，2(32)：21.

③ 中国人民银行青岛市分行．青岛金融史料选编：下册[G]．1991：705.

④ 宋春舫．青岛的银行界[J]．海光，1933(7)：8.

战警堂在1965年自述的银行资本,与档案记录一致。入股中鲁银行后,他持有百分之一的股份。“中鲁银行当时资本伍拾万元,我投资五千元,并担任董事。”[①]

这一年,战警堂之子战德声出生。

中鲁银行开业后的营业状况正常,1932年,银行修订了章程并开设储蓄部,财政部部长宋子文予以案准并颁发新执照。“相应填具银字第一一六号银行营业执照遂咨送,请查收转发。”[②]

1933年,中鲁银行存放款分别为158万元、207万元,次年分别增至185万元、235万元,营业上升势头良好。

此年度,继东莱银行总行迁往天津后,中鲁银行、山左银行、青岛农工银行是仅有的总行开设在青岛的地方银行。

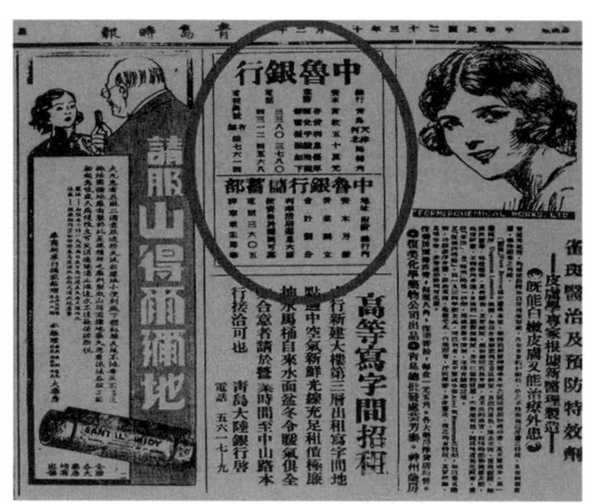
青島時報
中魯銀行
中魯銀行儲蓄部
請服山得爾彌地
高等寫字間招租
行新建大樓第三層出租寫字間地
適中空氣新鮮光線充足租價極廉
水馬桶自來水面盆冬令暖氣俱全
合意者請於營業時間至中山路本
行接洽可也
青島大陸銀行啓
電話 五六一七九
雀斑醫治及預防特效劑
—皮膚學專家根據新醫理製造—
既能白嫩皮膚又能治療外患

¤1934年中鲁银行在青岛本地报纸刊登的广告

但三年后樱花盛开时节的一场危机,却将中鲁银行推向灭顶之灾。

1935年青岛共有中国、交通、金城等华商银行13家,汇丰、横滨正金等外商银行8家。各个银行之间关系微妙,互有竞争,也互通有无。中鲁银行是新晋者,不免急于跑步前进,以扩大市场份额。未曾想,急功近利的策略暗流涌动,中鲁银行因不动产抵押贷款比例过大,造成资金呆搁过巨。

1935年的农历新年,青岛喜庆气氛浓厚,一片歌舞升平。2月18日正月

① 社会主义教育运动个人简历[Z]. 战警堂自述,1965-06-20.

② 咨青岛市政府:钱字第一一一一号[J]. 财政公报,1932(52):130.

十五，青岛民众教育馆举办了游艺大会，节目丰富多彩。有相声《抢三本》、梨花大鼓《昭君出塞》、奉调大鼓《坐官》、河间大鼓《大烟叹》、国乐合奏《得胜令》和《一枝梅》等，同时还放映了电影，并有和声社的国剧专场。《青岛民报》写道："民众教育馆表演各种游艺，规定下午一时开幕，但观众踊跃，未开幕前已如潮而来，座位无一空者，至开幕时，已无立足之地。"窗花红火的正月，青岛欢乐祥和。

但危险，接踵而至。

1935年春季，中鲁银行发生挤兑危机。之前因为中鲁银行营业头寸不宽，同业往来多有轧欠，青岛各银行对该户早已深切注意，只是未知风险规模。波澜骤起，一时风声鹤唳。因中鲁银行存款户多为平民，为维护社会稳定，青岛市政府号召本地13家银行暂借共30万元，以中国银行为借款团代表，扣除借款利息拨付中鲁银行，以维持市民集中提款所需。

不料，恐慌已不可抑止，救市资金到位后随即被挤提一空。眼见次日面临停业，经理张玉田与商会代表急忙报告市政府。

¤ 青岛市市长沈鸿烈肖像

5月18日，青岛市政府秘书长胡家凤、社会局局长储镇连夜召集各银行研究对策。会议在中山路1号国际俱乐部进行，除中央银行经理请假未到外，在青银行经理悉数参会。

胡家凤传达了沈鸿烈市长关于"市面本已衰败，如再有银行歇业，影响势必更巨，盼各行对中鲁继续维持"的意见。然而到会的各同业反应并不热烈，当即声明救急不救穷之本旨，并询问中鲁银行账面如何，贷款手续如何，以及维持后是否即可保全。

在张玉田恳切陈辞下，经过多次争辩讨论，各银行决定再次支持政府稳定市面，第二次给予借款共10万元，担保品是中鲁银行沂水路和禹城路的房产。会议经胡家凤秘书长决定,各银行所收中鲁银行支票一概送中国银行转账,每日下班后按照借款份额转交各出借银行。

即便再度借款,中鲁银行依然摇摇欲坠,市长沈鸿烈不得不致电中国银行、中央银行和交通银行三总行:“中鲁忽告危急,该行有 16 年历史,若趋倒闭,不特各商牵连众多,即银行放款间恐亦受影响。且该行储蓄存款达数千号,多系孤贫小户,关系范围尤属重要。”三总行没有继续给青岛地方长官面子,议决各行不得再次单独与中鲁银行发生借款关系,任由其自生自灭。

三大行撤下,其他商业银行也不再继续给中鲁银行放款。中鲁银行在面临倒闭之际,牛商股东们合力急救。时年青岛市政府已经停发贩牛营业执照,因此牛商对于各自的营业执照非常珍惜。牛商股东们情急之下,以各自执照作为抵押,商定青岛牛业公会、中鲁银行股东每宰杀一头牛,由屠宰征收处代扣 5 元交青岛农工银行中转,分次分批付给储户。

惨惨淡淡,艰难维系,中鲁银行终于没熬过寒冬,不得不歇业。一场牛商的金融梦,到此偃旗息鼓。

撒网

1932年5月13日,战警堂购得沾化路1号地产,这里距离华北火柴厂很近。具体位置在今沾化路和滨县路转角处。

战警堂不会预料到,他在此地开办的木材厂,20 年后会成为新中国青岛第一木器厂的组成企业。

除了工业用地,战警堂还陆续购买了李村路、禹城路、市场一路等数处的住宅房产。

在青岛,战警堂有一位好友,他就是张乐古。而后者,却非等闲人物。

即墨人张乐古,名同有,字乐

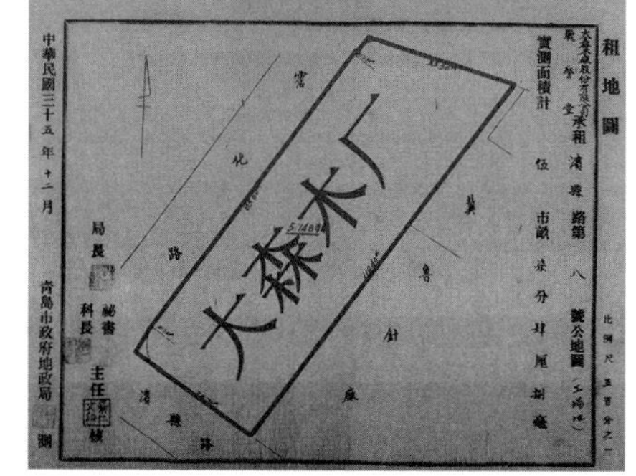

¤ 战警堂沾化路 1 号地产地形图　资料来源:作者收藏

古，家中排行老三。传其自幼得读私塾，识文断字，悟性颇高。清末民初年间基督教初传入时，张乐古积极为外国传教士跑腿服务而倍受赏识，遂被带到烟台读书。

就此，张乐古进入教会学校会文书院就读，未及三年因患肺结核休学，在玉皇顶教会医院疗养了一年多才康复。后经人介绍到西华英洋行当学徒，因吃苦耐劳被老板特别提拔，不到两年即担任交易所经纪人。当时正值日俄战争，张乐古借机大炒俄币老头票，赚了一笔现钱。

在西华英洋行出徒后，张乐古跳槽到英商仁德公司，初任发网部副理，后升为经理。一年后张氏独立创业，成立仁丰公司，专营在烟台风行一时的发网、花边制造及出口生意。

民国十二年起，欧美各国女子剪发之风流行，烟台发网业遭受重大打击，仁丰公司被迫歇业。张乐古遂决定到青岛谋求生计。

张乐古到青岛的时间，是 1924 年冬。

初到青岛，张乐古跟随老友经营鸡蛋出口生意。约一年后另辟蹊径，创办《平民白话报》并任总编辑，后更名为《平民报》继续出刊，逐渐在青岛积累起各种社会资源。

张乐古以报馆为基础，参与多种社会活动。这期间其加入帮会组织，并成为青岛青帮通字辈老大，广收徒众，社会声望日隆。与此同时，其商业经营的范围与内容也不断扩大。

战警堂因何与张乐古相识，过程不详。作为报业投资人和社会活动人士的张乐古，曾在市商会出任过常务委员，应该会与战警堂有着若干交织。在若干公共服务领域，两人也不乏相同之处。比如，战警堂注重职业教育，而张乐古则致力于平民扫盲运动。从后来的一份检举材料看，战警堂和张乐古似乎关系密切，且经常走动。

该检举材料描述："战警堂与反动派救济署署长（名不详，住黄县路 × 号）及已枪毙之匪特张乐古经常在一起吃饭喝酒。"[①]

张乐古自开办报纸印刷业后，接办新新大舞台，并在百货和旅馆行业均

① 青岛市人民政府公安局市南分局．战警堂——南 0114 补充材料[Z]．

有投资。这个时期，跟随他一起来青的弟弟张晓古则前往日本，进入东京一所医学院学医。

战警堂与张乐古的商业合作项目，是合伙组织的渤海渔公司，从事海洋渔业生意。战氏为何会投资渔业已不可考，或许与玉春号过去经销一些渔船用品有关，如竹竿、木材、桐油、洋线等。但更有可能的是，1933 年起青岛渔业渐臻发达，让机敏的战警堂看到了新的盈利点。

在 1930 年之前，青岛华商渔业不甚景气。除日占时渔业资源被日资控制之外，青岛本地渔民捕捞方式落后守旧，面临瓶颈，且因时常有海贼出没，遂导致渔业作业日趋衰落不堪。在阴岛（今红岛）、女姑山湾等处，作业渔船鲜见，大型渔获寥寥。1930 年《农矿公报》报道："近来渔业衰落，惟长期尚有捕刀鱼者，秋冬期只有捕虾者数家。则拾蛤蜊、虾子等者不足以称之为渔业。"[①]

自 1933 年起，青岛渔业渐有起色，其主要原因是沈鸿烈市长提倡保护渔业，市政府出台扶植政策。有报道说，"青市政府在渔汛时期，沿例责令公安局妥为保护渔民。海军第三舰队方面，亦于期间酌派军舰往来保护，因此渔民得安心从事于业务而无他虞"[②]。

此外，市政府拨出渔业专款接济资本缺乏渔民，使其免受高利贷之苦。沈鸿烈首倡培养技术渔民，采取航道两侧渔场承包，发放渔船平价柴油补贴等措施，使青岛渔业的生产规模、从业人数、技术水平都大幅提高。青岛整体渔区扩展到沙子口及姜哥庄、崂山八仙墩、千里岩、潮连岛、灵山岛合围的大片海域。

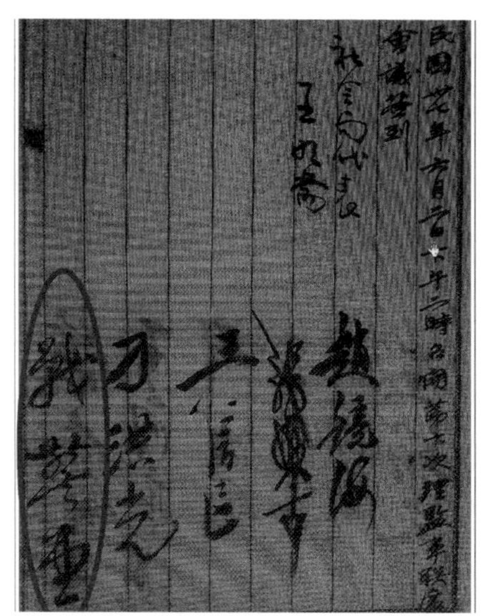

¤ 战警堂与张乐古等在青岛市商会第十次理监事联席会议签到簿上的签名

① 青岛渔业衰落情形[J]. 农矿公报，1930(27):207.

② 青岛渔业渐臻发达[J]. 水产月刊，1936,3(3-4):104.

据1933年《国际贸易导报》所刊《青岛之渔业》的调查记录，1933年青岛全市已有渔家3808户，渔船1531艘，渔民过万人。当年捕捞刀鱼91.5万千克、黄花鱼9.25万千克、鲅鱼5.5万千克。[①]

在青岛本地，海产品销售分为鱼行和鱼公司两级。以崂山沙子口为例，当地有鱼行20余家，业务以代购海鲜和代腌制咸鱼为主。鱼公司从鱼行批量收货后，鱼行收取经纪佣金，这种佣金在当地被称为“辛力”。

1933年前后，青岛海鲜零售价格不一。农贸市场上新鲜大黄花鱼0.1元一斤，新鲜大偏口鱼和海螺0.07元一斤，活螃蟹和活鲍鱼均为0.3元一只。

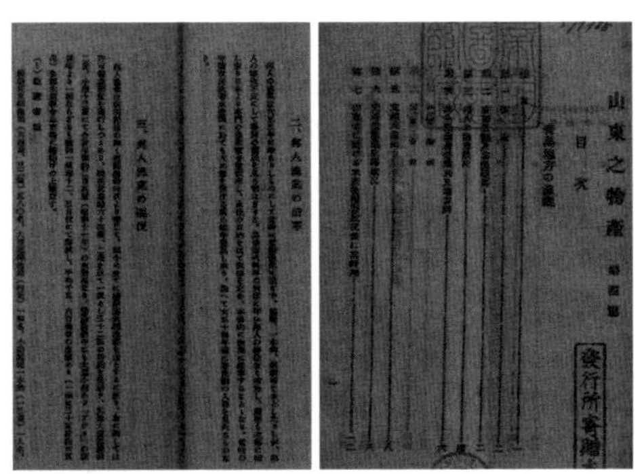

¤20世纪30年代日本海洋渔业振兴协会及青岛日本商工会议所对青岛海洋渔业的详细调查资料

除农贸市场零售外，大宗海产品的销路一是通过胶济铁路销往沿路高密、青州、博山、济南等处，二是通过海路运往南方，其中以上海为最大市场。

这一时期，统管北方沿海渔业的部门是冀鲁渔业管理局。青岛最大规模的渔业公司只有两家，一是青岛渔业股份有限公司，二是青岛日本人水产组合。至于战警堂和张乐古组织的渤海渔公司的盈利情况，未查到相关数据。

而岛上报人、青帮领袖张乐古之后的人生命运却像大海风暴中失去动力的渔船，无奈随波逐流，终至倾覆灭顶，令人唏嘘。

① 陆国香. 国内重要实业调查：青岛之渔业（民国二十二年八月调查）[J]. 国际贸易导报，1933，5(12)：73.

时髦这件事

随着营业渐年发达，玉春号在广告上的形象愈发丰满。

战警堂定制的玉春号水彩广告挂历，多为时髦女郎和吉祥财神图案，均是花费重金请国内知名的广告画家谢之光、杭犀英等绘制。

在一张附带广告的挂历上，有一段广告语对于解读战警堂的营业思路有很大帮助。同时，这种解读也是传记文学还原叙述的必要途径。

¤ 玉春号赠送的美女广告画，由名家杭犀英绘制

“本号自造山东黄酒，采办各种绸缎、呢绒、布匹、化妆用品，以及华洋货物。并经理上海中国华成、中和、民主、三兴等烟公司各牌香烟，五洲大药房固本肥皂及汉口太平洋肥皂，九福公司百龄机、药片，烟台醴泉厂三光牌啤酒等，货品繁多，不及细载。久蒙各界惠顾，不胜欢迎，兹为优待顾客起见，特赠时装精美画片以达雅意焉。本号主人敬识，电话一五七七号。”

这些以上海为产地代表，流行全国的时髦商品，隐藏着战警堂与青岛的时尚故事。

¤ 玉春号赠送的年历上的不同字体

战警堂跟随市场需求而代理的时尚消费品中，尤以上海五洲大药房的固本肥皂和九福公司的百龄机最为畅销和时髦。

固本肥皂最初的生产工厂，是德国人盘门氏于1908年在上海创办的固本皂厂，这家德资工厂是中国第一家现代化制皂厂，生产香皂、洗衣皂、洋烛

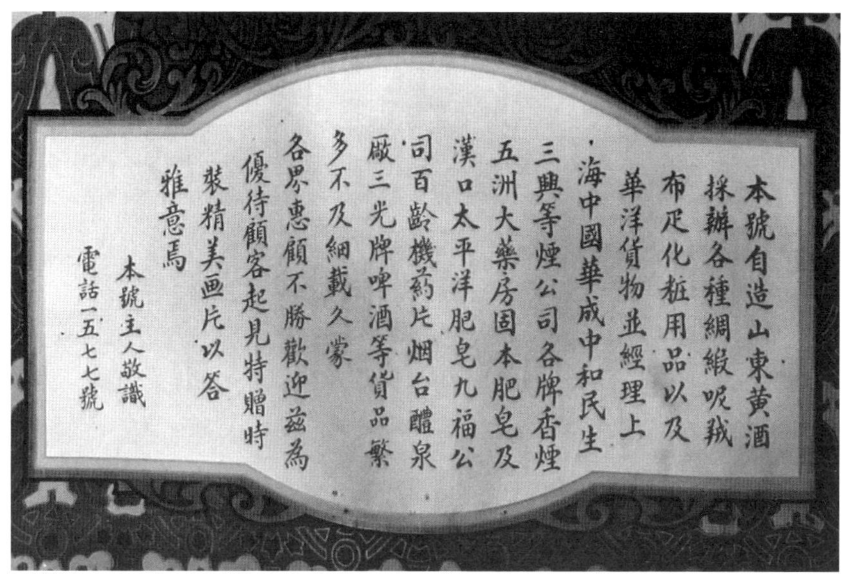

玉春号代理上海等地时尚商品的广告

等日用品。“初时香皂营业胜于洗衣皂,因当时洗衣皂行销于我国市场者,多系英国产品,难于竞争。但不久后即获得相当地位。”①

1914 年第一次世界大战爆发之后,德国老板盘门离开了上海。临走前,因为尚拖欠中国商人张云江的欠款,德方便将工厂委托给张某代管经营。三年之后,德方返回上海讨要经营权未成,便将固本制皂厂转让。工厂遂更名为张云江肥皂厂。“至民国六年,该德人返沪,拟再经营,遂为张某所拒。几经交涉,卒偿其值,另招华股,由五洲大药房经理,更名五洲固本制皂厂,于是一变而为纯粹之华商矣。”②

接手固本制皂厂的五洲大药房,是创办于 1907 年的上海名企。“五洲大药房,创办于民国纪元前五年,创办人是工商界先进夏粹芳先生……到民元前一年,项松茂先生接任经理之后,感觉到普通商号的力量薄弱,未能与外货

① 陈真,姚洛. 中国近代工业史资料第一辑:民族资本创办和经营的工业[G]. 北京:生活·读书·新知三联书店,1957:553.

② 方显廷. 中国工业资本问题[M]. 上海:商务印书馆,1939:35.

¤ 五洲固本制皂厂厂房外景

竞争，乃于民国二年改组为五洲大药房股份公司，于是营业蒸蒸日上。”①

项松茂于 1920 年接手固本制皂厂时，上海制皂业均为手工生产。“肥皂进口较早，而上海制皂业则以 1908 年德商开设的固本皂厂为始。第一次世界大战后，该厂由民族资本五洲药厂接盘。此后，民族资本制皂厂开设不少，但都是手工生产。”②

五洲大药房股东之一商务印书馆创办人夏粹芳，已被陈其美暗杀，名商黄楚九因开办上海新世界游乐场而转让了股份。项松茂独自以超前眼光，将制药和制皂车间均设于五洲固本制皂厂内，精于制造工艺，终于打造出“五洲固本肥皂”这一誉满全国的品牌。

战警堂选择代理上海名牌洗涤品，自有地域优势。有些奇怪的是，青岛洗涤用品和化妆品产业一向不发达，直到 1949 年，本地的肥皂产业基本为小作坊制作，能称为肥皂厂的只有华东肥皂厂、崂山肥皂厂和裕生造胰厂三家，几十年里青岛市面高质量的机制肥皂几乎全部来自外埠。至于化妆品行业则在 1935 年才开始起步，惠成化工厂等三家企业仅有少量生产。三年之后，日本资生堂化妆品开始进入本地市场，白石保喜在湖北路 34 号开办了资生堂青岛贩卖株式会社。因此，在玉春号代理五洲固本肥皂前后，本地高消费群体所购用的肥皂或化妆品均为进口或上海产品。

同样，五洲大药房选择玉春号为代理商也和其经营理念相符。“本公司

① 亦敏．五洲大药房（工商史料之四十七）[J]．机联会刊，1936(152):64.

② 张仲礼．近代上海城市研究（1840—1949 年）[M]．上海：上海文艺出版社，2008:130.

营业方针向取渐进主义，以图安全发展，故虽时会艰难，要能保持常度。”[①]

战警堂经营玉春号的稳进态势，及其代理多种上海名牌产品的业绩，得到了五洲大药房的信任。于是高密路上飘着黄酒香的玉春号，代理了五洲固本肥皂，该肥皂以其“原料纯净，去垢快速，坚结耐用，久藏不缩”的品质，一直批发零售了几十年。

根据《上海五洲大药房民国十四年度营业报告》记载，1925 年上海五洲大药房产品销售总额高达 214.79 万银圆，业绩甚为突出。

在机会面前，精明的战警堂总是行动派。

基于其代理业绩及双方互信，经过反复商谈，战警堂居然顺利成为上海五洲大药房的股东。

这一年，玉春号代理的货品中，又增加了五洲大药房的一三一牌牙膏。1936 年青岛报纸刊登了其广告。这一年，青岛地区才刚刚有了由惠绛工厂首次生产出的牙膏。

“明眸皓齿，是美的必具条件。常用一三一牙膏，自然无牙不白，且甘香爽口，味如留兰。乃牙膏中之上品也。五洲药房发行，青岛高密路玉春号经售。”[②]

根据战警堂的股票原件，1947 年他仍然持有上海五洲大药房股份有限公司 5 万股，共计 250 万元法币的股份。

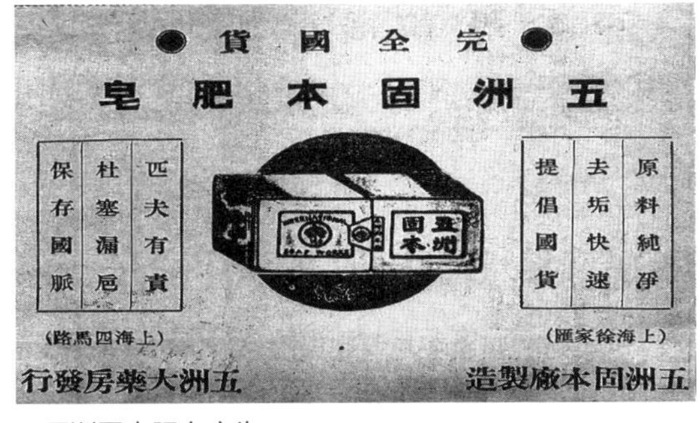

¤ 五洲固本肥皂广告

¤ 1936 年，玉春号代理上海一三一牌牙膏的广告

① 上海五洲大药房民国十四年度营业报告[J]. 银行周刊，1926，10(38)：1.

② 广告[N]. 青岛民报，1936-10-24(9).

由代理商身份入股上海名牌企业，战警堂似乎对这个路子十分熟悉，他还是上海的中国亚浦耳电器股份有限公司的股东。

印花税已
汇总贴讫

股款收据

№ 04622　№ 04622

五洲大藥房股份有限公司

本公司於中華民國三十六年九月二十八日經股東會通過資本總額國幣叁拾伍億元每股伍拾元一次收足

股東 戰警堂

股份 伍萬股

國幣[illegible]伍拾萬圓整

董事長 夏鵬

總經理 張輔忠

一、本股款收據俟本公司變更登記核准後掉換股票

二、此據倘有遺失或毀滅須照本公司章程辦理

中華民國三十六年十月十五日發給

¤ 战警堂持有的五洲大药房股份有限公司股票　资料来源：作者收藏

这家工厂的前身，是德国人奥普（Opel）开办于上海甘肃路的小型电灯泡制造厂——奥普公司电器厂。1922 年华商胡西园向四明银行贷款，买下了该厂，改名为“中国亚浦耳电器厂”。

根据胡西园回忆录，“亚浦耳”洋气的厂名是这样来的：“为了企业生存，不得不迎合顾客心理，就想到德国‘亚司令’、荷兰‘飞利浦’这两大名牌灯泡。决定取‘亚司令’之亚字和‘飞利浦’之浦字，亚浦二字贯跨两大名牌灯泡的首尾，寓跨揽超越之意，并勉励自己将来要执电灯泡工业之牛耳的壮志和愿望，遂用亚浦耳三字做厂名。”①

中国亚浦耳电器厂于 1923 年制造了中国的第一只电灯泡，开创了中国照明新纪元。

“亚浦耳这个名字，只要是家里有电灯的，脑筋里就有这三个字的印象。亚浦耳电器厂，原是德国人奥普（Opel）创办的，规模不大，而且因为不善经营，不过开设了三四年就失败了。在民国十四年四月由华人接办，经胡西园

① 全国政协文史和学习委员会．追忆商海往事前尘：胡西园回忆录[M]．北京：中国文史出版社，2015:6.

¤ 中国亚浦耳电器厂广告

先生惨淡经营,日夜不懈,便由极小的范围扩展到现状。不但是国人制造电灯泡的第一家,且是现在中国唯一实事求是的电灯泡制造厂。”[①]

中国亚浦耳电器厂的电灯泡足足占据了国内三分之二的市场,而且出口国外,其产品声誉国人皆知。“亚浦耳三个字代表的意义是什么?就是不识字的人,也把亚浦耳三个字听得烂熟了。的确,国货灯泡虽多,而要像亚浦耳电器厂出品那么能予人以良好的印象,却很少很少,成了现在国货灯泡的巨擘。”[②]

1936 年,中国亚浦耳电器厂的资本为 130 万元,员工 150 人。

从战警堂的经营理念和性格去推想寻找,终于发现了战警堂在 1952 年的一份书面自述:“我还在上海亚浦耳电器厂有限公司有投资……因代理他的货而投资。”[③]

① 周寒梅,杨墨逸. 亚浦耳电器厂参观记[J]. 文化建设,1936,2(4):135.

② 王忏摩. 亚浦耳电器厂巡礼[J]. 新人周刊,1936,2(22):442.

③ 战警堂. 我的家庭情况和经济[Z]. 1952-04-20.

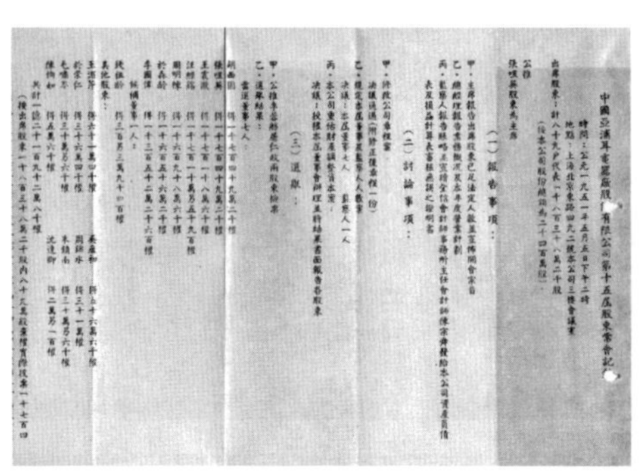
中國亞浦耳電器廠股[illegible]有限公司第十五屆股東常會記錄

時間：公元一九五一年五月五日下午二時

地點：上海北京東路四九二號本公司三樓會議室

（一）報告事項：

（二）討論事項：

（三）選舉：

¤ 中国亚浦耳电器厂股份有限公司股东常会记录　资料来源：陈承杰收藏

这再次证明了他入股中国亚浦耳电器厂的模式与入股五洲大药房的模式相仿，以中国亚浦耳电器厂代理商的身份加业绩，最后成为中国亚浦耳电器厂这家国内电器名企的股东。

玉春号代理的上海“百龄机”和“艾罗补脑汁”产品，更是具有传奇色彩的商业营销范例。

百龄机并不是一种机器，而是由名商黄楚九推出的一种保健滋补品。黄楚九这位开办“上海大世界”的商业奇人，坐拥数十家公司。黄楚九尤其擅长制造噱头进而造势营销，他先后出品艾罗补脑汁、九造真正血、救星复活水、婴孩快乐片等保健品，且均为这类产品杜撰意外获得洋人秘方等查无此证的故事。以黄楚九九福公司名义出品的百龄机瓶装保健饮品上市后，其广告在上海滩街头铺天盖地，服用效果听起来包治百病。

“男子常购服，神旺气血足。女子服数瓶，经调得胎速。老年人用此，精神常矍铄。”①

强大的宣传营销下，“百龄机”历经十几年畅销不衰，它与五洲大药房的“人造自来血”齐名，成为近代上海最著名的保健饮品。

战警堂在青岛代理了百龄机。来玉春号的批发商和消费者，纷纷要体验百龄机的神奇效果。“连服三天，通便润肠。连服五天，胃口大开。连服一月，气血旺盛。久服无间，百体壮强。”②

① 百龄机广告[N]．社会日报，1931［纪念版］．

② 百龄机广告[N]．顺天时报，1927-10-22(8)．

在广告发布的1927年,在青岛小港地段购买一间房屋的产权需要76银圆[①],而百龄机饮品大瓶两元,小瓶一元的售价实属高消费。在相邻年月,这两块银圆足以买到5斤牛肉了,中等收入的居民自然不会舍得拿5斤牛肉换一瓶饮料。如果要“连服一月,气血旺盛”,则需要60银圆。这足够买到5000块建筑红砖,或1000多斤大麦,或600斤花生仁,或500斤大红枣,或200车水泥,或100斤黄铜,或29斤海参。[②]故百龄机实非一般民众所能消费得起的。

¤1926年百龄机广告

而玉春号代理经销汉口太平洋肥皂,可能源于远方这个工厂的优惠返利措施。临近川汉铁路与襄河的汉口太平洋肥皂公司创始于1918年,因开工即亏损,多数股东退股。在董事长薛坤明的坚守下,次年渐有起色。

遂于是岁,发明特优产品,“名曰太平洋牌肥皂,寓荡除污垢,风行国际之意”[③]。太平洋肥皂公司于1924年扩大营业计划,以每省为单位设立代销店,加大广告投入。“内省营业可观,外省营业亦甚流畅。”

厂家给玉春号等代销商提供大量奖品和广告费,因而沿水路、陆路辗转运来青岛的汉口统一街太平洋牌肥皂,出现在青岛人家的洗衣池上。该厂董事长薛坤明有如下自述:“代售商从中获利颇丰。用户并附予奖品,如金饰、现款等,声誉洋溢,风行市上。边陲各省,遍外可见,遐迩无不知名。在华东市场,骎骎驽外货而上之。”[④]

至于玉春号代理的醴泉啤酒,则是山东烟台的产品。醴泉啤酒工厂,由商人王义斋创设于1920年,其主要产品是寓意为日月星的三光牌啤酒。

① 关于购买隋熙麟小港路楼房六十间请准予过户的呈文[A].青岛:青岛市档案馆,1927-03.

② 青岛批发物价指数(简单几何平均)[J].物价统计月刊,1930,2(9):2.

③ 薛坤明.汉口太平洋肥皂公司小史[J].科学时代,1936,3(4):56.

④ 薛坤明.汉口太平洋肥皂公司小史[J].科学时代,1936,3(4):56.

1930 年，啤酒厂因销售不畅且股东内讧而面临歇业。王义斋另行筹资，独扛大旗，将工厂改组为“烟台醴泉啤酒股份有限公司”，经营日有起色，年产啤酒达 150 多吨。

是年，醴泉啤酒公司在青岛等地设立代销处，并安装霓虹灯广告，玉春号也许在此后不久和市场三路上的协昌祥号一同成为代销商。从协昌祥号的广告画来看，“三光啤酒，完全国货”的广告语，正响应着青岛当时轰轰烈烈的国货运动。

然而，醴泉啤酒要在青岛扩展销路实属艰难。它的对手十分强大，创始于 1903 年的青岛啤酒此时已闻名全国。因此，醴泉公司并未将青岛视为主要销售地区，而是不惜在广告和赠品上花费巨额资金，将产品铺向上海。为此在《申报》上高频次刊发毫无美感的“上海水臭，请饮烟台啤酒”的粗俗广告词，最终使烟台啤酒在上海滩名气日隆而获利不少。

固本肥皂、亚浦耳、烟台啤酒这些玉春号代理过的品牌，至今仍在沿用原品牌名称生产。战警堂约百年前的品牌战略窥斑知豹，眼光深远。

¤《汉口市民报》关于太平洋肥皂公司提供防疫药房的公益广告

至于玉春号代理的丝绸布缎，也是热销品。

1930 年春节，“云鹤题于青埠听潮楼”的玉春号广告文案颇佳：“时髦装

¤ 烟台醴泉啤酒公司的三光牌啤酒商标

¤ 玉春号民国广告画　资料来源：青岛良友书坊展览画册

¤ 青岛协昌祥号代理三光啤酒的广告画　资料来源：黄海收藏

束，幽情温存，巧倩雅足销魂，烂漫露天真。踏雪闲寻，归来黄昏，红梅折插金樽，留记意中人。”文案配上画中怀春美女的高档皮草，展示了这个年代的前沿时尚，以及玉春号衣物衣料的时髦。

1936 年是玉春号生意达到顶峰的时间，战警堂聘任张子全为玉春号经理。桑梓有互信，张子全是战家掖县老乡。

在多年稳固销售日用品、保健品、丝绸布料、烟酒饮料、上海高档消费品的基础上，玉春号已经是经销万种产品的百货集团格局。

“惊动全市，不要利的，领导先锋！第二批新货已到，一律大牺牲。”①

“秋货到数万种，以备牺牲。”

“推翻虚假宣传，买一丈送一尺。”

“本店在于实事求是，定价公开，早为社会公认便宜的先锋。”②

“第三批秋冬新衣料运到，继续牺牲，各界参观比较。”③

职业经理人张子全的销售团队对市场定位准确，礼帽九折、香皂九折等

① 玉春号广告[N]. 青岛时报，1936-07-13(4).

② 玉春号广告[N]. 青岛时报，1936-10-28(3).

③ 玉春号广告[N]. 青岛时报，1936-11-18(3).

各类推销让利活动接连举办，打折广告密集发布在《青岛时报》。

玉春号新设礼帽部、香皂部、西装部三个部门。其中礼帽系列是上海华兴帽厂出口样式呢帽，香皂系列均为上海五洲制皂厂产品，以上产品均打折销售。绸货衣料部的丝绸布料"照码六扣"销售，坤大衣呢料"照码七扣"销售。

秋季展销中，玉春号连续三周给顾客发放赠品券。凡起步消费 2 元的，送上海永和实业公司出品的月里嫦娥牌大号芝兰香皂一块；满 50 元送芬芳绒旗袍布料一件；最高消费标准满 150 元以上者，送全毛俄国优质毛毯一件。而 150 元已是当时青岛若干行业的年薪之数了。

玉春号的代理名牌货目录，新增香港天喜堂"老婢调经丸"等保健品。这种"照单吞服，早吞一粒，晚吞一粒"的妇女调经丸，内有钢印防伪验真券，大拇指长短的小瓶装售价 0.57 元。

而玉春号代理多年的日用品，在 1936 年销售持续火爆，仅一三一牌牙膏每日的销售量就过千支。记者前往玉春号调查买一赠一的活动并发了一篇推广软文。

"玉春号代理上海五洲大药房出品一三一牙膏。近为优待顾主起见，购一瓶送赠品一瓶。闻实行以来，门市部每日零售千余瓶之多。记者购试一瓶，味气的确芬芳，名不虚传。又该号自减价以来，营业颇盛，迄今未有逊色，乃因减价期满各货并不提价所致云。"①

这一年玉春号泳衣生意火爆，开设了八处卖场。

1933 年 7 月在青岛市体育场举办的第十七届华北运动会，推动了青岛体育运动的发展，青岛游泳比赛成绩亦迅速取得突破。在沈鸿烈市长主持的青岛游泳比赛会上，首获"青岛美人鱼"美称的何文锦同时打破蛙泳、仰泳、自由泳三项华北记录，轰动国内泳界。②青岛汇泉海水浴场赛事不断，广东游泳队等也来此比赛或表演。

掖县生意人的商业嗅觉非常灵敏。

平日只会练练剑，对现代体育毫无兴趣，也从不经营体育用品的战警堂，

① 玉春号代理最美牙膏购一瓶送一瓶[N]. 青岛时报，1936-11-24(6).

② 青岛美人鱼成绩进步，昨青岛游泳比赛会何文锦破华北记录[N]. 民国山东日报，1934-09-03(5).

玉春号代理的上海芝兰香皂

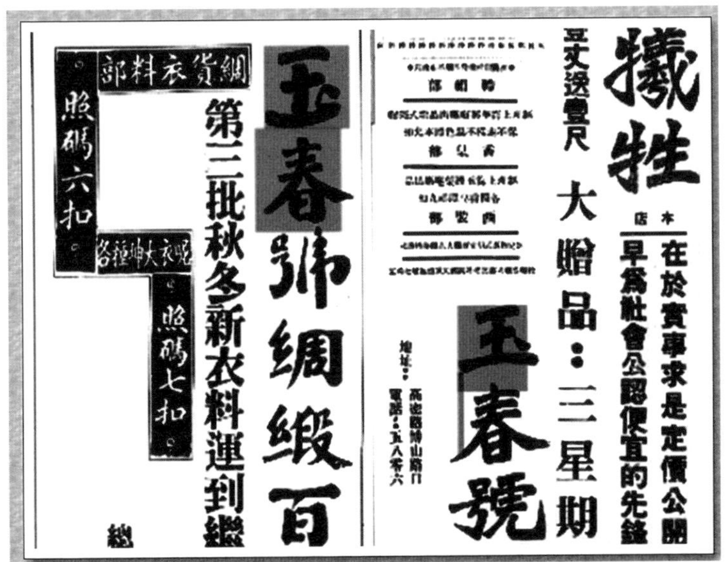

玉春号在《青岛时报》的打折销售广告

极其准确地预测到华北运动会推动青岛体育运动带来的商机，而且在运动会当月便看好看准了泳衣生意。

1933 年 7 月，玉春号开始代理上海中南棉毛织造厂出品的各类高级男女泳衣，这家织造厂以出产优质内衣和袜子知名业内。

泳衣只有一个用途。卖什么吆喝什么，玉春号在 1936 年报纸广告中大力提倡通过游泳运动增强人民体质。

“水上运动必需品！游泳健将好消息！

游泳者，活泼精神之源泉，发达体力之捷径也。锻炼身体，健强筋骨，血脉流通，精神丰富，举止爽快，思想清晰，水上运动被为健美体格第一良策。

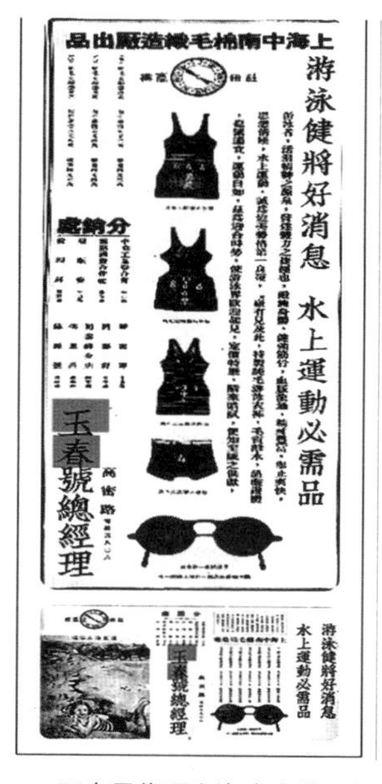

¤ 玉春号代理上海中南棉毛织造厂泳衣的广告

有见及此，特制纯毛游泳衣裤，毛质离水，温暖护体，松紧适宜，运动自如。兹为迎合时势，使游泳界欢迎期间，定价特廉。请来购试，便知至诚之贡献！”[①]

玉春号所售上海产男士麻纱泳裤最便宜的售价 1 元，稍好的售价 2.8 元。这个价格看似不高，实则一般平民游泳爱好者至少须思量半天才舍得买，毕竟每月工资总共才能买四五条泳裤。湖南路 16 号一家有钱泳客经常光临的上海饭店的“西餐优待饭票”，即堂食标准客饭每人最低标准是 0.6 元。以接近五顿自助餐的价格去买一条泳裤，放在今天也不算便宜。

最高档的女士泳装是 999 号纯毛女装泳衣，一件售价高达 5.8 元，打折后卖 4.7 元。

玉春号的上海高级泳衣一定大卖。这个论断，从战警堂为此授权多家分销商的做法就可得以确定。

除了泳衣之外，在所有档案中未见到玉春号对其他商品实行分销商制度。在这次例外中，玉春号在店周边离海不远处设立七家分销处，分别是北平路同泰祥号、中山路福顺泰号和祥云寿号、潍县路徐昶祥号和德源号。此外，泰安路铁道消费合作社以及中华工业联合会办事处内亦设有分销处。

所有分销处与玉春号采取同样价格、同样赠品，顾客任购一款泳衣将获赠时髦太阳镜一副。赠品太阳镜与在报纸大做广告的崂山水晶太阳镜为同款。

或许看到了成衣商品的热销，战警堂又瞄准了裁缝市场，作为重要业务创新，玉春号推出了量身定制男女西装、大衣、旗袍业务。战老板一出手，其自身批发衣料风生水起的制衣优势，给周边裁缝店的生意带来很大冲击。

根据此年度《青岛趸售物价》的记录，高档的杭纺绸布(Pongees; Hangchow)27.5 元一匹，中档的东洋细布(Shirtings; Fine, Japanese)9.25 元

① 玉春号广告[N]. 青岛时报，1936-07-05(7).

一匹，低档的潍县粗布(Sheetings; Weishien)5.7元一匹，三种布料价格差异较大。[①]

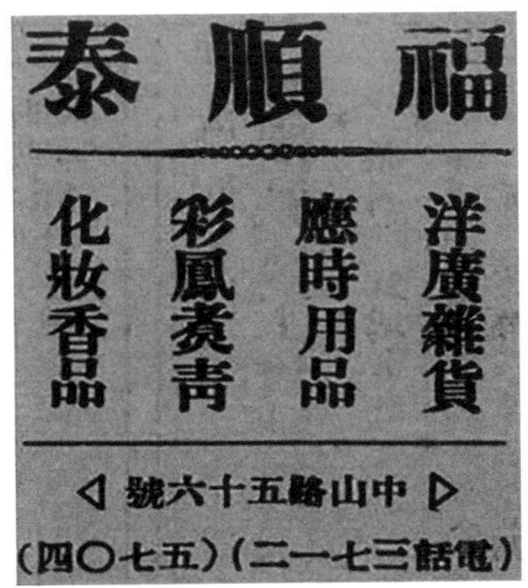

¤ 福顺泰广告

来玉春号购买各档衣料定做旗袍的，都是哪些消费者？询问在民国时期做过旗袍的老人得知，当时的一匹布不是很长，大约为20米。布匹中间不是现今的纸管，而是宽扁的木板。当年布匹的幅宽大约为二尺四，而做旗袍的衣料幅宽多为二尺二，这个幅宽做旗袍约需三个身长的单耗。按此计算，做一件旗袍会用去一匹布的五分之一左右。那么，一名青岛时髦女郎用高级杭纺绸布做旗袍，仅布料就需支付5.5元。而一名普通妇女用中档的东洋细布做旗袍，只需支付1.85元。

1936年这两种布料做一件旗袍的差价是3.65元。这3.65元的差价在台东镇或大鲍岛市场上差不多可以买10只鸡。[②]

民生不易。对于平均月薪12元的战警堂华北火柴厂的女工而言[③]，舍得用月工资的三分之一来添置杭纺绸布做一件衣服，而不是换来能长时间给全家改善生活的10只鸡，显然需要极大的爱美勇气。

那个年代一个劳动工人家庭服装的支出占比能达到多少？根据1933年对全国劳工生活费的调查，这个比例为7.5%。

---

① 青岛趸售物价（以国币元计）[J]．物价统计月刊，1936，8(3)：19.

② 1936年，青岛禽类价格为10只鸭子9.5元，10只鸡3.7元。

③（三）青岛市工人工资（民国二十三年）[J]．劳工月刊，1936，5(2-3)：165.

“调查结果中求取五类分配的众数平均数(Mode)其结果如下：食品57.5%、衣服7.5%、房租7.5%、染料灯火10%、杂项17.5%。”[①]

对于月薪7.73元的织袜女工和月薪5元的织线球女工，购买低档潍县粗布衣料也许是唯一选择。于她们而言，青岛市场顶级布料——售价高达61.5元一匹的杭纺绸布，无疑是天价奢侈品。尽管她们的收入要略高于山东其他城市的同行。

1936年，战警堂居然决定代理一种灭火弹。他的朋友们感到好笑：战老板这是被火烧工厂烧怕了吧？在武装自己力敌火神的同时，边用还边能在玉春号销售赚钱啊。

和入股代理品牌的工厂当股东，用自己的布料承接制衣一样，自己用的消防器材也拿来代理做零售，这就是战警堂一贯的商业风格。这种“防火弹”由济南中亚化学工厂生产并取得真空式灭火专利。为推销这种灭火弹，战警堂于腊月小年这一天在海水浴场组织了热闹的大型演示，竟然有几千人冒着严寒观看。青岛市公安局局长王时泽、市公安局消防队队长到场观摩。

“该号为使市人明瞭此种防火弹效力及作用方法起见，特于昨日下午二时在太平路海滩上试放。事前在太平路海水浴场之沙滩上搭一木板棚，内贮柴草，泼以洋油。燃着后火势凶猛，掷入防火弹一枚，立即熄灭。”

然而并没有太多商店像玉春号这般红火。

日资商店依旧占据市场很大比例。抵制日货运动虽然在1930年就得到青岛市政府的大力推广，但受年前世界性经济危机对北方重要港口的影响，青岛市面出现进出口停滞、物价波动等情形。青岛全年财政收入从1931年至1933年呈逐年递减态势，1931年财政收入604.1万银圆，1932年财政收入598.2万银圆，1933年财政收入525.4万银圆。

至经济危机末端的1933年，大萧条的影响依然没有消退迹象。减少洋货进口份额的政策，反而引发了走私的蔓延。市场对洋货的需求，使得不法走私商和囤积居奇商贩大发歪财。

“查日人在青市有悠久之历史。商业既已根深蒂固，复以我国商人爱国

① 陶孟和．北平生活费之分析[M]．北京：商务印书馆，2011:152.

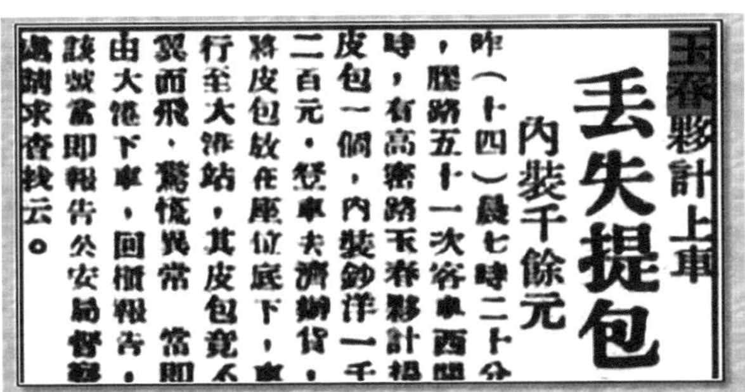

玉春夥計上車

丟失提包

內裝千餘元

昨（十四）晨七時二十分，膠路五十一次客車西開時，有高密路玉春夥計攜皮包一個，內裝鈔洋一千二百元，登車去濟辦貨，將皮包放在座位底下，車行至大港站，其皮包竟不翼而飛，驚慌異常 當即由大港下車，回櫃報告，該號當即報告公安局督察處請求查找云。

¤ 玉春号伙计在胶济铁路火车上丢失 1200 元进货款的新闻消息

热情薄弱，反以订购日货为获利之良机。虽然抵货声浪高唱入云，但洋杂货业仍得勃勃生机。盖以奸商监于抵货之后，必遇一时之缺货。供不应求正为谋利之良机。故多积极订购日货，改装商标向内地推销，一年内为日货而新设之商店不下十余家，殊令人痛心也。”①

1934 年的一篇文章，对青岛典型商业街中山路上的日资商业做了如下报道：“关于青岛的市况，也应该说一些给读者听听：有一条中山路是热闹所在，霓虹灯灿烂辉煌，大减价旗帜迎风飘展，盛况不亚于上海南京路。可是要知道的，两旁毗邻的商店，日本人开设的占其半数。国人开设的，又大都皆卖日本货。木屐化的气息，笼罩着整个市面。摩登的中国仕女，都是日本商店的主顾。”②

并没有档案证明战警堂和他对面潍县人田云生的商号卖过日货。其实，是否买卖日货和爱国心没有直接关联。洋火、洋灰、洋蜡这些市民百姓口中的货品名，足以显现当年洋货相较于国货的明显品质优势。

从另一种角度来看，洋货的流行对于华商制造业的进步也是一种正面刺激和推进。1935 年夏，第四届铁道部全国铁路沿线出产货品展览会在青岛举办。这次盛况空前的展览会全部展销国货，来自各地的制造商带来了质量良好的车床、颜料、自行车、毛巾、布缎、脸盆、小家电等产品。展览会上的许多产品都被市民抢购一空，作为会场的青岛市立中学连操场上都站满了顾客。提倡国货、调剂生产、振兴实业的渴望，在海滨夏日的热浪中蔓延。

---

① 民二十二年青岛各界之概况[J]. 实业统计，1933，2(2)：26.

② 何疚. 如此青岛[J]. 长城，1934，1(3)：52.

这一年,沈鸿烈市长在谋划青岛大都市规划发展的基础上,推出《青岛施行都市计划方案初稿》和《大青岛市发展计划图》,这是首次由中国人制订的青岛城市总体规划。该规划把青岛人口规模设定为100万人,定位为中国经济区之工商、居住、游览城市。

如果用朴素的词语形容这时的青岛,可谓欣欣向荣、官民同心、充满希望。

经过10年的打磨,大鲍岛的华商名牌在不断创办。契约、守信、追求品质的营业守则,打造了这个城市新生活的品质,也使得这些品牌的名称得以流传至今。

青岛最早的西药商店神州大药房已经开业10年,山东福山人吴子玉在即墨路开办了著名鲁菜饭馆聚福楼,宁波人郑章华开设了亨得利钟表眼镜店,青岛最早的清真饭店馅饼粥已开张数年。至20世纪30年代中期,天真美术日夜照相馆、高级浴池天德堂、玉生池开业;华壹氏大药房、宏仁堂,著名便餐店十乐坊、李家饺子楼,最大酱园三聚成、裕长酱园以及瑞芬茶庄相继开业。

而在距离玉春号不远的日本侨民居住区,日本鱼菜市场已成规模,餐饮业亦渐次发达。特别是临清路一带,几乎全部是日料餐厅。以聊城路为中心,唯一经营河豚宴的鱼利料理店、以鳗鱼饭和天麸罗闻名的铃木商店、专营寿司的东京寿司店、经营荞麦面的东京庵本店等都是青岛有名气的日本餐厅。

青岛华商华民对日本的警惕性和复杂性,并没有导致在商业竞争领域发生有影响的暴力事件。大多数普通的日本商人也并非火烧青岛市党部时日本居留民团中的浪人暴徒。竞争、交融、抗衡、借鉴,是当年在青中日商业的一种相互态度。

在这种相对稳定的营商环境中,战警堂针对华人中高端群体的生意做得风生水起。

作为一名成功的商人,他需要在参政议政和社会活动中体现自己的价值了。

第四章

工业领袖　忙碌显生机

工业代表

1932 年 30 岁时加入青岛总商会，是战警堂参与社团活动的第一步。

当年 8 月底，上海市商会会长王晓籁率高规格的上海市工商考察团访问青岛。战警堂作为本地工商业代表陪同沈鸿烈市长接见。

29 日青岛市政府在迎宾馆开会，欢迎上海市工商考察团并讨论视察程序。市长沈鸿烈、市政府秘书长胡家凤、港务局局长李毓成、社会局局长储镇、财政局局长郭秉龢及青岛总商会骨干宋雨亭、丁敬臣、柳文廷、战警堂、周志俊等均参加。报载，当天“首由沈市长致欢迎词，次由王儒堂、王晓籁等相继演说。最后商定分工商、金融、交通、市政等五组进行调查，并议定外国工厂不参观”[①]。

沈鸿烈的致辞，谦逊中不失体面：“兄弟一介军人兼任市长，对于工商问题缺乏研究。不过居住青岛有很长的时间，地方情形，人民好恶尚能略知。兄弟所认为建设青岛最重要问题，约略言之，厥有三项。”[②]

30 日，作为现场观摩点之一，华北火柴厂接待了上海的工商大佬。为此，战警堂颇感荣幸。

上海市工商考察团参观了华北火柴厂、屠兽场、茂昌蛋厂、永裕盐厂。次日，上海市工商考察团乘海圻军舰游览崂山，访华严寺和太清宫。9 月 1 日赴

① 沪工商考察团[N]. 申报，1932-08-29(9).

② 沈鸿烈. 招待上海工商考察团欢迎词[G]//沈市长演讲汇存，1932:8.

沧口参观恒兴面粉公司及华新纱厂，午后参观沧口其他工厂；9月2日上午参观胶济铁路四方机厂；第二天青岛市市长沈鸿烈设宴送别。

接待上海市工商考察团，使战警堂得到结识各上海工商名家的机会。此后，他和上海工商界的联系日益密切，并有了多次公务考察的互访。

1933年，战警堂第一次走出青岛参与社会活动。他被推选为国民政府实业部全国生产会议代表。“实业部召集之全国生产会议，迭经实部与全国实业企业家及专家等积极进行。磋商以来人选方面已经全部决定，并推郭顺为召集人。先事着手筹备开会地点，亦已决定在上海举行。”[1]

参加这次全国工业生产峰会论坛的代表有105人，不少是闻名全国的工业家，其中包括胡西园、刘鸿生、劳敬修、胡厥文、荣宗敬、宋裴卿、范旭东等。除战警堂外，与青岛工业有关的参会代表，只有青岛华新纱厂董事周叔弢一人。

这对战警堂来说无疑是莫大的荣誉，也是实业部对他跻身青岛工业家序列的认可。

考察团上海行

青岛和上海工业界在20世纪30年代往来甚为密切。根据1933年7月《益世报》消息，上海多达98家国货工厂运送2300多箱货物参加在青岛举办的国货展销会。[2]上海国货工厂山东联合营业所开始在青岛中山路37号常规营业，打折销售华生牌电风扇、地球牌电池等名牌国货。

你来我往，上海与青岛互相考察学习工业之风颇盛，双方均以市长出面高规格接待，沪青海上航线串起了双城工业之光的闪耀和对民族经济利权的更高期望。从战警堂频繁跟随政府团出访上海，便可看出两地工业家互访之频繁与交谊之密切。

1934年5月，受市政府指派，战警堂以中华工业联合会青岛分会主席的身份，带领青岛工业考察团赴上海考察参观。

中华工业联合会青岛分会成立于1932年。华北火柴厂周子西，得到中华

① 全国生产会议实部发表会员名单[N]. 申报，1933-11-29(10).

② 参加青岛国展沪工厂九十八家[N]. 益世报，1933-07-03(2).

工业总联合会的支持，在青岛发起成立了分会并担任首任会长。青岛分会会址设在利津路华北火柴厂内。1934 年分会改会长制为委员会制，战警堂当选为主席。

32 岁的战警堂，这一年成为青岛工业领袖。

青岛工业考察团由战警堂任团长，青岛市政府社会局工商科科长董志道为副团长，中国石公司经理姚作宾等 17 名工业家随团出访。

¤1934 年，战警堂为青岛冀鲁针厂开业三周年　暨新厂房落成典礼的题词

1934 年 5 月 15 日上午九点，工业考察团一行自青岛乘“普安”轮起航，次日下午一点半轮船进入上海吴淞口。

本市新聞

青島工業考察團昨抵滬

各界昨均赴碼頭歡迎並歡宴

今日拜訪各界參觀市中心區

明日起參觀工廠預定一星期

¤1934 年 5 月 17 日《申报》上青岛工业考察团抵沪的新闻消息

青岛工业考察团受到上海方面热情欢迎。“普安”轮停靠浦东招商局华栈码头后，由招商局自备的北洋小火轮载往招商北栈登岸。中华工业总联合会租赁的上海搬场汽车公司大客车，早已在岸边等候。国营招商局、中华火柴同业公会、上海市机制国货工厂联合会以及数家工厂的代表共 50 余人，手持彩旗在码头欢迎。随后宾主一同前往三马路惠中旅舍，青岛工业考察团在此住宿。中华工业总联合会专门安排工作人员驻点照料，战警堂入住二楼房间。

当晚六点，上海各界在三马路益友社给青岛客人设宴接风。上海工商业巨子，如招商局总经理刘鸿生、天厨味精董事长吴蕴初、亚浦耳电器董事长胡西园等多人出席。中华工业总联合会会长郭顺致辞欢迎，战警堂致辞答谢，宾主推杯换盏，至 10 点宴会结束。

17日中午,亚浦耳电器厂、振华纺织厂、中国工业炼气公司、达丰染织厂四家在四马路杏花楼联合宴请青岛工业考察团。

晚上6点,上海市机制国货工厂联合会、中华国货产销合作协会与青岛工业考察团再度联合欢宴于香港路银行公会俱乐部。

18日,青岛工业考察团全体团员由团长战警堂率领,在中华工业总联合会委员、亚浦耳电器董事长胡西园的陪同下,于上午10点半乘汽车自驻地赴市政府拜访上海市市长吴铁城。会谈至11点40分结束。

"该考察团定今日由团长战警堂率领,及中华工业总联合会派员陪同,拜访上海市长吴铁城。"

"市长对于工业考察团表示欢迎,并希望与上海工业界联络,努力求生产发展,为中国之模范。"①

陪同吴铁城接待战警堂率领的考察团的,有上海市社会局局长吴醒亚和教育局局长潘公展。考察团在上海印染公司吃过午餐后,复由胡西园陪同正副团长及各组组长赴上海市商会拜访主席王晓籁。至3点再赴银行业同业公会拜访秘书长林康侯。下午4点半又赴招商局拜访总经理刘鸿生。5点半始返惠中旅舍休息。

上海国货工厂联合会于下午6点在四马路大西洋西菜社设宴欢迎考察团。

19日青岛工业考察团全体团员赴各大工厂考察。上午赴军工路开成造酸厂,这家工厂打破了盐酸、硫酸、硝酸长期依赖进口的局面,厂长林大中亲自招待。继赴极司菲尔路(今上海万渡航路)游兆丰公园,下午赴天原电化厂,再赴南市炽昌新胶厂、上海淀粉厂、天厨味精厂,并由天厨味精厂赠送味精及酱油精等。返时又赴中南棉毛织厂,由经理赠送每人汗衫一件,返回住地已是下午6点。

20日战警堂率领的青岛工业考察团到了浦东。这时的浦东尚属于上海市南汇县和江苏省川沙县分别管理。考察团自新关码头乘搭招商局特备的鸿庆小火轮渡江,赴浦东参观了各大工厂。招商局总经理刘鸿生特陪同前往,参观了大中华火柴厂、华丰搪瓷厂、章华呢绒厂、刘氏大中华火柴厂。考察团

① 拜访各界[N].申报,1934-05-18(9).

青島工業考察團
參觀浦東各廠
——招商局特備鴻慶小輪接送
——市商會王曉籟昨歡宴該團

青島工業考察團全體團員十七人、昨日上午九時、由團長戰警堂率領、赴新關碼頭、乘搭招商局特備之鴻慶小火輪渡浦、赴浦東參觀各大工廠、招商局總經理劉鴻生、特陪同前往、領導參觀大中華火柴廠、華豐搪瓷廠、章華呢絨廠、劉氏並於十二時在大中華火柴廠、設宴款待、該團全體團員、於下午一時三十分、由浦東返滬後、即回旅次休息、市商會於昨晚七時、在該會大禮堂歡宴、到王曉籟・王延松・及該團全體團員數十餘人、由市商會主席王曉籟致歡迎詞、該團團長戰警堂致答詞、賓主至九時許、始盡歡而散、並聞該團定於今日上午參觀中華職業學校中華琺瑯廠、下午參觀大華鋼鐵廠、五金合作社云、

¤《申报》关于青岛工业考察团参观上海浦东工厂的新闻报道

由浦东返沪后，即回旅社休息。当晚上海市商会在该会大礼堂设宴，上海市商会主席王晓籁致欢迎词，考察团团长战警堂致答谢词。

21日，青岛工业考察团上午参观中华职业学校中华珐琅厂，下午参观大华钢铁厂、五金合作社。

晚上7点，上海市商会在会所继续宴请青岛工业考察团。上海市商会主席王晓籁带队陪同，他的欢迎词从两年前青岛考察讲起，言中深怀对青岛朋友的云树之思。

“今天承蒙青岛工业考察团实临敝会，欢聚晤谈，不胜荣幸。诸君等均为青岛实业界之中坚份子，敝人前次旅青时，或会谋面，或乘招待，或相知有年。不期千里故交，今

迎、以示景仰、

青島考察團
將赴錫京參觀
市商會前晚歡宴全體
昨日繼續參觀各工廠

青島工業考察團、前日參觀浦東各工廠、晚七時市商會設宴歡迎、定二十八日離滬赴錫、茲誌詳情如下、

商會歡宴 前晚七時、市商會在會所設宴歡迎、到者市商會王曉籟・王延松・陳文照・俞佐廷・葉家興・裴雲卿・朱伯元・國貨工廠聯合會孫籌成・機製國貨工廠聯合會程守中・戴藹青・中華國貨產銷合作協會王性堯・中華工業聯合會總會吳叔田及工業考察全體團員、共計五十餘人、至十時、賓主始盡歡而散、

主席致詞 今天承青島工業考察團賓臨敝會、歡聚晤談、不勝榮幸、諸君等均為青島實業界之中堅份子、鄙人前次旅青時、或會謀面、或承招待、或相知有素、不期千里故交、今日一堂票叙、杜甫所謂、今夕復何夕、共此燈燭光、則不特鄙人私心欣幸、想諸君亦必同此快感也、惟諸君此來負重大之使命、抱無象之願望、將來發展華北商業、於此行、為其關鍵、則諸君務必不能在滬作短日之盤桓、會少離多、尚希寬飲一杯水酒、以慰諸君鞍馬勞頓、上海為吾國中部之最大商埠、而亦為東方之一大商港、情形與內地不同、工商業界之實況、在外來上觀之、當然較他埠為繁、但同時外貨之進口、與我國血汗之外溢、亦以本埠為大漏卮、且因商貨出入之樞紐、交通運輸之便利、各國傾銷工業之發達、以及中外人士之觀瞻、隱然以本埠為代表中國之中心、本會以此之故、爰自民國十年以來、努力謀國貨之發展、研究生產之改善、聯絡國貨界、

¤1934年5月22日《申报》关于上海市商会主席王晓籁宴请青岛工业考察团的新闻消息

日一宴□聚。杜甫所谓今夕复何夕，共此灯烛光，则不特敝人私心欣然，想诸君亦必同此快感也。惟诸君此来，负重大之使命，抱无量之愿望，将来不能在沪作每日盘桓。会少离多，倘希共饮一杯水酒，以祝诸君前途无量。”①

战警堂致答谢词，对上海市商会的招待和考察安排表示感谢。至 10 点，主宾尽欢，宴会结束。

25 日中午，上海市市长吴铁城在市政府设宴招待青岛工业考察团。吴铁城在宴会上宣讲，认为中国商业不发达的原因，在于关税之限制，受不平等条约之束缚，洋货充斥，外人在国内设厂，以致造成生产过剩。政府有鉴于斯，决定设立经济委员会，其目的为使工商业迈进。而各地之间的实业考察，尤能促进工商之进展。另外，吴市长对去年上海考察团在青岛受到热情接待表示感谢。

“贵团此次南下考察，其意义甚大，使命甚重。去年上海考察团赴青备受招待，谨此申谢。贵团来沪招待欠周，弥深歉仄。次由团长战警堂致答词。至二时三十分始散。”②

青岛工业考察团午宴后到达丰染织厂。当晚上海纺织业界在联欢社设宴。

26 日上午，青岛工业考察团至沪南梅雪路参观家庭工业社制造工厂，观摩无敌牌牙粉、牙膏、化妆品、鲜桔水等产品制造。《申报》刊发《家庭工业社昨日招待青岛工业考察团参观》的消息。

¤ 青岛工业考察团团长战警堂 1934 年在上海肖影

“考察团领袖战警堂君，对该社注重手工业尤为

① 青岛考察团将赴锡京参观[N]. 申报，1934-05-22(9).

② 吴市长昨欢宴青岛考察团[N]. 申报，1934-05-26(11).

赞叹,谓其组织完善尤在机器工业之上,且于平民生计救济尤多。”①

下午,战警堂对上海工业界发表演讲,兹将报告全文记录如下。从战警堂的演讲中可见其眼界之高,既表示青岛不应只像东方瑞士般优美,同时应向芝加哥和曼彻斯特的工业水平布进看齐。而且,战警堂高度重视媒体的作用,呼吁借助上海媒体的巨大力量来为青岛工业推广发声,力陈青沪工业紧密合作之重要作用。

“青岛工业考察团团长战警堂报告云:敝团此次来沪考察工业使命。

第一,上海和青岛为中国两大港口,论地理上、工商业贸易上均有密切关系。青岛胶海关洋货进口货价,每年约合国币五千余万元。照此重要口岸,所以要联合企业家、贸易家、经济家特别注意,共同设法挽救利权。

第二,青岛自接收以后不过十余年历史,其中经过多次内战,市面极端恐慌。自沈市长莅任以来,极力提倡工业,发展市面,近年稍有工业基础。若以上海各大厂建设技术成绩之比例,判若霄壤。希望上海企业家与技术家多予援助及供(贡)献。

第三,青岛口岸如此良好,每年消耗有如此之多。而内地工业品原料丰富,如煤,如烟叶,如花生,如牛皮、羊毛等可以充分供给。国货多销一份,经济利权挽回一份。

希望新闻界诸先生代青岛四十余万同胞极力提倡鼓吹,要以青岛市为全国人之青岛,要以青岛建立如美国之芝加哥、英国之曼却斯特(曼彻斯特),不应以青岛视为东方瑞士为我国内一游玩公园。

抑敝团更有进者,新闻界为舆论代表,我们工业界,尤视新闻界诸公为我等之保姆。青岛工业幼稚,上海新闻纸风行全国,与海外登高一呼,万山响应。故青岛如制针、制冻粉、制牛皮胶、中国石公司等尚为新兴工业,全赖销路方有发展希望。

上海新闻界为我青岛幼稚工业之导师,此亦敝团同人所馨香祷祝者也。”②

27日晚七点,青岛工业考察团全体团员在北四川路新亚酒楼设宴招待上

① 家庭工业社昨日招待青岛工业考察团参观[N]. 申报,1934-05-27(11).

② 家庭工业社昨日招待青岛工业考察团参观[N]. 申报,1934-05-27(11).

海中外各报社记者。由五和洋行设计的新亚酒楼刚刚竣工并开业，这处“沪上唯一高尚旅馆”曾被胡适称赞：“新亚酒店的成功，使我们深信我们中国民族不是不能过整齐清洁的生活。”林语堂也赞曰：“上海之有新亚，俨然可为国人将来旅社之标准。”

新亚酒楼的餐饮主营粤菜。战警堂率领的青岛工业考察团在这处新的高档酒店设宴，面子十足，赴宴记者共计100余人。

《申报》总经理史量才去年年底被国民党特工暗杀，29岁的马荫良代理总经理。马荫良参加了宴会并代表上海新闻界致辞。“席次，由战团长报告考察经过及发展实业之重要言论。继由本馆马荫良君代表答词。”①

¤ 青岛工业考察团宴请上海媒体的新亚酒楼当时的照片

① 青岛工业考察团决定明天离沪[N]. 申报，1934-05-27(10).

焦点人物

1934 年 5 月 28 日，上海市商会唯一一天没有陪同青岛工业考察团参观。这一天，第九世班禅额尔德尼·曲吉尼玛自杭州抵沪。因班禅大师眼疾复发，非必要者不出席各界招待。但上海市商会等 11 个社团集体宴请，班禅大师出席参加。上海市商会主席王晓籁致欢迎词，祝班禅大师返藏后纾西顾之忧。

战警堂团长在考察间隙，对记者发表演讲词。“该团团长战警堂，昨日在车次语新新社记者云，敝团此次到上海考察工业，承各界多多指导，使同人得到无穷益处，感激无涯。上海与青岛有特殊关系，当此国难日亟之危局中，全国工业界同仁亟应一致奋起，互相提携，努力发展工业，以固国基。故青岛工业界抱有万分之诚意，希望上海各界予以物质与精神上充分之援助，发展青岛工商业云云。”①

勤奋高效是青岛大工业家的成功要素之一。战警堂和青岛工业考察团团员的确精力充沛。在沪十几天的时间里，他们拜访了七八个社团，马不停蹄地参观了 50 多家工厂。但是持续的中午、晚上的大场面宴请，也使团员们疲惫不堪。

根据《申报》的连续报道，每天晚宴连吃带喝多在 10 点左右结束。只有一天是例外，这一天晚宴在四川路桥堍酒店进行到 8 点即散。这么早结束的原因是王晓籁主席邀请团员们晚上 9 点去黄金大戏院看梅兰芳京剧演出。

连轴转疲劳之下，平素不苟言笑的战警堂，在团内给自己代理的保健品做了个广告。首次给影星蝴蝶冠以“电影皇后”之名的上海小报《铁报》，事后以趣谈消息《战警堂酬酢有法宝》回顾了此事。

“各团体及各工厂复多设筵欢宴，各团员以是莫不应接不暇，而有食不下咽之感。独团长战警堂君，则每遇宴会，以地位关系，又欲代表全团演说，较其他团员更为辛劳。但转见其精神抖擞，略无倦容，佥以为奇。团中人以为战君有何摄生秘诀，叩之，战君出示艾罗补脑汁一瓶，谓本人购服此药已有六年之久。苟出门酬酢，辄较平素多服三分之一，若是即不觉疲劳。团员争谓既有此法宝何不早说？乃争向中法大药房购服艾罗补脑汁。是亦一趣话也。”

① 青岛工业考察团昨日离沪赴锡[N]. 申报，1934-05-29(9).

《申报》也以“青岛考察团购服艾罗补脑汁”为标题，报道了此保健品团购的消息：“战团长对于中法药房所发行之艾罗补脑汁，素所服用。乃向该药房购服后，佥觉精神奋发。盖人之四肢动作、智识运用皆脑筋所主。此汁专能补脑，脑筋充足，自然百病不生矣。”

素以营销手段狡猾而闻名的中法大药房立即造势送产品，顺便借《申报》新闻做了个免费广告。“中法大药房，因闻青岛考察团战警堂诸君此次来沪参观工厂，酬应甚忙，用脑过度，佥购服该药房所出售之艾罗补脑汁以疗治。故昨日赠与大号艾罗补脑汁二十瓶，暨中包人丹一百包。”

戰警堂酬酢有法寶 聞·雲·

中華工業總聯合會青島分會，前次曾組織商業考察團，來滬考察，當時由上海國貨工廠聯合會祕書孫籌成君，暨總會吳叔臣君伴往各廠參觀，連日排定自上午八時起，至下午六時止，為時一星期，入晚，各團體與各工廠復多設筵歡宴，各團員以是莫不應接不暇，而有食不下嚥之感，獨團長戰警堂君，則每遇宴會，以地位關係，又欲代表全團演說，較其他團員更為辛勞，但轉見其精神抖擻，略無倦容，僉以為奇，團中人以為戰君有何攝生祕訣，叩之，戰君出示「艾羅補腦汁」一瓶，謂本人購服此藥，已有六年之久，苟出門酬酢，輒較平素多服三分之一，若是即不覺疲苶，團員爭謂既有此法寶，何不早說，乃爭向中法大藥房購服「艾羅補腦汁」，是亦一趣話也。

¤《铁报》对战警堂上海之行推销艾罗补脑汁的报道

28日晚间，青岛工业考察团举办大型招待会答谢上海市政府、各团体和上海工业家代表，赴宴者共180余人。战警堂主持宴会并致以热情的答谢词，呼吁加强青沪工业协作以振兴青岛市工业。对此，《申报》刊登了详细报道：

“席间，由该团团长战警堂致词云：诸位，敝团此次到上海来考察工业，承各方面多多指导，使敝团诸同人得到无穷的益处。

警堂谨代表敝团诸同人向诸位致谢。今日聊具粗肴，又承诸位惠然肯来，同人等非常荣幸。

我国物质文明向来落后。自欧风东渐，又以前清政治不良，订有多数不平等条约，门户洞开。以致我国市场外货充斥，外人简直视为一大销货场，金钱流出，每年入超达数万万元。

幸近年来爱国者有鉴于此急起直追，创办种种工业。同时政府设法提倡奖励，社会人士奔走呼号，互相劝勉，得有今日之成绩。

帝国主义者，见我日有进步，遂用倾销政策争夺市场。以致国内农村破产，社会不景气，演成内忧外患，严重十分。

如今日中国之危局，倘国人不急图自救则危亡立待，瞻念前途，不胜悚惧。自救之道是甚么呢？就是全国工业界同仁一致地站在一条战线上，努力奋斗。外与帝国主义经济侵略者相周旋，内与恶劣环境相抵抗。

于工业界本身，则相亲相爱，和衷共济。如此，则吾国工业前途，不患无发扬光大之一日。再进一步说，上海与青岛尤有特殊关系。恰如辅车相依，唇亡齿寒。

上海工业有悠久之历史，已斐然可观。青岛则如被绑之孤儿，方自危险中逃出，得庆更生。倘为父兄者，不将此孤儿勤加培养，则行见将有夭殇之虞，不特为局部之羞，为吾整个民族之羞。负此培养之责者，非仅为鲁省局部，是在有魄力、有毅力、有技术能力、有财力如在座诸公者。

青岛气候温和，港湾水深而不冻，巨大海船可直驶港内。而码头设备尤为完善，胶济铁路行将与国内各大干线相连络，铁道当局有展拓之计划不久即可实现。

鲁省物产丰富，大都可作工业之原料。而人民勤苦耐劳尤为特性。此外如道路整洁，风景美丽，则犹其余事既如此。

天时地利人和，青岛兼而有之矣。

青岛既具有上述各优点，则希望诸公对青岛之工业，予以充分在物质与精神上之援助，使青岛成为东方芝加哥。彼轻视我民族者，当反而敬仰之。

再换一句话说，上海尤如老大哥，青岛恰如小兄弟。上海诸公惨淡经营所得之成绩，青岛不费吹嘘之力仿而学之，坐享其成。不仅此也，尚须请求诸公以后予以物质上及精神上之援助，此点须要求诸公谅解者也。

敝团此次来沪考察，深得吴市长及诸长官，商会王主席及诸先生，工业联合会郭主席及诸先生，及各工厂诸先生多方指导，物质上精神上得许多的帮助。敝团同人，感激万分。

敝团定二十八日午车离申，因行期仓猝，未克分途到诸公处辞行，务祈原宥。

谨备粗肴薄酒，聊表寸心，并祝工业前途胜利及在座诸公康健。”[①]

艾罗补脑汁起作用与否不得而知，本场酒席依然到10点尽欢而散。

在上海考察的一场宴会上，战警堂结识了中国职业教育开拓者、教育家黄炎培。黄炎培参加了接待战警堂率领的青岛工业考察团的宴请。他在5月24日的日记中写道：“职社、职校等七团体觉林会餐，欢迎青岛工业参观团团长战警堂、社会局科长董志道、老友姚作宾。余代表致词。”

两周之后对中华职业学校的考察行程，使战警堂对上海职业教育的水平有了真切的认识，更看到了其与青岛职业教育的差距。

青岛工业考察团并未在预定的28日结束行程。上海考察结束后，战警堂和考察团到了济南。在济南参观各大工厂和小清河河闸工程后，山东省政府秘书长张绍堂设宴欢迎。6月6日考察团乘火车返青。

根据《申报》消息，战警堂在离开一周后再度带队去上海及周边考察。6月14日，中华职业教育社、中华职业学校、上海企业中国化学工业社、中华铁工厂、中华珐琅厂、美亚织绸厂、五和织造厂联合宴请青岛考察团。

上海工业家代表致宴会欢迎词：“谓实业救国四字，工业界自应带头践行，青岛与上海两处工业界虽相互联络已非一日，且彼此均组考察团互相学习。今后要加强不分区域的同业与同业之联络，即将今天作为青沪两地工业领袖携手之新起点，努力于国货工业发展，以塞漏卮，而挽国运。”

战警堂团长致答词，表达了对上海职业教育水平的钦佩：“普及教育发展实业八字，系今日救国要。前日参观中华职业学校，见各学生手脑并用，体强耐劳，与普通之一般学校不同。可见在座诸先进对于工业研究有素，殊堪钦佩。二十世纪系商战时代……”

致辞最后，战警堂团长不忘替青岛工业招商引资：“希望沪上企业家赴青开厂，以作生力军，而与外商奋斗。盖青岛不特风景优美，交通便利，并且所有工人生活简单，能耐劳苦。以前纷往东三省谋生，自九一八以后，均已回鲁，人浮于事，祈求温饱，工资之廉，远胜沪上。黄君之主张，极有见地，愿借主人之酒以谢诸君。”[②]

---

① 青岛工业考察团昨晚答宴各界[N]. 申报，1934-05-28(9).

② 孙筹成. 清沪实业家携手提倡国货[N]. 申报，1934-06-14(15).

上海考察结束后，战警堂和17名团员不顾舟车劳顿，又去了南京、无锡、镇江、苏州参观化工厂、面粉厂、火柴厂和橡胶厂。

回到青岛后，社会局局长储镇聘任战警堂为市工业顾问。在业绩与资历上，战警堂此时已与青岛名商平起平坐了。一则推荐医院开业的报纸广告里，战警堂的名字和其前辈名商的名字共同出现，这个名单包括了青岛大多数赫赫有名的工商业闻人。

出身北京协和医院的陈鸣同医生，在主持胶济铁路青岛医院时自办了宏济医院。位于浙江路12号的宏济医院开业前，在《青岛时报》连发数天广告鸣锣开道。广告中的介绍人，有市长沈鸿烈、市政府秘书长胡家凤、青岛中国银行行长王仰先、交通银行行长姚仲拨、明华银行行长张絅伯，以及工商名宿宋雨亭、丁敬臣、丛良弼、王芗斋、柳文亭、鲁绍田、李淑兰等。

名单中，工业界耆宿丛良弼68岁，在青岛创业30余年的丁敬臣58岁，商会领袖宋雨亭53岁。

战警堂，年34岁。

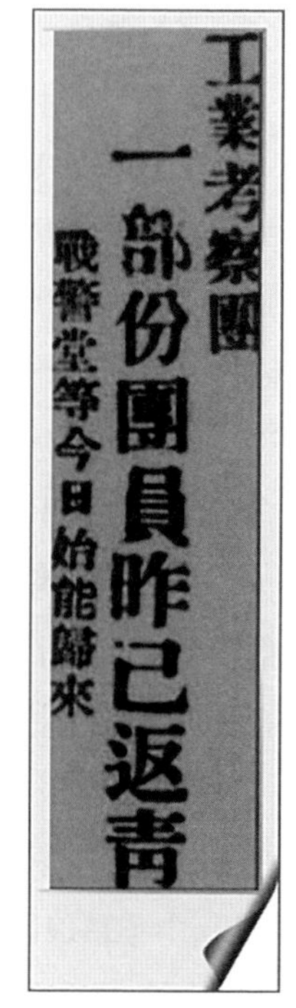
工業考察團
一部份團員昨已返青
戰警堂等今日始能歸來

¤ 报载考察团战警堂等返青的消息

¤ 国民政府青岛市社会局局长储镇肖像

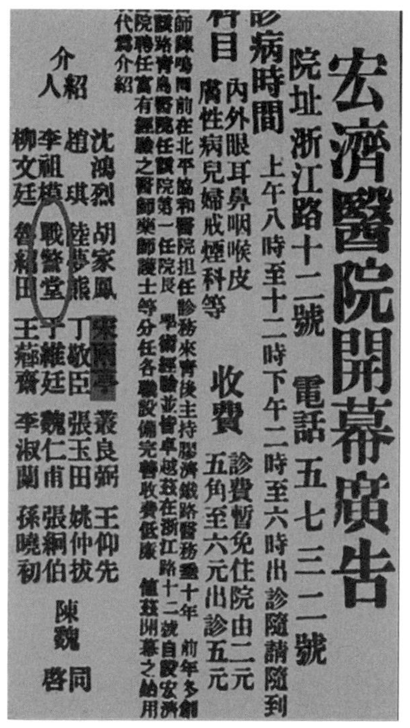

¤ 战警堂等为青岛宏济医院开幕介绍人的广告

职业教育的热心者

投身工业救国的经历以及参观上海职业教育的启发，使战警堂认识到职业教育的重要性。在上海和黄炎培的交流，也开启了他对职业教育的热心。1935 年初，战警堂再次以青岛工业代表团副团长的身份，带队赴上海参加全国工业展览会。

战警堂当选为中华职业教育社青岛分社委员。当年，他参与了全国职业教育的重要年会。

中华职业教育社，每年秋季轮流在各省召开全国年会。经青岛市市长沈鸿烈积极争取，中华职业教育社放弃了备选的西安和南宁，将会议地点定在了青岛。

“兹经该社接洽之结果，决定在青岛开会，并与全国职业教育讨论会第

職教社

年會籌備近訊

中華職業教育社本屆年會與全國職教討論會、定於七月十九日起在青島舉行、已誌前報、茲悉該社籌備委員會出席者、雷法章、戰警堂、袁道冲、王新三、吳其瑞、張天民、丁敬丞、吳伯生等、雷法章主席、一・議決設總務交際議事三科、推許筱山易天爵袁道冲三委員、各主一科、二・公推唐渭濱、楊吉孚二君加入籌備委員、請本社函聘關於赴會須知、青島導游、均已着手編輯、關於詳細辦法、請本社指示辦理、赴會者應向上海本社報告、限本月底截止云、

¤ 中华职业教育社青岛年会新闻

十三届会议同时举行。业经推定在青社员雷法章、战警堂为筹备主任，设筹备处于青岛市教育局。”①

重视教育的沈鸿烈对此会非常重视。青岛市政府提供了优惠的会务招待，参会代表来青交通费用减价，吃住全包。

“欲参加大会者，须于六月十五日前向上海该社报到。并将径由路程、舟车等级一并叙明，可以发给车船减价证。会员在青膳宿，统由市政府招待云。”②

5 月 9 日，会务筹备处在青岛市教育局成立并办公。

5 月 23 日，战警堂与青岛市教育局局长雷法章再赴上海，参加中华职业教育社社董联席会议，汇报青岛会务筹备情况。会议议决设总务、交际、议事三科，并由中华职业教育社编写青岛年会须知并聘用青岛导游。

青岛职业教育的关键转折点到来了。

1935 年 7 月 15 日，教育家黄炎培乘太古轮船公司“新宁”号客轮抵达青岛港。19 日上午 9 点，中华职业教育社第十五届年会暨职业教育第十三届讨论会开幕。

外交部前部长王正廷、青岛市市长沈鸿烈、青岛市教育局局长雷法章、中华职业教育社办事处主任江问渔等到会致答谢词，国内代表共 209 人参会。

① 中华职业教育社本届年会在青举行[N]. 申报，1935-04-03(13).

② 中华职业教育社本届年会在青举行[N]. 申报，1935-04-03(13).

当日晚，青岛市政府及工商业代表在胶州路可可斋饭店宴请黄炎培一行，战警堂参加。黄炎培在日记中记录了他与战警堂一年后再次欢宴的情况。

“夜。战警堂、姚作宾、董志道、易天爵、吴佰生、周子西、郑方正、董希光、尹执中、曹善揆、邹道成、杨文申招餐胶州路可可斋。与战警堂、吴佰生（素，皖人）、郑方正（嘉，蛋厂）同席谈。”[①]

黄炎培在日记里误记了四个人名。其中，尹执中应为青岛冀鲁针厂董事长尹致中，邹道成应为战警堂亲家、福隆绸庄经理兼华北火柴厂董事长邹道臣，吴佰生应为华新纱厂经理吴伯生，董希光应为青岛五福织布工厂经理董希尧。

和战警堂陪同黄炎培坐主桌的姚作宾，时任青岛中国石公司董事、北平交通委员会委员；董志道是青岛市政府社会局工商科科长；易天爵是财政部所得税事务处山东办事处指导员、青岛市工商学会总干事；曹善揆是双蚨面粉厂经理；郑方正是青岛茂昌冷藏厂经理；杨文申是青岛福字胶皮工厂经理。

在经营淮扬菜的可可斋，黄炎培和战警堂在晚宴上必会交流起一年前在上海觉林饭店的聚会。从会议安排上可见沈鸿烈对青岛主办的职业教育年会非常重视，在10天的时间里，市政府安排黄炎培一行两游崂山。宴会均安排在北京路顺兴楼、胶州路三阳楼、南海路青岛佳妃、青岛公园饭店等名店，送行宴由胶济铁路委员会委员长葛光庭主持，在铁路俱乐部设席。

1935年的下半年，中华工业总联合会给蒋介石发出一封贺电，战警堂以青岛分会主席职务参与署名。11月20日，蒋介石复电发至上海。

“中华工业总联合会委员会郭顺……战警堂、吴蕴初……诸位先生大鉴。文电诵悉。时艰任重，辱贺惶惭，特复谢。蒋中正。”[②]

此时，战警堂正巧在上海参加中华工业总联合会第九届会员大会。大会并电蒋介石和傅作义，提请对犯绥远之匪伪大张挞伐。

三年之内，战警堂频繁外出考察工业。

根据《申报》的报道，中华工业总联合会于1636年1月组织全国工业家

---

① 黄炎培．黄炎培日记：第5卷（1934.12~1938.7）[M]．北京：华文出版社，2008:70.

② 工联会接蒋谢贺复电[N]．申报，1935-12-20(10).

代表赴西南考察实业。战警堂等五人作为青岛市代表参加。[1]

两个月后，青岛市农产陈列馆开幕暨农产展览会开幕。农产陈列馆建筑于李村农事试验场之东，馆址式样为“工”字形，用苇席扎成主席台一座，上悬万国旗帜，四壁贴满各种宣传农产及启发民智的标语。

8月15日上午九时左右，市长沈鸿烈莅临主持开幕。战警堂以市商会代表的身份出席，是日参观者不下万余人。

1936年5月，中华工业总联合会再度致电蒋介石，要求取缔华北走私，维持关税。战警堂在电文中署名。

“南京行政院蒋院长、孔副院长、财政部孔部长、实业部吴部长钧鉴。华北走私，举国工商莫不惶骇，危害吾国生产事业至深且巨。际兹百业凋疲，欲图维持尚属匪易，更何堪受此重大打击。近且日益猖獗，蔓延几遍全国。循此以往，不特国货市场被其接夺无遗，抑且影响我国关税收入，为害伊于胡底。

属会为国内工商之总枢纽，负有领导及维护全国工业之使命。心所谓危，不忍再行缄默，用敢电请钧院部迅采有效办法严厉取缔走私，并维持原定关税税率以保国脉。万民幸甚。”[2]

11月，战警堂遇到心烦之事。青岛宝来等三家纱厂工人罢工，赴市政府请愿。值此工潮尚未平复之际，华北火柴厂因为解雇个别工人引发全厂罢工，后经市政府社会局调解始得复工。

1936年5月，中华工业总联合会青岛分会第三届改选，冀鲁针厂尹致中当选为主席，战警堂、江一山等为常务委员。分会在山东烟厂短暂办公后，迁至中山路89号。

1937年，青岛市政府将馆陶路24号拨给中华工业总联合会青岛分会办公使用，分会受市政府委托经办国货陈列馆。当年分会在市南区太平路小学举办青岛国货产品展览会，观者如涌，颇为青岛市各界好评。

1937年7月，青岛市政府再度派出工商代表团赴上海考察。团长为市政府社会局工商科科长董志道，副团长为战警堂和冀鲁针厂董事长尹致中。根据我对尹致中之子尹德胜的访谈，此时尹家在上海的大中工业社已开业。

---

① 中华工业总联合会组西南实业考察团[N]. 申报，1936-01-30(11).

② 中华工业总联合会电请制止华北走私[N]. 申报，1936-05-09(11).

“此次本市市政府成立十周年纪念，有市政、工业、文献等七种展览会。青岛市市长沈鸿烈特发起，由该地工商界巨子组织青岛工商参观团，于本月七日到沪。”①

上海和青岛工商业的频繁互访，已经使得两地的企业家相当熟悉。9日晚间，中华工业总联合会会员工厂上海中国亚浦耳电器厂、新亚药厂、美亚织绸厂、达曹染织厂、苏纶纱厂、永安纱厂、仁丰染织厂等在新新酒楼联合宴请青岛工商代表团全体团员，并邀俞代市长、市政府各局局长参加。

上海名人，如杜月笙、虞洽卿、王晓籁、林康侯等多人到席作陪。

足以让战警堂得意的是，作为亚浦耳电器厂和新亚药厂这两家上海名企的股东，他从代理其产品到入股，直至今天以青岛工业领袖的身份和董事长把酒言欢，只用了不到15年的时间。

7月7日青岛工商代表团62名团员抵达上海，同一天，卢沟桥事变爆发。

参加宴请青岛工商代表团的上海巨商们，在卢沟桥事变后均参与了抗日后援运动。招待战警堂等人的宴会10天后，杜月笙、虞洽卿、王晓籁、林康侯等召集各团体讨论救国方案，上海市各界抗敌后援会成立，上海市商会带头给二十九军捐款。7月底，杜月笙出任抗敌后援会筹募委员会主任委员，筹募“救国捐”现款以及一切可变现的动产与不动产。杜月笙发布的通告以及工作概论分别如下。

“紧急！血在沸腾，心在亢奋，耳听着隆隆的炮声，眼看着熊熊的火焰，全面抗敌御侮的战争已经发动了。这也是我们毁家拼命、为国牺牲的时候。亲爱的同胞们，请不要再迟疑，肩负起筹募救国捐，接济前方忠勇将士的伟大光荣的责任来！”②

“最高当局宣示决心，全国将士奋勇效命。沪上各界以为时至今日，有敌无我，有我无敌。五千年之祖宗庐墓，亿万年之子孙命运，均将于此最后关头决其荣辱。吾人不甘为奴隶，不甘做牛马，不甘承受鞭挞，不甘长被宰割。则在此千钧一发之时机，毁家纾难，义无反顾，捐款救国，救国自救。”③

① 七大工厂昨宴青参观团[N]. 申报，1937-07-10(13).

② 上海市档案馆. 上海市各界抗敌后援会[M]. 北京：档案出版社，1990:27.

③ 上海市档案馆. 上海市各界抗敌后援会[M]. 北京：档案出版社，1990:506.

日寇全面侵华，青沪两地良好的工商业交流就此中断。7 月 16 日，青岛工商代表团参观完上海华德灯泡工厂后离沪返青。当晚上海新亚大酒店的晚餐，是战警堂记忆里抗战胜利之前最后的上海味道。

青岛，驻青日本领事馆已经开始组织撤侨行动。日侨青岛居留民 17000 名，于 1937 年 8 月 27 日登船返回日本。

战火不久蔓延至海港，青岛逐渐跌入黑暗。

第五章

家国沦陷　实业路艰难

暗夜

日军进攻青岛前夕，青岛市市长沈鸿烈将纱厂、电厂等大型日商工厂炸毁。

在寒冷的冬日，1938 年 1 月 10 日 8 点，日军第四舰队登陆部队在未遭抵抗的情况下登陆并占领青岛。

除了日商企业外，多数日本在青侨民的财产已被青岛军民破坏。

之前日本领事馆与沈鸿烈约定，保护在青日本商民撤退后遗留的总价值 4 亿日元的房屋及财产。日本驻青总领事馆与青岛市政府制作了“共同封护”封条，贴在撤退的日本侨民的空屋上。

12 月 18 日晚 8 时，沈鸿烈下令爆破日商工厂，并亲赴沧口督办爆破行动。午夜 12 时通电引爆后，烟火冲天，日商重要工厂悉数被毁。军队和市民随即对空置的日侨房屋发泄愤怒，贴封条的房产反倒成了标志物，日侨所留 3300 户房屋，只有 100 多户未受损。

日军登陆青岛后，对此情况充满疑问。

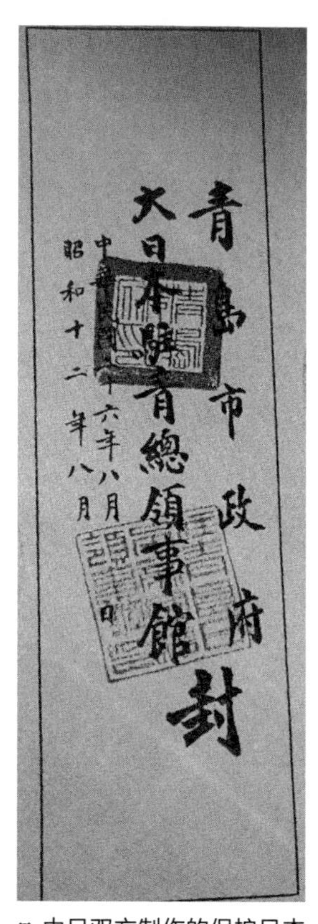

¤ 中日双方制作的保护日本侨民房产的封条

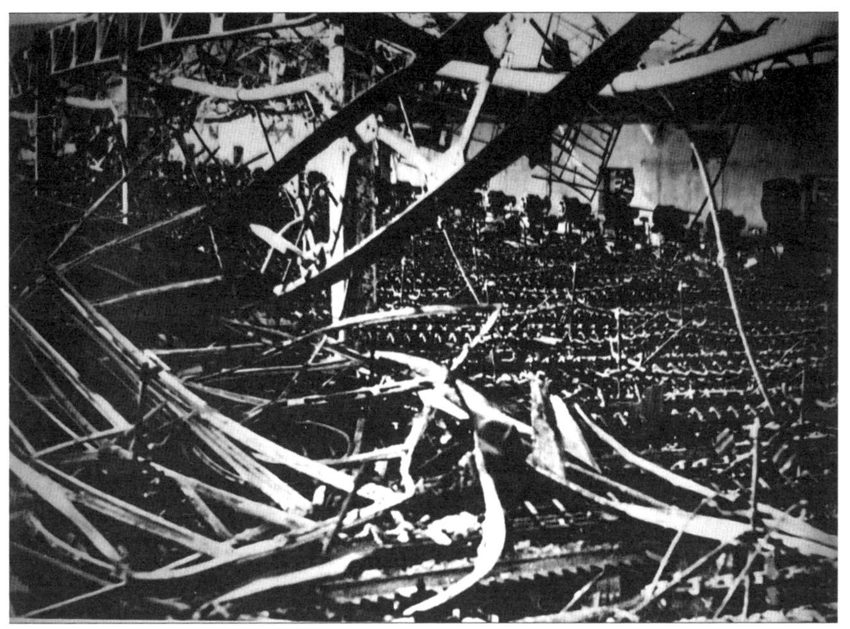

被炸毁的在青日资纱厂

被沈鸿烈炸毁的日本工厂损失惨重，为此日方进行了详细调查，并形成了将近 500 页的调查报告，对每一家被炸工厂的损失情况逐项进行了登记。

“青岛是被敌人占领了，然而占领的只是一块焦土，一块铺满了敌人自己几十年几十万人心血的死灰的焦土。”[①]

1938 年 1 月青岛沦陷后，日本以其海军特务部为统治青岛的最高领导机关。日本除在青岛驻扎海军、陆军各部队外，还设立政治机构对青岛实施军事、政治、经济、文化等全方位的控制，实行残酷的殖民统治。

1938 年 1 月 17 日，日本以其“以华治华”的惯技，成立傀儡政权“青岛市治安维持会”，治安维持会警察部负责工商行政管理。1939 年年底，青岛市共登记工商企业四千余家。

日本以建设东亚新秩序为名，成立了日本内阁辖属的“兴亚院”，并在中国占领地设立分支机构。1939 年 3 月日本在青岛设立“兴亚院华北联络部

① 金刚．记青岛在火焰中的那天[J]．新阵地，6:59.

青岛出张所”,其代替了日本海军特务部的统治地位。

1940 年 1 月 10 日,青岛市治安维持会改头换面为青岛特别市公署,由维持会负责人赵琪出任伪市长。青岛特别市公署聘请兴亚院华北联络部青岛出张所所长柴田弥一郎担任公署顾问,聘请 4 名日本人担任市政委员,在根本问题上日本人在幕后决定。

1943 年 3 月,伪华北政务委员会任命姚作宾为青岛市市长,原市长赵琪专任伪华北政务委员会委员,青岛主权尽握于日本之手。

经济统制

日本二次占领青岛时期所实行的“原料统制”政策非常严酷。日本为了达到“以战养战”的目的,和在其他沦陷区一样,采用军管理、委托经营、强买、合办、扩建等野蛮强制手段对中国的资源和财富生产进行大肆野蛮掠夺,不服从者轻则停产,重则性命攸关。

关乎战争需求的工矿、交通、通信等行业由日本国策会社把持,实行军管和统制管理。其他行业如烟草业、造纸业、面粉业、火柴业等,名义上允许华人私人经营,实际上也完全为日军所控制。

1941 年 12 月,日伪成立了青岛地方物资对策委员会,规定兵器、弹药、石油、煤炭、水泥、木材、小麦、杂粮、白糖、纸张等 22 种物资非经批准,严禁外运,命令青岛各商户必须严格遵从。1942 年日伪又成立了青岛物价对策委员会,对面粉、纱布等物资的物价实行统制管控,要求青岛各商户“自肃自戒,切勿违反”。

1943 年 2 月,北京成立华北物价协力委员会;次月,青岛成立分会;10 月,青岛分会商户被迫实行“明码实价,减价一成”的活动,以表示遵守经济材料和物价统制秩序。1942 年,日伪强令青岛市商会迅速成立青岛华商输出入联合会和青岛华商配给联合会,并责令青岛商人出任理事长。所有商户业务需有青岛市商会出具证明,如从国外进口生产原材料,从江南购进生产材料、粮食、纸张等,携带业务现款出市、往外地运送生产物资和产品等均需有青岛市商会的证明。此外,报关业务和银钱业务也需要由商会担保。

至于烟草，由于利益巨大，所以日伪分四期调整了统制政策。日伪规定烟草中央组合、烟叶统制公司和卷纸公司分别对烟草制造企业进行控制。其中，烟叶公司确定各工厂生产的烟叶配额并通报中央组合，中央组合根据上报的烟叶数量确定各个工厂生产量、卷烟配给价格，卷纸公司再据此供应卷纸。各个烟厂除了生产外，只能按照配给数量和价格供应给大代理店，大代理店再按照指定的批发价格批发给小代理店，小代理店也是按照上述要求再批发给零售店，零售店按照指定销售价格卖给消费者。在整个分配统制过程中，中央烟草组合有着严密的监督制度，安排特派调查员对各个烟厂、大代理店、小代理店、零售店进行定期调查监督，同时日本经济宪兵和伪经济警察分别对以上单位进行巡检监视。

种种苛刻的掠夺措施和制度使得青岛民族工业的生死兴亡全部被占领者牢牢控制住。

因为各类生产原料的严格统制，一般小工厂根本无法正常生产经营，很多都停产或倒闭，严重摧残了本地民族资本工商业。

根据资料统计，当年青岛市工业经济指标实出资本总额6.3亿元，生产总额8亿元。其中日资与被强制中日合办企业的资本额5.6亿元，生产总额6.7亿元。涉日资工厂占当年青岛工业资本总额和生产总额的比例，分别高达88.9%和83.8%。

在这种情况下，青岛的民族企业如不被收买，也至少被日资强制合办占股50%左右，如华新纱厂被收购后改称国光纺织株式会社青岛第二工场，利生铁工厂改称丰田式铁工厂，中兴面粉厂改称东亚制粉第二工场，茂昌蛋品公司改称东亚蛋业公司。大型工厂青岛铁道工厂由日本华北车辆公司管理经营，青岛海军工厂由浦贺船渠株式会社兼并经营。

当时一些企业家和其后人的回忆的可信度值得怀疑。依据一些说法，一些有气节的资本家在经营上坚决不向日本人低头，拒绝合作，坚守独立民族产权，企业做得很红火，既抗拒了日寇，又高调地接济市民。除非是小摊小贩，如果是规模工业生产，这种情况在当年日据时局下基本上是不存在的。

日本通过军管理、委任经营、中日合办、租赁、收买五种手段攫取经济利益，打压华商；由于金融不安，法币贬值，太平洋战争后物价大涨引发投机风行，银行业不愿给企业贷款；日军封锁航运，交通阻滞导致原料运输受限。在此种种因素之下，青岛沦陷时期，共有137家华商工厂遭受损失，损失金额约为1062万元。

一个朝鲜人的阴谋

随着日本加紧青岛经济统制的步伐，一个叫林熏的朝鲜人，看到了暴富的机会。

林熏，原名林小坡，单名熏，字寿卿。林家是朝鲜的名门大地主，号称“林的家族”。林熏青年时代在朝鲜接受过高等教育，抱有政治追求。

1919年朝鲜爆发以反对日本压迫，民族解放为宗旨的“三一运动”。这场独立运动失败后，参与者林熏来到中国上海。在抗日复国思想的影响下，林熏结识了被尊为“大韩民族独立之父”的革命家安昌浩，并给予其经济上的帮助。

随后，林熏又结识了朋友安恭根。安恭根的哥哥，是在哈尔滨刺杀日本首相伊藤博文，后于旅顺就义的朝鲜志士安重根。

林熏曾与安恭根一同到德国柏林大学留学，旅居欧洲六年有余。返回朝鲜后，林熏被日本占领者视为抗日分子，受到排斥和打击。林熏由此流亡中国，于1932年在中国游历一年多。

1934年，林熏携带家属来青岛居住。同赴青岛的亲属，有其母亲金仁柱，其子林英一，二弟林茂，三弟林暻夏，侄女婿崔达河、申淑铉。[1]

林熏当时在青投资工商业的资金，主要是变卖朝鲜家产后携来的款项。根据朝鲜侨民档案的记载，1935年林熏在青资产已经多达80万元。

林熏在青岛的首家企业，是1934年在雒口路开办的华北烟厂。这家小规模的烟厂，有卷烟机、切烟机各1台，林熏自任董事长，侄女婿崔达河负责厂务，林熏之子也在烟厂协助工作。

1936年，华北烟厂因业绩发展而移址铁山路83号，出产金莉莉等牌号卷烟，用工人数已超过100人。

---

① 林熏早期经历据战警堂档案整理。

青岛商民对林熏快速的资本积累甚有异议。1930 年之前,朝鲜在青侨民贩卖毒品者不在少数。如易州路 37 号的福奉号、老马记、李保田记、金芳记,以及高丽人参批发处等,都是朝鲜人在青岛的贩毒点。

战警堂曾指证林熏曾经在青岛贩卖毒品。"有林熏者,系朝鲜产,居青有年。向以贩卖毒品为业,青市人民莫不深悉。"①

1937 年,山东烟厂曾与林熏商谈过出兑意向。七七事变后,林熏暂时返回朝鲜。1938 年春,林熏搭乘日本军舰返回青岛,继续经营华北烟厂。重返青岛的林熏,一改其年轻时复国抗日的义勇者姿态,反而变为亲日派。

此后,林熏的名字,在青岛军政商界开始频繁出现。作为一个朝鲜人,他在这个节点表现活跃,并不令人感到意外。

受制日本统治的 30 多年间,作为殖民地的朝鲜的经济已经归于日元贸易体系。七七事变之前,对日本经济非常重要的朝鲜产业已呈渐进之势。国民政府外交部来自朝鲜京城的消息认为:"世人往往认为朝鲜产业尚属幼稚,未能完全达到开发途径。乍然观之,似乎这样见解不错。然经过多年之准备,一般人民早已惯于经营产业,而资本与企业之安全又复大有可观。"②

七七事变之后,朝鲜对华贸易开始增长。根据统计数据,1939 年朝鲜在中国华北地区的贸易额,比 1937 年增长了三倍半之多。

在林熏依附日军行走青岛,以外侨身份寻找财富扩张的机会时,青岛于日本在华经济扩张中的地位也越来越重要。早在 1938 年,刘世仁即著有《日本对华经济侵略史》,在这部被孔祥熙称为"纲举目张,旁征博引"的著作中,青岛已被描述为日资产业重地:"日本以大连、上海、青岛三处为主要投资地。青岛投资 139645000 元,为上海的一半。"③

因为这种经济形势,更因为不久便担任了青岛日本海军特务部嘱托(顾问)职务,商人出身的林熏,对其青岛工业资产的扩进,开始变得急不可耐起来。

---

① 呈青岛区敌伪产业处理局为商所经营之中国山东烟厂股份有限公司,前于七七事变之后被朝鲜浪人林熏籍敌军暴力强迫转移,恭请鉴核追还并命赔偿损害由[A].青岛:青岛市档案馆,1946-01-08.

② 驻京城总领事馆.朝鲜产业概要[J].外交部公报,1935,8(4):264.

③ 刘世仁.日本对华经济侵略史[M].福州:全球印书社,1938:32.

作为烟草业的内行，林熏首先觊觎的是华商烟厂。

日本全面侵华前夕，中国民族烟草工业生产指数相对平稳。从战前金融业对其支持力度上，也能看到不错的前景。

所有的发展前景，都随着家国沦陷而骤然停止。

战警堂在日本占领青岛后，暂时回到掖县老家避祸。山东烟厂厂务由股东张柏祥暂时代理。

家住八大关别墅的张柏祥，在奉天路开办有祥瑞行美术印书馆，以印刷精良闻名于山东印刷业。一个月前，祥瑞行已经被日本人强行低价买去，改办为日本媒体《青岛新民报》印刷厂，并随即发表接收启示："本社开设美术印刷部，在奉天路祥瑞行旧址新设分工场。"[①]

同一个月内，张柏祥的青济国货胶厂亦被日商查封。

一个月之后的1938年2月，在林熏的唆使下，日本陆军查封了山东烟厂，

¤ 张柏祥在八大关的住宅

① 关于张柏祥在奉天路二一四号开设祥瑞行印务馆因无意经营现将该馆业务机器工具全部兑与青岛新民报馆的让受盘启事[N]. 青岛新民报，1938-01.

贴上封条，注明拟作日军兵营之用。日军以抗日分子之名拘捕了张柏祥，关押后对其用刑。随后林熏以解救者的身份出现，将张柏祥保释出来。

丝毫不知对方用心的张柏祥，看到这位解救自己的朝鲜同行时，充满了感激之情。

林熏劝说张柏祥，反正山东烟厂也干不下去了，日军要查封，不如全资转让给他。张柏祥提出烟厂股东有多人，自己无法代为做主。林熏显然有备而来，随即劝他派人去掖县找战警堂，或写信告知，日本军方已查明山东烟厂与抵抗武装有牵连，如果不将烟厂出兑给林熏，恐该烟厂的所有人员都有劫难。林熏以此威逼战警堂返青，办结或出具书面委托书。

张柏祥于 1938 年 2 月 6 日给战警堂写了信，内容如下。

“警堂兄惠鉴。别来甚念。遥维，与居佳盛，潭第迎庥[①]，为颂兹祥。

青岛自日军下地纪律甚好，华北烟公司林熏先生亦随军队来青。该公司拟扩充营业，当日即着弟派人诣府，请兄来青商洽接兑山东公司事宜。无如路途不稳，无人前往，迟迟至今未能成行。

前数日，山东公司被陆军贴上封条将作兵栈之用，今拟将工厂内之机器拆出。幸有林熏君疏通，谓借用此项机器，至今尚未拆毁。但最近期内华北公司如不将机器搬取，陆军即将拆毁矣。

为此林熏着弟函请吾兄速速前来，以便商办一切，山东机器或兑与华北，或作为借用，均无不可。但须吾兄来青主办一切，此间无负责人不能擅主故也。弟在青粗适，勿劳廑念。专此佈肊，即请筹祺并祝阖第均吉。”

¤ 日伪时期掖县县政府照片　资料来源：程皓提供

① 遥维、潭第迎庥为书信问候敬语。

张柏祥的亲笔信，由掖县人徐东璧携带，亲往家乡面交战警堂。战警堂没有想到的是，徐东璧已被林熏收买，成为与林熏联手的设套人。

徐东璧告诉战警堂，日本人来后，青岛社会秩序已恢复如常，只是日本海军特务部已经查明山东烟厂是抗日分子聚集地。并说张柏祥被抓后，受刑情形甚是残酷，如不是林熏好心相救，张柏祥和山东烟厂都有灭顶之虞。"张柏祥一人生命不保，即山东公司之一切有关人员将来均所难免。"①

2 月 9 日战警堂阅信并听徐东璧一番话后，对林熏的好心深表感激，但思虑再三，未敢回青处置。战警堂最后的决定是当日回信请张柏祥见机办理。

"柏祥兄台鉴。近日徐东璧君来敝舍叙谈吾兄近况甚佳，并青市太平如常。又谈山东烟公司事，并出吾兄大函着弟返青。弟近来因有小事不能离身，暂时不能返青。

至于林熏先生有意与山东公司合作甚好。弟暂不返青，请兄主办，或兑或租，均无不可，至于价钱请兄看办可也。

林熏先生对咱很帮忙，弟甚为感激。有事仍请林熏先生维持为荷。并祝阁柜均安。"②

徐东璧返回青岛后，直接将战警堂的信件面交林熏。

当张柏祥从林熏手里接过战警堂写给他的回信时，似乎明白了对方布设的圈套。面对林熏，他没有任何时间和机会推却战警堂的委托意见。

自己的工厂刚刚被强买，恐惧犹在眼前的张柏祥，在林熏的威逼之下，自然无多讨价还价的勇气。1938 年 2 月 14 日，张柏祥代表全体股东签订契约，将山东烟草公司转让给林熏。

"立卖契人山东烟厂公司代表人战警堂，亲笔信委代表人张柏祥。今因无力经营，情愿将自置大港二路六号房产一处，该房计地皮、房屋及室内一切制烟机器、电话、器具俱铺垫等卖于华北烟草公司代表人林熏名下管理为业。

除将山左银行之押款四万元由双方移转名义，由华北公司继续一年期内付款外，其他山东烟草公司任何纠葛与华北烟公司无关。特立此约，两纸各执。"③

① 战警堂请发还山东烟草公司[A]. 青岛：青岛市档案馆，1946-04-05.

② 战警堂为山东烟厂出兑于林熏自莱州致张伯祥信件[Z]. 1938-02-09.

③ 华北烟厂与山东烟公司转让经营协议书[Z]. 1938-02-14.

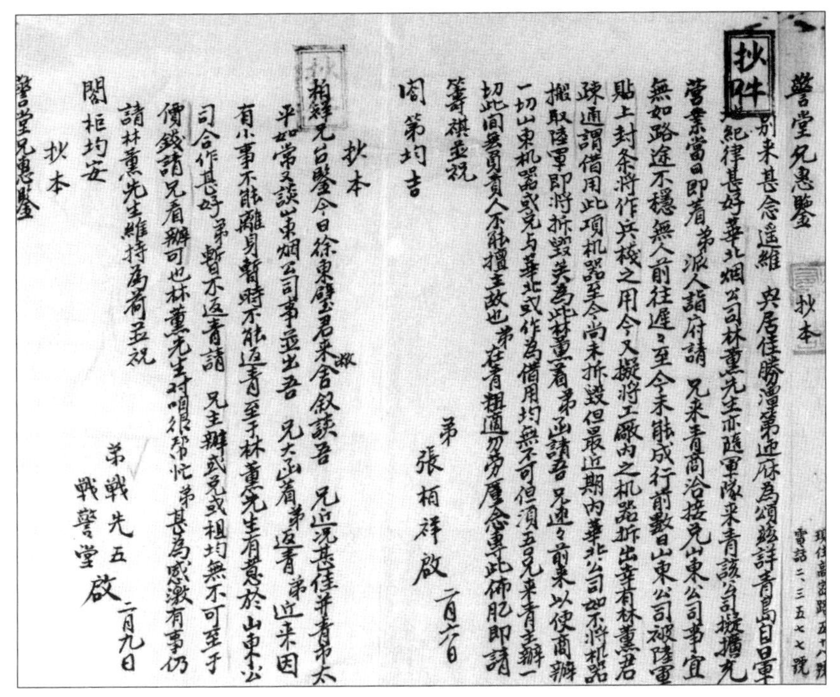

抄件

警堂兄惠鑒
別来甚念遥維 與居佳勝爲頌茲詳青島自軍
紀律甚好華北烟公司林董熏先生亦隨軍隊来青該公司擬擴充
營業當即着弟派人詣府請 兄来青商洽接兄山東公司事宜
無如路途不穩無人前往遲遲至今未能成行前數日山東公司被陸軍
貼上封条將作兵械之用今又擬將工廠内之机器拆出幸有林董熏君
疏通謂借用此項机器至今尚未拆毀但最近期内華北公司如不將机器
搬取陸軍即將拆毀矣爲此林董着弟函請吾 兄速速前来以使商辦
一切山東机器或兄与華北或作爲借用均無不可但須吾兄来青主辦一
切此间無負責人不能擅主故也弟在青粗適勿勞廑念專此佈肊即請
籌祺並祝
閤第均吉
弟 張栢祥啟 二月六日

現住高密路五十八號 電話二三五七七號

抄本

栢祥兄台鑒今日徐東璧君来舍叙談吾 兄近況甚佳并青市太
平如常又談山東烟公司事並出吾 兄大函着弟返青弟近来因
有小事不能離身暫時不能返青至于林董熏先生有意於山東公
司合作甚好弟暫不返青請 兄主辦或兄或租均無不可至于
價錢請兄看辦可也林董熏先生对咱很帮忙弟甚爲感激有事仍
請林董熏先生維持爲荷並祝
閤柜均安
弟 戰先五 戰警堂 啟 二月九日

抄本
警堂兄惠鑒

¤1938 年 2 月战警堂与张伯祥的往来信件（1946 年战警堂重抄） 资料来源：私人收藏

感觉因战警堂的躲避而受伤害的张柏祥，次日再次致信战警堂，诉说自己的不满：

“昨天林熏来我这里，却出示了你委托徐东璧交给我的回信。当我见到徐东璧一起出现时，我就明白了他们勾结的过程。这次山东烟厂的事，你竟然委托给我全权办理。而这封信先经林熏看过了，所以林熏直接责成我照你这个总经理说的来办理，这是非常不合适的。

山东烟厂的房产和所有设备，林熏只出价 × 万元，当场就写好契约书让我签字盖章。你想一想，我处在那个环境下怎能不服从。现在我把所立的字据抄一份给你寄去看看，对我们在山左银行的贷款转为林熏支付的事，山左银行是否能同意都尚不知道，现在正在和银行商议之中。

我认为山东烟公司既然是按照公司法来组办的，那今天转让的事，就应该多数股东同意才对。你委托我代办，真是给我出了一个大大的难题。

山东烟公司和我的关系不言而喻，我自然希望能圆满解决。但这样一来，你给我添了无限的苦恼,非书信能写明白我的无奈。我们马上要见面了,你把我的意思也一并告诉在老家的战先五董事长吧。”

战警堂看到来信时,方才明白林熏的野心和手段。

然而,一切已无法挽救。《中国山东烟草股份有限公司章程》里的“本公司股东以中华民国国籍者为限”之语页,实际上已被朝鲜人林熏彻底撕碎。

自感事情已处理妥当的战警堂,初夏时返回青岛。此时的青岛,已非战警堂离开时的晴天朗日。而心机颇重的林熏,对于战警堂没有在契约书上签字仍觉不放心。战警堂刚刚回青,找上门来的林熏便要求战警堂重新签订转让契约。

战警堂为了避免麻烦再三推辞,不料林熏却极不耐烦,随后在 8 月 10 日,日本海军特务部直接将战警堂拘捕。

战警堂在日本军部被逼当场重签契约,将山东烟草公司正式转让。买卖契约书签署的见证人,是青岛日本海军特务部国分俊介。一个商业转让书,却有日本军方的监督,可见日军顾问林熏的过硬后台。

此时,日本已经将青岛定位为华北经济渗透和管控的支点。在日军保护下,日商在青岛的商业势力明显快速提高。

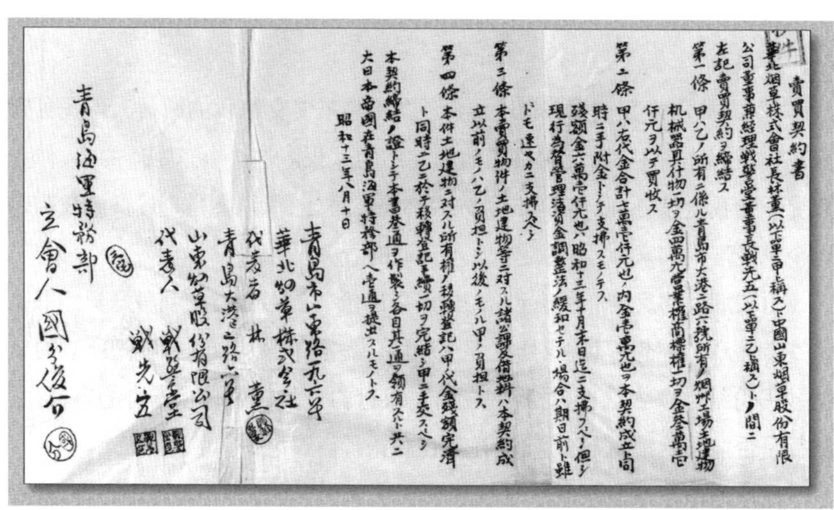

賣買契約書

華北烟草株式會社長林薰(以下單ニ甲ト稱ス)ト中國山東烟草股份有限公司董事兼經理戰警堂董事長戰先五(以下單ニ乙ト稱ス)トノ間ニ左記賣買契約ヲ締結ス

第一條 甲ハ乙ノ所有ニ係ル青島市大港二路六號所有ノ烟草工場土地建物機械器具什物一切ヲ金四萬元營業權商標權一切ヲ金參萬壱仟元ヲ以テ買收ス

第二條 甲ハ右代金合計七萬壱仟元也ノ内金壱萬元也ヲ本契約成立ノ時ニ手附金トシテ支拂フモノトシ殘額金六萬壱仟元也ハ昭和十三年十月末日迄ニ支拂フベシ但シ現行為替管理法資金調整法ノ緩和セテル場合ハ期日前ト雖ドモ速ヤカニ支拂フベシ

第三條 本賣買物件ノ土地建物等ニ對スル諸公課及借地料ハ本契約成立以前ノモノハ乙ノ負擔トシ以後ノモノハ甲ノ負擔トス

第四條 本件土地建物ニ對スル所有權ノ移轉登記ハ甲ノ代金殘額完濟ト同時ニ乙ニ於テ移轉登記手續一切ヲ完結シ甲ニ手交スベシ

本契約締結ノ證トシテ本書參通ヲ作製シ各自其ノ壹通ヲ領有スルト共ニ大日本帝國在青島海軍特務部ヘ壹通ヲ提出スルモノトス

昭和十三年八月十日

青島市山東路一九六號
華北烟草株式會社
代表者 林 薰

青島大港二路六號
山東烟草股份有限公司
代表人 戰警堂 戰先五

青島海軍特務部
立會人 國分俊介

¤1938 年 8 月 10 日,战警堂在青岛日本海军特务部被迫与林熏重签的烟厂转让契约书
资料来源:青岛市档案馆

日占初期，在青日资工厂的比重由1931年的25%上升到40%，而其资本总额占青岛中外工厂总资本的95.14%。[①]日资已经完全把控了青岛的工业。

契约书上，林熏出具的转让价格是31000元联银券的低价。联银券是日本侵华后，伪"中华民国临时政府"成立的中国联合准备银行发行的货币，目的是掠夺财富并控制华北金融，其成为"法定货币"即贬值。而山东烟厂的资产不计房产在内尚价值7万多银圆。

"据战警堂本人谈，该厂仅房产在山左银行即抵押4万元。因此，这个烟厂所值是远多于林熏所付的价款的。"[②]

近乎抢夺的低价收购成功得手后，林熏将自己的华北烟厂与山东烟厂合并，改组为华北烟草株式会社。

之后，林熏在青岛市铁山路设立厂房，组织扩大生产，有职工1422人，卷烟机增至30台。主要生产华一牌、双猫牌等牌号的香烟，总投资达5000万元。卷烟产品代理商是三井物产，并与大平农业株式会社和顺昌洋行保持业务合作。

得意的林熏，无可争议地成为朝鲜在青侨民的领袖。

林熏家族成为青岛朝鲜民会的头领，交纳劳军捐款，免税供给日本军队军用烟。当时，日本兴亚院、领事馆、陆海军、宪兵队及特务机构等都以林熏

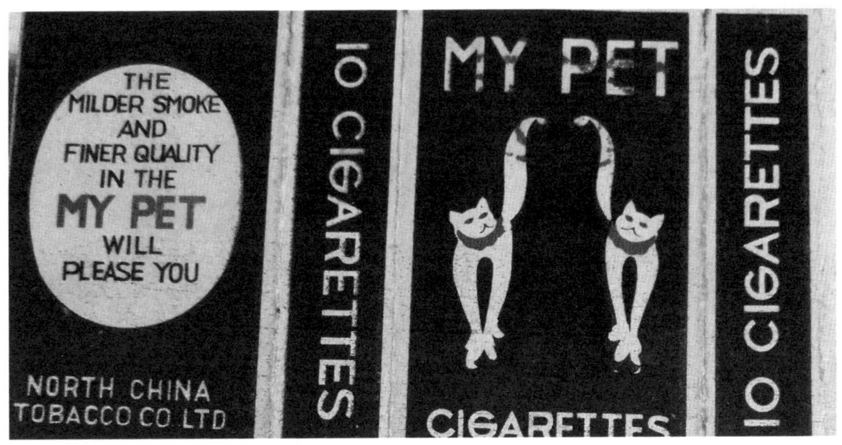

¤ 华北烟草株式会社生产的双猫牌香烟　资料来源：作者收藏

① 郝昭荔．战后国民政府在青岛的政治接收与肃奸（1945—1948）[D]．武汉：华中师范大学，2015:14.

② 青岛市商业局．青岛市私营卷烟工业社会主义改造资料[R]．1959:13.

为索取献金的对象。

这个时期的林熏,财富迅速增长,物产除烟厂外,还包括中山路中国剧院及肥城路中国公寓等。

1944年,林熏购得位于青岛沧口的天隆造纸厂,自任董事长。其子林英一,弟弟林茂,亲属崔达河、韩弼臣等七人为股东。

拥有造纸技术和经验后,林熏北上投资,收购了北京日华制纸株式会社。此造纸厂原系朝鲜人张麟铉、张为正二人所有,设于北京市内三区十根旗杆七号,后因产销不佳,由林熏于1945年1月15日购得,改名为中华造纸股份有限公司继续经营造纸。

林熏弟弟林茂、林暻夏共同在青岛阳信路开办顺昌洋行,专门从事进出口贸易。

林熏出资,为其三妹在江苏路上开办了一家“山东医院”,由其三妹夫妇担任医师经营,后因其妹身亡而停办。

依附日军得志者如林熏,而民族工商业者被欺压的代表,莫过于张柏祥。

曾拥有青岛最大印刷厂和大规模骨胶工厂,且是山东烟厂股东的张柏祥,三处产业均被日商和林熏强买,损失惨重之下,张柏祥不愿再问世间灰心俗事。

张柏祥在1941年开始信佛,并几乎为此倾尽家产。他于当年出资3万元捐修了湛山寺,后又将一处私宅卖掉,给湛山寺东院新建一处女居士念佛堂,其二太太张能静住在这里静修。张柏祥以其老本行,给湛山寺藏经楼捐赠了印刷机用以印刷佛经。他还答应送给湛山寺一处房产,但该房被基督教教徒租用,租期未满,双方经常因清房而发生争吵。

张柏祥最后的人生,被记录在湛山寺倓虚法师撰写的《影尘回忆录》一书中。“张伯祥[①]居士,在世间挣扎一辈子,万贯家财,临死什么也带不去。只晚年学佛,为三宝事做些功德,能够善业随身,功德庄严。这总算他宿世有善根。”[②]

不到一年的时间里,张柏祥的身体和精神状态每况愈下。在佛堂内穿着出家人衣服的他,感觉自己将不久于人世,便预先为自己打好一个龛,临终坐

① 原作中名字误记。

② 倓虚. 影尘回忆录[M]. 北京, 宗教文化出版社, 2003:266.

化，装龛埋在湛山寺普通塔院。

¤ 第二次日占时期，张柏祥居住的湛山寺旧影

华商的衰落

撤离青岛前，沈鸿烈市长命令炸毁的日资企业中，包括山东火柴工厂、青岛火柴工厂以及华祥火柴工厂。显然，生产易燃易爆品的日资火柴工厂损失惨重。

《青岛邦人主要工业被害与复兴状况》，记录了这场硝烟后的中日火柴业对决。“青岛邦人（日本人）火柴会社山东火柴工厂、青岛火柴工厂以及华祥火柴工场三家工厂全都遭到破坏，产品及原料尽数被掠夺。”

1938 年 8 月，日商在天津组织中华火柴产销联营社，青岛分设是其全国三个下属分社之一。日商联营社成立的目的，是为了通过控制生产原料来分配各厂产量，并对销售环节进行掌握，从而达到对在华占领区内火柴产业的控制。

“伪全国火柴联营则专事通知白药、柴梗、包皮等火柴原料之分配，此项分配统制，均以统筹运日为目标，即日本在华工厂也受限制。迨 1940 年 5 月后，日方的统制益复变本加厉。”[①]

青岛六家华商火柴工厂和三家中日合营火柴工厂至此完全受制于日本的统制政策，华商火柴工业就此逐渐衰落。

1938 年 1 月，日本陆军特务机关以“抗日工厂”的名义将华北火柴厂查封。

在“邦人工厂的生产和出货”半年之后，1938 年 9 月 27 日，日商火柴工厂往日最大的对手战警堂等股东已毫无对决之力。华北火柴厂被日商强行入股，而日方股东恰是年前被炸的三家工厂，其中，青岛磷寸株式会社为发起者。

合资后中日资本共 50 万元，华北火柴厂更名为“株式会社华北火柴厂”。

“日商青岛磷寸、山东火柴、华祥磷寸均成为大股东，占 55%，华商华北火柴公司占 45%。此后日商在火柴业中的势力超过华商，到 1939 年其生产量已占总产量 65% 左右。”[②]

“该厂股东共有日人 10 名和华人 28 名，大股东包括小林忠雄、安腾荣次郎等。”[③]

1941 年该厂共有股东 38 名，日方大股东是小林忠雄、安藤荣次郎、羽田川贤治郎。

¤ 青岛火柴工厂女工

这一年，中华全国火柴产销联营社经日本接办，成为日方把持的火柴联营组织。联营社在青岛实施火柴业配给政策。北京《戏剧报》发布消息称：“上月十五日，青岛方面成立盐、火柴等生活必需品的配给机构。此后并想由此配给机构对治安地区流通物资。”[④]

① 郑克伦．沦陷区的工矿业[J]．经济建设季刊，1943，1(4)：257.

② 庄维民，刘大可．日本工商资本与近代山东[M]．北京：社会科学文献出版社，2005：548.

③ 青岛日本商工会议所．青岛银行会社要览[G]．1941：19.

④ 青岛之经济战体制[N]．戏剧报，1941-12-01(1).

据1943年日本的统计显示，华北火柴株式会社的资本额为100万元，此时青岛全市火柴产量已占山东省的70%。青岛成为华北乃至全国火柴工业的大本营。

占据国内及山东重要份额的青岛火柴市场利权，已皆握于日本人之手。

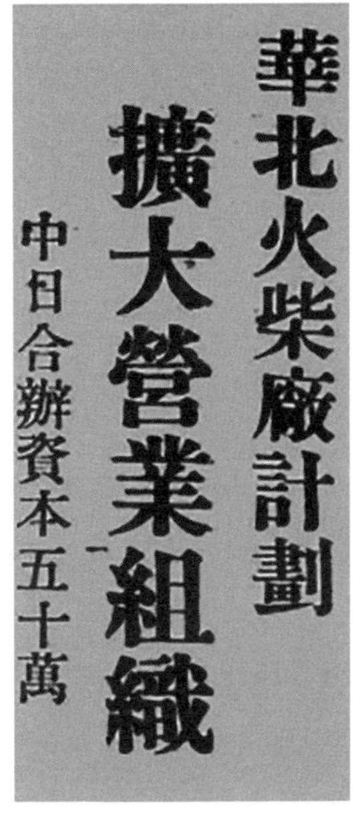

華北火柴廠計劃
擴大營業組織
中日合辦資本五十萬

1938年9月《青岛新民报》刊登华北火柴厂将进行中日合资的新闻

寒冬

山东烟厂已成为林熏的产业，不甘心的战警堂试探起烟叶生意。1939年，为了同业自保，战警堂和崂山烟厂董事长崔岱东等发起组织了山东烟叶商同业组合，战警堂和崔岱东两人分任正副理事长，并一同参加了成立大会。

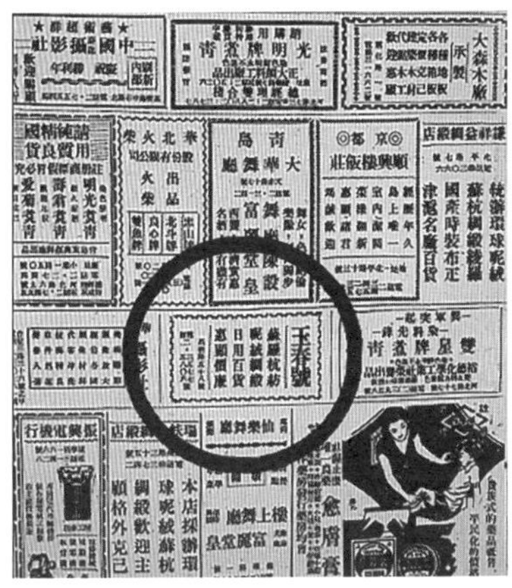

1944年1月7日青岛《民言报》上的玉春号和华北火柴公司广告

第二次日占时期青岛火柴工厂内景

山东烟叶商同业组合于3月8日正式办公。同业组合给青岛市市长赵琪和社会局局长姚作宾写了报告，并请政府上报国民政府实业部备案。

“战警堂等为促进同业发展及免除同业竞争，并限制烟叶商资格，以谋同业自卫起见，集合山东区持有青岛陆军特务机关购烟叶许可证者十四家，请示核准组织山东烟叶商同业组合，并拟就组织简章。业于二月二日下午四时假市商会召开成立会，并蒙钧局派员指导，当经推定战警堂为理事长，崔岱东为副理事长。”①

事实证明，战警堂选择做烟叶生意毫无出路，是一个错误的思路。他面对的拦路虎——华北叶烟草株式会社是一只凶猛的专食烟叶的巨兽。

对第二次日占时期青岛的烟叶与卷烟经营进行研究，离不开对青岛日资烟叶业沿革的考察。

1919 年起至 20 世纪 30 年代，日商在山东经营烟叶的业绩并不是很突出。1919 年 9 月，日商山东烟草公司在从事山东大面积烟叶收购业务的基础上，在青岛台东镇昌邑路五号地开办烟叶复烤厂，这片自有产权地面积多达

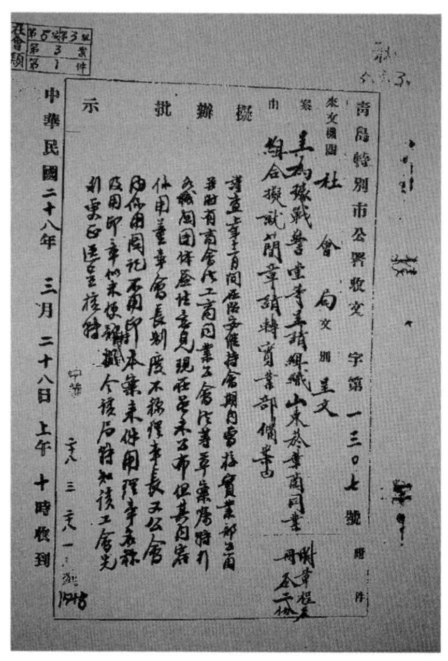
青島特別市公署收文 字第一三〇七號
來文機關 社會局 文別 呈文
事由 為據戰警堂等呈請組織山東菸葉商同業組合擬就簡章請轉實業部備案由
附件
擬辦
批
示
中華民國二十八年三月二十八日上午十時收到

¤ 青岛特别市公署关于战警堂等组建山东烟叶商同业组合向实业部报备的公函

① 关于战警堂等请求组织山东烟叶商同业组合的呈文指令[A]. 青岛：青岛市档案馆，1939-03.

68666.7 平方米。[①] 烟叶复烤厂加工的成品烟叶，销往日本和中国东北等地。

1927 年，中裕、山东、东洋烟草三家日商合并为合同烟草公司，中国烟草、东洋烟草合并为米星公司。日本占领青岛后的 1938 年 11 月，合同烟草公司、山东公司、米星公司被华商烟草业并称为“三社”。三社将其烟叶营业部分单独重组，成立专营烟叶的华北叶烟草株式会社。

华北叶烟草株式会社经华北政务委员会注册后成立于北京。为了使各公司势力均等，在东京成立理事会后，由三大公司的人员分任理事会社长、副社长和专务理事。

鉴于青岛烟草工业的重要性，华北叶烟草株式会社专门在青岛设有理事室以决定经营方针。青岛理事室下辖青岛支店、济南出张所、天津事务所、徐州出张所和总务部、经理部、贩卖部、收烟部、作业部等部门。岗村久荣负责的北京本社虽为总部，但实际上只负责与华北政务委员会的联络及召开会议，在具体经营上并无太多指导，而青岛支店支店长则大权在握。日本《昭和 17 年全支商工取引总揽》有以下记录。

“华北叶烟草株式会社青岛支店，华名华北叶烟草厂，代表者岗林久荣。设立于昭和十四年六月十日。支店：开封、青岛。出张所：东京、济南、商丘。人数一千人。营业种目：叶烟草、收买、再乾。”

在一些现代编著的青岛史料中，个别论述认为华北烟草株式会社、华北叶烟草株式会社、华北烟草股份有限公司是同一个公司的不同名称。依上来看，这是一种错误的观点。

然而名称的混乱来自另一本原始资料的打扰，此书是 1941 年由青岛日本商工会议所编纂的《青岛银行会社要览》。

青岛日本商工会议所不仅是驻青日商的组织，还是日侨在华北地区的经济协调和调查机构。

“最近北平、天津、济南、青岛各地日领，在青合设一……日本商工会议所并刊行机关杂志，高唱建设新山东。其内容则完全暴露其侵略鲁省野心。”

这本书详细记载了时年在青岛开办的日资 119 家株式会社、合资会社和

① 青岛特别市政府秘书处．日本人官有地第一次发表四九一件 青岛特别市公私土地权利业主姓名表华人外国人官有地［G］．

¤1941年青岛日本商工会议所编纂的《青岛银行会社要览》 资料来源：作者收藏

合名会社的情况，包括青岛公司地址、总社所在地、设立年月、资本金、主要股东等信息。书中明确地将华北叶烟草株式会社记录为“华北烟草股份有限公司”，而股东构成和资本金的吻合，又证明了其确为同一家。

其实，书中的“华北烟草股份有限公司”即是“华北烟草股份有限公司青岛支店”，也就是“华北叶烟草株式会社青岛支店”。

此类年代不同、中外双方名称记录不一致的档案，经过近百年不同渠道的转载，给青岛文史研究带来了一些误解和舛讹。《青岛银行会社要览》在青岛馆陶路出版后，先后存于满洲电信电话株式会社资料室和东北人民大学图书馆。历经70年后又被我辗转买回了青岛，成为查找青岛沦陷时期日资企业信息的重要参考资料。

¤1941年，位于青岛市馆陶路的日本商工会议所 资料来源：作者收藏

山东烟厂被林熏改组后，华北烟草株式会社、华北叶烟草株式会社两个一字之差的名称，分别指的是朝鲜民间资本企业和日本垄断资本企业。前者以林熏为大股东，专营卷烟制造，成立于1938年10月1日。后者则以“三社”为股东，专营烟叶收购及加工，成立于1939年6月10日。

华北叶烟草株式会社难以容忍华商参与烟叶销售和加工产业，战警堂未曾料及日本占领者已经等不及了，压制政策狰狞初露。

1939年9月，日本华北烟草统制公司在青岛成立，专门经营华北叶烟草株式会社的产品，并负责库存和转运工作。华北叶烟草株式会社青岛支店迁入陵县路75号五层楼大厦营业，资本3000万元，分为60万股，由日本人认购59.88万股。有工人将近600人，每天烤烟400斤，技师全部由日本人担任。华北叶烟草株式会社青岛支店在青岛沈阳路6号和昌邑路15号另设两个烤烟厂，日加工烟叶约60吨，仓库可存储原料万吨以上。陵县路上还有3栋宿舍楼。以上全部是日方自购产业。

1940年，日本人将胶济铁路沿线所有的中外烟商强行停产，并在重点区域设立烟叶原材料输出监理处，沿线设置武装盘查点，凡是外运烟叶者必须申请输出执照。至此，山东境内的烟叶基本全部由日本人强行统制经营，战警堂的烟叶生意寸步难行。

烟草的巨大利润使得日本人觊觎英美烟公司青岛颐中卷烟厂又不得法。但预感与美国必有一战的日本方，已经开始排摸颐中烟草帝国的底细，并为全盘收缴做好了准备。

根据相关材料记载，日本对颐中烟厂强大的竞争力愤然不平并积郁于胸。称颐中烟厂虽然在1938年和1939年深受时局影响，业务全面萎缩。但至1941年，得物价狂涨之惠，其业务情况复为大震，前次之退缩局面即告消失。故其销售数量虽一度略见减少，不久即可重行恢复。且更借助强大推销网之助，使颐中烟厂成品无论远近，置日本烟业几乎于无足轻重之地，今年竟能超过事变前之销量，于日本烟草产业损失巨大。

1941年，太平洋战争爆发。1941年12月8日，侵华日军接管了作为敌产的英美烟公司在山东的企业，并将青岛颐中烟草股份有限公司改称“大日本军管理颐中烟草公司青岛事务所”，华北叶烟草株式会社将英美烟厂雇用的熟练工人200余人以官方名义全部征用，扩大再生产，进入经营成熟阶段。

对于总部在北平东四七条70号的华北叶烟草株式会社而言，从此其青岛支店的作用愈发重要起来。

"大日本军管理颐中烟草公司青岛事务所"不但出产旭光牌、共荣牌日军军用卷烟，还负责印制钞票和军用食品商标等。

同时，华北叶烟草株式会社接管了山东经营烟叶种植和收购的所有企业，并在山东黄旗堡、坊子、二十里堡、潍县、谭家坊、益都、临朐、辛店、张店、滕县等地设立了烟草交易所，进行强制性垄断交易，致使全山东省的华商卷烟行业因原料受到制约，生产急剧下降。

1942年3月20日，上海地区日本陆军司令及日本海军司令签署颁发了《关于企业实行军事管制的命令》。"驻华英美烟草公司、颐中烟厂股份公司。上列公司追溯到1941年12月8日起，由大日本帝国陆军和海军实行直接的军事管制。执行管制的负责人员由兴亚院华中办公处处长派遣，负责对上列公司的管理工作。前期由军队财务人员进行监督的颁发同时废止。日本帝国陆军最高司令官(盖印)。"

同步的措施是，日本在青岛正式开始实行严密的七级烟草统制，日伪政府制定颁布了《烟叶生产及交易统制要领》，将卷烟材料和交易全部纳入华北叶烟草株式会社掌控。日军山东省陆军特务机关颁布执行《昭和十七年叶烟草交易场设置指导要领》，规定在胶济铁路、津浦铁路两侧设置交易所，除华北叶烟草株式会社统一收购交易之外，禁止任何其他机构和个人买卖烟叶和卷烟原料，此项由日本宪兵和日伪经济警察监督，违者严惩。

短时间内，日本军管的原颐中烟厂的产销量即占华北地区的60%以上。随后敌兴亚院命令军管颐中烟厂、日商东亚烟厂、林熏的华北烟厂和华商崂山烟厂限期成立华北卷烟组合，按照各厂的机器设备和1940年—1941年的产销总额为各厂分配烟叶和产销比例，唯一的华商企业崂山烟厂仅分得全市的7.5%。

最重要的卷烟生产材料是烟叶和盘纸，所有烟厂均需要烟叶。烟叶实行专卖后，日方强制命令各烟厂按照配给烟叶的限额，在分批购买时必须购买日伪公债。

穿心箭

青岛沦陷后，战警堂入股已13年的青岛发电厂，被日资兴中株式会社强制增资入股。其后日本出于统制华北地区电力的目的，指派统管华北地区经济开发的大型国企——华北开发株式会社登场。从事物资开发的领导机关为国策会社。在沦陷区设立的企业主要有华北开发公司、华中振兴公司等。

实质上，这两个在华从事物资开发的日本公司，性质完全一致。之所以在华北称为开发公司，而在华中称为振兴公司，是因为华北经济相对较弱，许多资源需要进一步开发。而华中产业已有相当的基础，以恢复和扩充为主。

"是在华北方面，注重各项事业的投资。在华中则偏重于掠夺与经营。"①

鉴于华北资源对于日本军事经济的重要性，华北开发株式会社成立之初的人事组成规格很高，原日本拓务大臣担任总裁。其他董事、监事，为日本前朝鲜总督、大藏省银行局长、满洲铁矿开发公司理事长等经验丰富的军政经济界人士。"总公司归日本兴亚院直接监督，为华北经济开发之最高指导机关。"②

控制华北矿产、电力、盐业、交通、金融等经济命脉的华北开发株式会社，指导下属18家分公司开展经营，并为青岛埠头股份公司等参股日企提供贷款。

控制青岛发电厂之后，华北开发株式会社设立华北电业股份有限公司。青岛发电厂成为该公司下设的发电工厂，改名为胶澳电气株式会社。

根据昭和十六年青岛日本商工会议所编录的《青岛银行会社要览》的记录，胶澳电气株式会社的营业项目是电灯及电动力，供给贩卖电气机械器具。日方大株主为东洋拓殖株式会社、日清纺织株式会社、三井物产株式会社，所有日华股东多达976名，于每年6月和12月召开股东大会。③

三年之后，战警堂转让了发电厂的部分股份。"右记股份业由当事人买卖转让，兹特联名请予过户更名为荷。"④

---

① 华北开发公司[J]. 敌伪经济情报，1939(2):28.

② 王中杰. 华北开发公司概况[J]. 中国经济，1944,2(2):23.

③ 青岛日本商工会议所. 青岛银行会社要览[G]. 1941:26.

④ 华北电业股份有限公司股份过户更名请求书[Z]. 1944-11-14.

在 1944 年的一笔股权交易中，战警堂以“德记”的名义，将 1621 股发电厂的股金转给了青岛金城银行。

烟厂被低价强卖，火柴厂被强制入股，转让发电厂股权。在日本的经济统制下，战警堂的工业投资与其他民族工业者一样日渐萎缩低迷。

经营土产和百货的玉春号和玉春黄酒，因不在原料统制范畴之内，得以正常营业。这期间，青沪两地的物资交流并未有大的阻断。1938 年时，玉春号有员工 16 人，一份登记表中记录了玉春号代理货品的主要厂商。“往来家买卖两方面：伊东、冈崎、华成、五洲、山东烟叶会社、中华化学工厂。工作时间：上午八时起，下午八时止。”[①]

玉春号代理的五洲固本肥皂也多了一家代理商，玉春号对面不远处的即墨路 23 号青岛中华制果厂，在《青岛新民报》刊发了批发广告。

日本占领青岛时期，战警堂唯一的新产业投资是开办了一家小型木材加工厂，七年前在沾化路 1 号购买的地块有了新用途。

1939 年，战警堂与亲家邹道臣等华北火柴厂部分股东，另邀王振西、张乐亭入股，以本金 6 万元在沾化路 1 号开办了青岛大陆木厂，由华北火柴厂副理江一山担任经理。与之正对门的沾化路 2 号邻居，是由近藤德太郎创办的日资光阳硫化磷工厂[②]，相邻的昌乐路 3 号则是日资株式会社东洋木厂。

一路之隔，中日商人相对友好地每日注目。而此时沾化路的地名已不复存在，这条工厂密集的马路被日本青岛民政署命名为宫前町。

“物是人非事事休，欲语泪先流。”

大陆木厂开业不久后的 1940 年，战家噩耗突传。

战警堂长子战德馨爱上了一位舞女，以战德馨富二代的身份，他当时出入的舞厅应是较高档次的。

舞厅当年称作跳舞场，1939 年青岛的高档舞厅分为两处聚落。临清路、清平路和市场三路周边多为日资舞厅，如 Star、Palace、Le Printemps、Florida、Prince 等舞厅。冠县路上则汇聚着巴乐斯、黑猫等高档舞厅，其中最为著名和奢华的是却尔斯登舞厅。却尔斯登舞厅雇用菲律宾乐队，建造之初即安装

① 青岛市商会青岛玉春号商人调查书：B0038-001-905［A］. 青岛：青岛市档案馆，1938.

② 青岛日本商工会议所. 青岛商工案内：第二册［G］. 1939：121.

了上海滩流行的跳舞专用弹簧地板。

战德馨跳舞的这段时间，青岛舞厅的经营十分规范。舞客每跳一首曲子收费0.3银圆，为避免重复结账，舞厅专门有服务生记录每位客人下场的次数。而且舞女和服务生以拒绝客人轻蔑为理由，按照行规均不收取客人的小费。在时髦的天津，《新天津画报》也对青岛舞厅的特色给予了好评和推广。"舞客每入池婆娑一次，即有人专司其事以笔记之。待舞客离场时，不需购票，可至入口处小柜内询问舞价，依所记次数照值付予。"①

青岛高档舞厅里的舞女很少有本地人，她们多为上海来的训练有素的高级舞女，因此战德馨追求的舞女可能并不是青岛姑娘。倔强且脾气暴躁的战警堂根本不同意这桩婚事，在他看来，工商业家子女相互联姻才是正常，更何况娶回一个舞女会有辱战家声名。

战警堂坚持找门当户对的人家另外提亲。根据知情人的书面回忆，父子两人为此多次激烈争执几致反目。最终，绝望且偏执的战德馨为感情所困而自杀。

在和战家熟悉的知情长辈的书面回忆中，战德馨的死因，一说为吞鸦片而死，二说为悬梁自尽。②③

长子英年早逝，战警堂深陷追悔，悲恸至极。

这是他一生的心理阴影。在1949年之后战警堂亲笔写的材料中，家庭成员的信息有很多。他唯独没有写关于长子战德馨的任何回忆，即便在他人书面问及战德馨之死时，战警堂也未有任何片纸的回答。

因在经营中为客户欠款所累，大陆木厂营业不久便倒闭。1941年，战警堂以6万元独资接办，接办后改组为大森木厂。

一份全体股东的决议书，记录了这次转让。

"爰经全体股东于民国三十年八月一日会议公决，停止营业，着手结束。今将全部机器器具及成品原料等，共计估值国币六万元整，并经全体股东同

① 青岛舞场特色[N]. 新天津画报，1941-08-03(5).

② 调查战警堂情况之三(揭发材料)[Z]. 1959.

③ 青岛市公安局第六处转押犯检举材料[Z]. 1959-12-27.

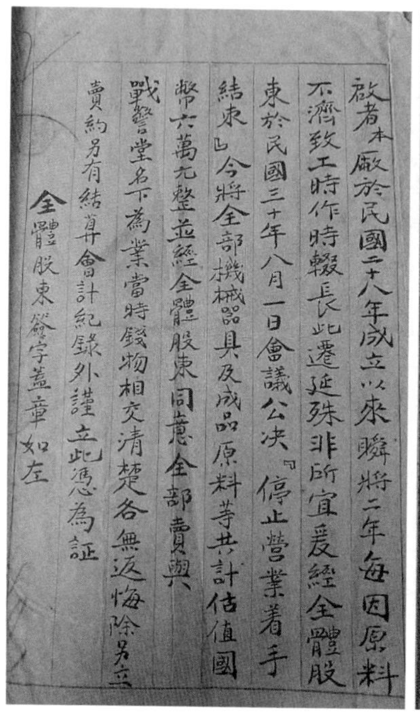

啟者本廠於民國二十八年成立以來瞬將二年每因原料不濟致工時作時輟長此遷延殊非所宜爰經全體股東於民國三十年八月一日會議公決『停止營業着手結束』今將全部機械器具及成品原料等共計估值國幣六萬元整並經全體股東同意全部賣與戰警堂名下為業當時錢物相交清楚各無返悔除另立賣約另有結算會計紀錄外謹立此憑為証

全體股東簽字蓋章如左

¤1941年8月，大陆木厂全体股东将工厂转让给战警堂的决议书

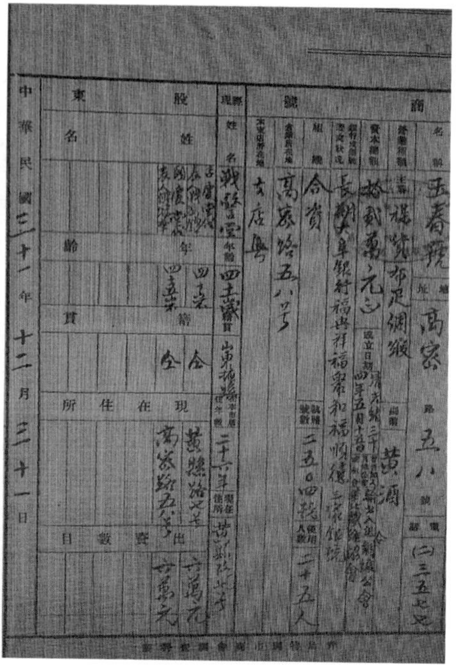

¤1942年战警堂玉春号的调查登记表

意，全部卖于战警堂名下为业。当时钱物相交清楚，各无反悔。”①

根据大森木厂会计徐荣琳在1952年冬的书面回忆，战警堂接办后次年，大森木厂改为股份公司，股东为战警堂夫人和子女等。根据档案的记载，原经理曹惠群撤股出伙。战警堂将自家李村路的一处房产卖掉，增资为20万元。

大森木厂因为聘用了木材业内老手，生意开始发展。

“另聘高一飞为经理，周宏杰为副理，吴永清为厂长。战警堂自任总经理兼董事长。高、周、吴等人前系英商祥泰木行旧人，对锯木业经验丰富，业务乃大见发展。”②

产销渐旺不过两年时间。

---

① 大陆木厂．全体股东决议书[Z]．1941-08-01.

② 原大森木厂会计徐荣琳具．大森木厂前后经历记录[Z]．1952-11-18.

“联银暴跌,1944 年停业。”[①]

1944 年,日本强制发行的联银券暴跌,大森木厂经营困难。战警堂说:“我卖了木厂三间厂房后,将木厂歇业。”[②]

两年之后,青岛市机制木材工业同业公会还发函督促大森木厂办理转移登记手续[③],此事因木厂歇业而不了了之。

这一年,盟军已经控制太平洋战争的制空制海权。蒋介石配合盟军反攻作战,中美英同开滇缅战场,克敌的同时打通国际交通线,盟国对中国的物资援助通道扩展,抗日战线由全面防御走向了战略反攻的转折点。在青岛,代理市长李先良率领青岛保安总队在崂山继续开展游击战。中国共产党在沂蒙山区巩固青岛办事处并收复诸城、胶县等部分区域,胶东军区创建青岛武工队,在青岛郊区惜福镇等地开辟抗日根据地。

胜利的曙光已经微现。

① 战警堂. 我的出身和经历[Z]. 1952-04-04.

② 战警堂. 木厂和我的一些情况[Z]. 1952-02-17.

③ 关于转催大森木厂办理登记的公函:B0038-003-00616 [A]. 青岛:青岛市档案馆,1946-12.

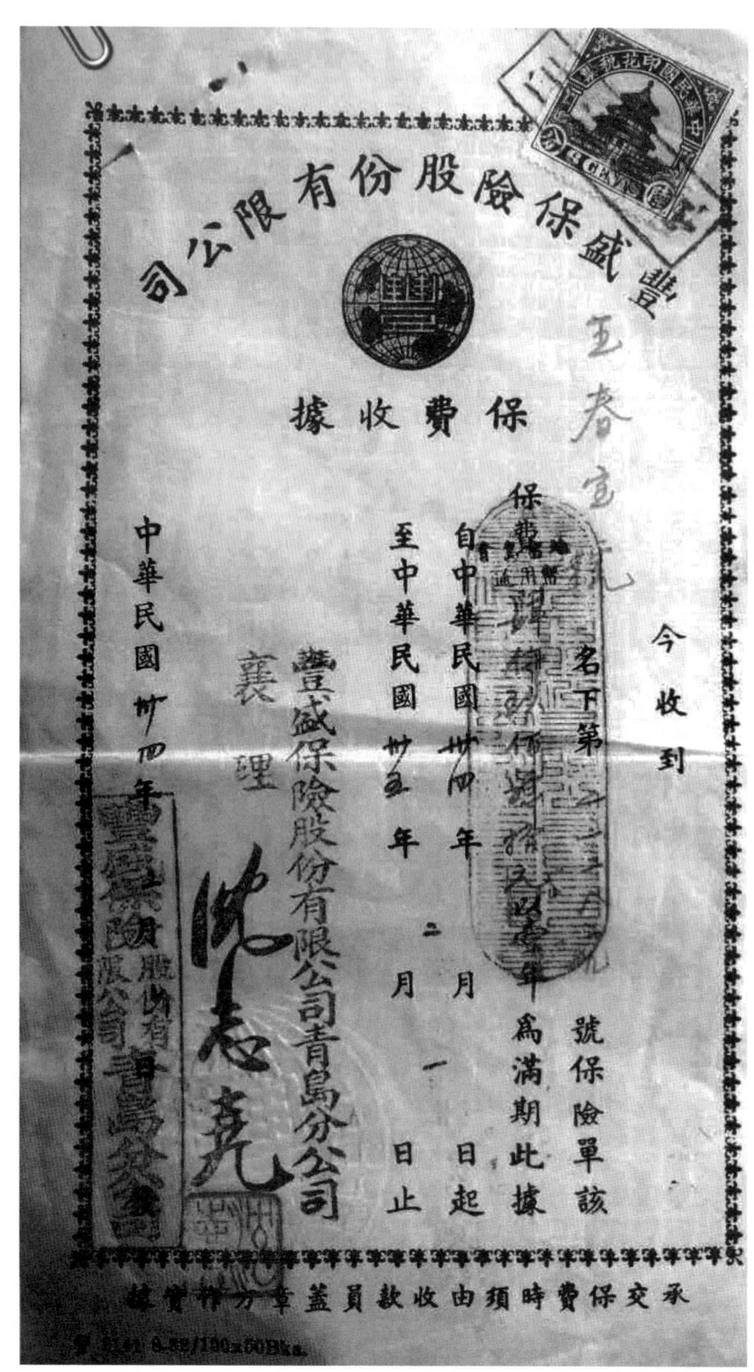

豐盛保險股份有限公司

保費收據

今收到　玉春　名下第　號保險單該保費　以壹年為滿期此據

自中華民國卅四年　月　日起

至中華民國卅五年二月一日止

豐盛保險股份有限公司青島分公司

襄理

中華民國卅四年　月　日

承交保費時須由收款員蓋章方作實據

¤1945 年，丰盛保险股份有限公司青岛分公司关于玉春号的保险单　资料来源：刘志康收藏

第六章

河山重光　乱象中彷徨

劫收

1945 年 8 月，日本天皇接受《波茨坦公告》向中美英苏投降。15 日，以《终战诏书》正式宣布无条件投降。17 日，天皇饬令世界各国的所有日军缴械投降。

河山重光，青岛指日可盼。

“据日伪青岛市市长姚作宾回忆，为避免战火侵蚀，青岛方面曾与日本定结《青岛中立协定》，因此……青岛并未受到战争的大幅度破坏，经济发展并未中断、稳中有升，较其他战区，青岛市政秩序良好，民众生活仍能得到基本保障，使青岛成为战后国共双方的必争之地。”[①]

中共中央山东分局将中共胶东区委、滨海区委分别领导的两个青岛市工委合并，成立中共青岛市委。中共山东军区的军队陆续占领了青岛市外围部分地区，并派员进入青岛商讨部队入城问题。驻青日军以中国派遣军《对支处理纲要》中只提出向国民党军队投降并协助保证城市安全为借口，拒绝中国共产党的接收意向，与中国共产党的军队在青岛远端划界互不侵犯。

在感到中国共产党对青岛的威胁之后，蒋介石速令在崂山游击区内的国民政府代理青岛市市长、鲁东抗日联军司令兼青岛保安总队队长李先良进城

① 郝昭荔．战后国民政府在青岛的政治接收与肃奸(1945—1948)[D]．武汉：华中师范大学，2015:15.

接收日本投降并接管青岛，务必不让青岛落入中国共产党之手。同时驻华美军司令官同意并建议美国政府接受蒋介石关于派遣美军协助驻守青岛等港口，武装助力国民党部队接收重要战略城市的请求。美国的援助，支持了国民党对青岛的接管。

¤ 抗战胜利后青岛市市长李先良

关于抗战胜利后青岛市市长的人选，李先良与国民党中央委员、重庆沦陷区党务处处长葛覃有过博弈。蒋介石从青岛地位的重要性考虑，任命李先良为青岛市市长，葛覃任青岛市党部主任、青岛市副市长兼社会局局长，从而形成军政两派互相掣制的格局。这一年，李先良 41 岁，葛覃 57 岁。

李先良和葛覃于 8 月中旬就职，青岛接收委员会成立，但此时依然在崂山整备，青岛市此时处于无政府的惶惶状态。原伪青岛特别市市长姚作宾已训令市政府所属各机关听候接管，所有款项、文件、公物不得移动销毁，负责人员不得擅离职守。

9 月 13 日，李先良率领国民党青岛保安总队时隔八年后再次进入青岛市区，司令部暂时设在江苏路 18 号内，接收日伪政权各行政机关并恢复办公。接收后，青岛仍然为直辖市。

1945 年 10 月 25 日，驻青岛日军在汇泉跑马场参加中美联军受降仪式，日军将军长野荣二签署投降书。“吾等青岛地区，所有日军及预备军之司令，亦完全确认日军于联军前完全败北。故统辖下所有军队，向蒋介石统帅无条件投降。”

作为战胜国，中国政府以宽容之心对待了日本战俘和驻华日侨。青岛市

¤ 驻青岛日军代表缴械投降的情景

¤ 青岛日侨等待撤侨回国的情形

政府成立了日侨集中管理处。由市警察局牵头，对日军日侨逐人登记，限制在市北区范围集中管理。自 11 月中旬起，美军陆战队军舰将在青日军日侨 30642 人分批遣送回日本。未撤离的部分日侨，系留青待处理业产。

至此，日资 40 年来在青岛地区的工商业经营活动全部终止。国民政府对属于日本官方的敌产以及日本独资、日华合营的工厂开始启动接收。

战后青岛的敌伪产业接收工作，历经了国民党数个职能部门与机构的交替。1945 年 9 月，国民党第十一战区设立驻青岛办事处，负责接收日本军需工厂和仓库；11 月，国民政府行政院颁发《收复区敌伪产业管理办法》，设立山东青岛区敌伪产业处理局；1946 年 1 月改组为经济部鲁豫晋区特派员办公处，后转为经济部特派员办公处；同年行政院院长宋子文来到青岛，主持成立山东青岛区处理敌伪产业审议委员会；1947 年元月，接收工作由中央信托局鲁青区敌伪产业清理处继续善后。

接收敌伪产业，实属关乎抗战胜利后民族荣辱与实业复兴的大事。客观来讲，部分接收大员在接收日产时，为维护民族产业权属，保障顺利生产做了一些贡献。国民党各个部门与机构除了与日企全面点收、保管物资设备、造册交接之外，对于生产条件许可的工厂，接收后尽量维持开工，以减少生产损失及工人失业情况。此外，国民党各个部门与机构对日方的工程及生产技术出具各种报告，帮助开工后的企业稳定生产和提高技术水平。

“在开工之厂中，视其规模之大小，派青年技术人员一二人至十余人不等，参加并监督工作。其尤重要者，为与各工作人员约定：各竭其能，尽量接收日人技术。规定每人在厂中所见所闻，每日均有日报。经审查后，取精去粕，必至认为正确为止。”①

但是接收工作很快就变了味道，接收大员对于日本在青岛市遗留的丰富工商业资源唾手可得。在这种巨大的利益诱惑之下，除了数个机构职能交叉的政府接收部门，多方势力的军政人士盯住了敌伪产业这块诱人的大蛋糕，各种势力参与到对各种遗留产业的争夺中。

“接收”几乎成了明目张胆的“劫收”。这期间由于不能摆上台面的军政派系斗争，更加纵容了官方对接收大员的放任。

其中，中统青岛区室负责人谈明华就是不择手段劫收的代表。根据中国第二历史档案馆的史料，以“青岛市全市市民”名义揭发谈明华的举报信寄往了国民政府。

① 青岛化学工业（一）岩木酱油制造报告[J]. 化学工程，1948，15(1-2)：51.

谈明华，早年曾任青岛市铁路党部干事。青岛沦陷后，因其强硬主张对日本军官进行暗杀而被中统任命为青岛区室主任。谈明华以明德小学（今青岛德县路小学）教员的身份为掩护，将中统在青岛的秘密办公地点设在该校内。因被机密交通员内奸出卖，中统青岛区室被日本特务机关破坏，谈明华被捕并判处死刑。青岛保安总队袭击李村监狱将谈明华等救出，谈明华遂在奔赴济南向省主席沈鸿烈汇报后转往重庆，并因此受到蒋介石嘉奖。抗战胜利后，谈明华再次就任青岛区室主任，但当年铁血抗敌的谈主任，这次面对的是很难抵御的巨大经济诱惑。根据中统青岛区室情报科亲历人的回忆："谈明华自恃青岛是我打的天下，我为党国坐过牢，被判过死刑，吃过敌伪的苦头。这次荣归青岛，弄个辛苦钱这是天经地义。谁能非难？"①

谈明华复来青岛后，即指派中统罗某、王某两名调查员前往清平路 3 号，这里是经营海产品的日商亚细亚物产株式会社。进门出示证件后，罗某即拔枪指向公司负责人丸田的头部，以丸田是经济战犯为由予以逮捕。经过几小时的商谈，丸田以保命免灾为代价，交纳公司价值 490 两黄金的现钞、1070 包大米、16 麻袋海参及钻戒、金表等个人物品，并承诺在一周内将公司房产无条件交给中统。

"他的部下竭力地追随他们的上级，一齐动手抢劫了天宝银楼、福隆绸布庄等数家，吓得市民都关门闭户，再也不敢出来。旧历元宵节前夕，云南路聚盛杂粮货铺，突然冲入两个身穿便衣的保安队员，用斧劈开钱柜，劫去法币四千万，金戒指一个。"②

抢来的现钞、物品及房产悉数落入个人之手后，谈明华决定利用逼抢来的房产开设一家舞厅，随即又用同样的手法从日本居留民团搞来一批家具。这家名为光复的舞厅营业后，内有日华妓女公然卖淫，警察局不日便将舞厅查封。

谈明华发财计划受挫后，告知警察局舞厅系中统局掩护企业，希望立即销案，否则将向中央反映。为了对付警察局执意查办的态度，谈明华每天派

① 原兆祥．中统青岛区室[G]//中国人民政治协商会议青岛市委员会文史资料研究委员会．青岛文史资料：第九辑．青岛：青岛市新闻出版局，1992:210.

② 接收后的青岛，官匪抢劫，一片恐怖[N]．解放日报，1946-05-07(3).

数人在店中看守。如此一来,反而弄巧成拙,市民尽知光复舞厅是中统的官办产业,几乎无人去跳舞找麻烦。后经市民反复控告,青岛警备司令部责令其停止营业。而谈明华的中统青岛区室主任职务最终被当局罢免。

1945年10月,青岛头号汉奸、伪市长姚作宾被逮捕的消息传遍全国,甚至万里之遥的云南省保山市腾冲镇当地的油印报纸《腾越日报》也做了报道。[①] 此为青岛肃清第二次日占时期汉奸之始。自1946年元月开始的青岛全面肃奸运动,已经逮捕汉奸数十人,据报道:"青市十三日起,开始逮捕汉奸。共捕获伪立法院委员会青岛宣传联盟理事长林耕宇,伪组织代表、驻日公使、胶海关监督谢组元等数十人。伪豫警务所所长王道,由北平潜逃青岛,亦同时就逮。"[②]

汉奸财产均予以没收,而对商人的变相哄抢还在继续。国民政府中的一些头面人物,随后注意到了这种不正常的现象。山东旅京同乡宴请监察院院长于右任、鲁豫监察使兼敌伪物资接收清查团团长郭仲槐及团员赵公鲁时,主管鲁豫地区接收工作的最高行政长官郭仲槐,在宴会上公开痛斥青岛接收之腐败、黑暗位列全国第一。报纸以《青岛市接收 黑暗冠全国》为题,记录了上层官员的愤怒:"郭赵二氏在席间就清查济青二地贪污舞弊各案情形有所报告,并强调指陈青岛市接收情况黑暗为全国之冠,亟待清查整肃。"[③]

委员长对青岛接收之乱象也忍无可忍。蒋介石令何应钦向青岛市市长李先良传达指示,要求除汉奸产业之外的产业应立即发还原业主,有违者严加查办。蒋介石单独对青岛市接收工作下达具体整改指示,亦说明青岛之乱在全国确属突出。

何应钦奉蒋之命,给李先良发函如下:"奉委座亥真手令,党政军各机关在各地接收人员对于前被敌伪强占之人民产业,于接收后有拒予交还,或假籍其他名义强予占用之情事。此种情形,应严加纠正。除汉奸产业外之,应一律交还业主领管,不得侵占。否则澈查究办。"

蒋委员长有政策,基层官员有对策。既然委员长命令汉奸业产不予发还,

① 青岛伪市长市府已捕获[N].腾越日报,1945-10-19(3).

② 青岛开始肃奸[N]."中央"日报,1946-01-17(3).

③ 青岛市接收黑暗冠全国[N].大刚报,1946-11-25(2).

那就搞出一批汉奸商人来不就行了吗？于是，若干青岛商人被接收大员以涉嫌汉奸罪威逼，原因是他们曾经与日本人合资办企业。

实际上，如果商人在日占时期从事实业，则必须按照日方法律和规定营业。绝大部分的商人都采取了“有限度的合作”，即和日资合营，但不出任伪职。按照接收大员的观点，所有开办较大型工厂的华人企业家都是汉奸。如此一来，商人们只得花钱行贿通融，以摘掉“罪大恶极”的汉奸帽子。

画家叶浅予为此画了一幅讽刺漫画，发表在重庆《新民晚报》。漫画中，背负汉奸罪名的嫌疑人用钞票封住接收大员的嘴，以求脱罪。

对于青岛此番状况，《大威周刊》的记者也进行了讥讽：“商人称物资没收委员会为五子没收委员会，即车子、金子、小婆子、房子、馆子。”[①]

青岛商民已经两次为充满希望的新市政府捐款购买飞机。随着接收乱象的蔓延，他们对市长李先良也由期望变为怨声载道，讥讽其：“李先良，李先良，不但先不良，而且后更不良！”[②]

¤ 叶浅予时年讽刺漫画《接收大员》

① 洛夫．青岛归客话青岛[J]．大威周刊，1946，1(6-7)：9.

② 作者采访民国青岛名商刘子山长孙刘燊时，他如此说道。

收回利权

抗战胜利后,日商青岛磷寸株式会社、华祥磷寸株式会社被接收后改称青岛火柴工厂和新华火柴工厂。

华北火柴厂董事李代芳返青。林业学专家李代芳返青后在军政商民等领域非常活跃,其担任的社会职务如下:

任青岛市参议会参议长、市商会理事长、市商会主席、市物价评议委员会委员、市工业会审查委员会理事长、市敌伪产业审议委员、市劳军委员会主席、市币改委员会主任委员、市兵役协会主任委员、市军用物资征用统筹会委员、市民众戡建动员会主席、市筹募委员会委员、市残疾教养所董事、市劫后灾胞哀哀急待救广播募捐委员会委员、市救济院基金筹保会委员、鲁青请愿代表、崂山初级小学及夏庄中学筹创委员、市抗战烈士遗族工厂顾问、美国远东救济委员会青岛协调人、全国商会联合会候补理事。①

李代芳以其社会身份出面,代表战警堂等股东向接收委员会申请收回工厂。

1945 年 11 月 15 日下午两点,青岛市市长李先良在青岛市礼堂主持召开党政接收委员会第十八次会议。会议研究接收多家被日资入股侵占的企业,其中包括华北火柴厂。会议由市长李先良主持,李代芳、张晓古等参会。

根据《青岛市党政接收委员会第十八次会议记录》,会议研究接收青岛运输中古商会、河合工厂、华北航业总公会股份有限公司、东洋印刷社、开发生计组合粮食部等日伪产业。② 由于原档案内容的缺失,未能查找到对华北火柴厂等华商工厂的接收决定。

收回华北火柴厂前后,战警堂在青岛工业界的影响力依然很大。1946 年市长李先良指定成立青岛商会整理委员会,由李代芳代理主席,战警堂被推选为执行委员。同时,全国工业协会青岛分会成立。

华北火柴厂接收后,依照规定应由政府主持标购。工厂原股东应将日方55% 的股金补齐后才能收回工厂。李代芳、战警堂等原股东收回工厂,李代

① 根据青岛市档案馆档案综合整理。

② 青岛市党政接收委员会关于接收利津路二十号华北火柴公司等事项的会议记录(第十八次):B0033-001-01170 [A]. 青岛:青岛市档案馆,1945-11-15.

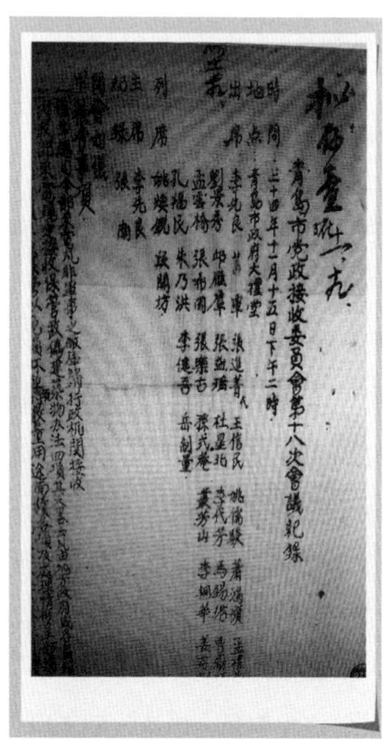

青岛市党政接收委员会第十八次会议纪录

时间 三十四年十一月十五日下午二时

地点 青岛市政府大礼堂

¤ 青岛市党政接收委员会研究接收华北火柴厂等日伪产业的会议记录

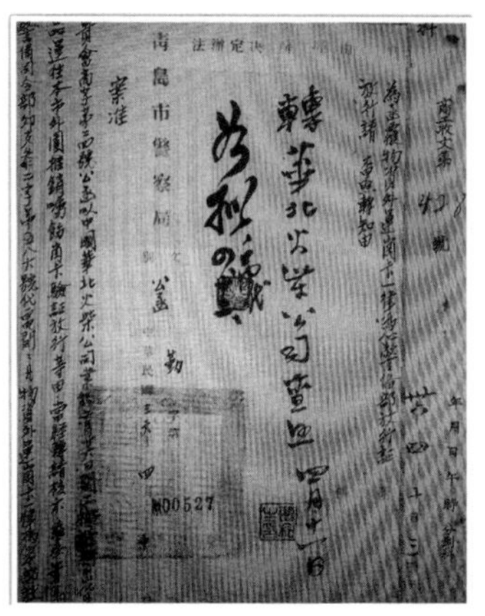

青岛市警察局

¤ 青岛市警察局局长王志超签发的准予华北火柴厂产品运出青岛市的函

芳任经理。

核查华北火柴厂收回原股东利权后复工的时间，是一件很困难的工作，缺少相关的资料。而我意外地在青岛市警察局致市商会的一份公函中，得到了明确的信息。

1947 年初，青岛市警察局对运往市外物资的货车实行通行证管理制度。与现今货车通行证由交通警察秩序部门发放不同，其发放部门是市警察局警备部，各岗卡警察对外运车辆和货物凭通行证放行。警察局致市商会转华北火柴厂的《为函复物资外运岗卡一律凭警备部放行证放行请查照转知由》中，明确写道：“以中国华北火柴公司业经二月二十六日开工，拟将新出货品运往本市外围推销。”[①]

警察局局长王志超签发批准了外运任务。根据此档案，华北火柴厂是在市政府会议确定接收该厂后，经过 15 个月的准备，于 1947 年 2 月 26 日复工，工人共有 600 多名。

从沦陷后被日资强制入股，到这一天开动机器，时间已经过去了九年多。期间几许隐痛，几许周章，几许黯然。成功收回业主利权的艰辛与漫长，也许会让战警堂等人在唏嘘感慨之外心有余喜。

而工厂原经理、股东江一山却高兴不起来。他被指控为汉奸，这种情况在当时

① 为函复物资外运岗卡一律凭警备部放行证放行请查照转知由：B0038-001-01585［A］. 青岛：青岛市档案馆，1947-04.

的商人中并非少见。据《青岛公报》新闻载:“(江一山)现经青岛高分检处侦查完结,以犯罪嫌疑不足,认为应予不起诉处分。”①

刚刚被宣布无汉奸罪的江一山,不料又因一起多年前的命案被再度审问。

1941年11月15日中午,华北火柴厂大车夫刘新成,由仓库拉木材至厂门口时,与工友发生争吵,被路过的经理江一山看见。江一山训斥刘新成后,刘新成与之激烈争吵。江一山找来一把日式刺刀将刘新成刺伤,后不治身亡。因有驻厂合营的日本人斡旋,江一山得以免除牢狱之灾。

事情过去了七年后,得知江一山被宣布无汉奸罪后,本以为可以报仇的死者刘新成之弟刘新友,就此陈年命案怒而控告。据青岛《军民日报》记载:“刘新成之弟刘新友,未庆大仇得报,孰知江经理竟能以不起诉处分。刘新友无奈,遂具名向济南高等法院控告。该院接状后,遂发文本市高二分院,负责审理云。”②

时运不济的江一山,身背汉奸和刑事犯罪两项指控,无奈之下选择了跑路。《青岛时报》刊发新闻:“江一山当汉奸,法院起诉,被告潜逃无踪。业经青岛高等法院,先后侦查终结,并分别提起公诉。惟因该逆等现已畏罪逃匿,不知去向,以至于起诉书无从送达。院方已用公文送达方式,完成张贴手续云。”③

复工三个月之后,华北火柴厂新任董事长兼总经理李恩生,代表战警堂等全体原股东通过市商会向市政府提交申请,请求政府将该厂要求赔偿日占时期工厂损失的报告呈送抗战损失调查委员会。这份凝结了家国仇恨的呈件全文节录如下。

“案奉行政院三十六年四月十二日捌字第一三六六号训令,查抗战时间公私所受损失。迭经本院限时查报,惟仍有延未报等。长此迁延将落作最后统计。现在远东委员会正在商讨日本赔款问题,我国亟应将此项公私损失详细数字统计汇编完后,以为索偿之依据。兹规定各地(绥靖区及共产党占据区域外)查报公私损失至本年八月底不再展以便统计。除分令外合丞令仰饬

① 江一山汉奸案已予不起诉处分[N]. 青岛公报,1948-01-22(3).

② 华北火柴公司经理江一山被控杀人[N]. 青岛公报,1947-12-14(4).

③ 江一山当汉奸,法院起诉,被告潜逃无踪[N]. 青岛时报,1948-01-23(3).

为遵照，并饬切实布告周知。填报该项损失应迳报本院赔偿委员会核办。如有问题，应迳与该会恰办并仰转饬遵照此令等。因查本市抗战期间公私所受损失暨人口伤亡前经本府抗战损失调查委员会调查完竣，并先函准行政院赔偿调查委员会登记汇办在案。兹连前本市各机关团体暨商民人等如有迁延未报等，依照以前之规定办法。（一）属于人民方面损失，由各区公所汇报。（二）属于工商方面损失由市商会汇报。（三）属于教育文化事业方面损失由教育局汇报。（四）属于自由职业团体方面损失填表迳送市政府秘书处第二科汇办。办理统限于本年七月底以前，补报呈府以凭汇转。

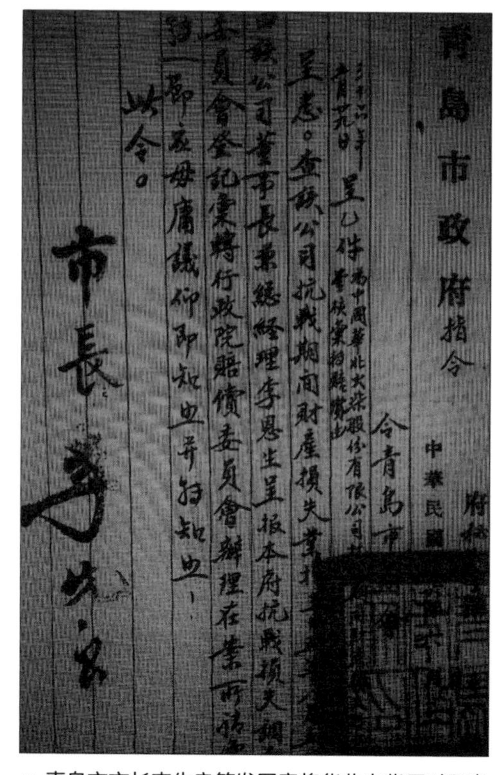

¤ 青岛市市长李先良签发同意将华北火柴厂对日索赔要求转报国民政府行政院的指令

查本公司工厂于廿年一月经日寇查封。于同年七月强迫加入股本，将本公司原来财产总值法币柒拾陆万柒仟五百廿五元柒角捌分，只作价为肆拾万元。计损失廿七年价值国币叁拾陆万柒仟五百廿五元柒角捌分。核照今昔币值，差额最低以万倍计算，应折合损失为卅六亿七千万元以上。经敌人安藤荣次郎于原财产目录上签字承认为凭。经本公司于卅六年七月七日以总字第四六号呈报，内政部抗战损失调查委员会转请赔偿在案。准函前由相应函请贵会查照汇转，迅予赔偿为荷。”[①]

一个月之内，市长李先良签发青岛市政府指令，令将华北火柴厂要求日

① 关于报送本公司工厂经敌人查封强迫加入，股东财产损失情况迅予赔偿的函：B0038-001-01636 [A]. 青岛：青岛市档案馆，1947-05.

本赔偿的申请转报国民政府行政院赔偿委员会。

华北火柴厂最终是否得到日本的赔偿不详。1948 年初李代芳重任工厂经理后，由于战乱工厂减员至 200 余人，生产时断时续。在一次纠纷中，李代芳被他人殴打至重伤。为此青岛工业界发电，呼吁政府加大对企业家的保护。[①] 或许，正是因为不安与动荡的 1948 年的这次重伤，使李代芳下定了离开青岛、南下远方海岛的决心。

八大关尸案

得到战警堂山东烟厂的朝鲜人林熏，完全错看了胜利后中国官民一雪前耻的气势。抗战胜利后，青岛朝鲜民会在合江路 10 号成立，朝鲜民会向市政府保证："遵循中华民国法令，以后一切活动随时请示，恳请政府顾爱。"

但国民政府肃奸机构并没有"顾爱"林熏。林熏附逆日本的一系列作为，最终使其被中统青岛特工秘密处决。一名叫于永晏的中统青岛官员，在策划并实施处决林熏的行动中发挥了最大作用。

于永晏与青岛华商烟厂老板的关系甚好，山东烟厂战警堂，崂山烟厂崔岱东、钮心白都和于永晏有交集，于夫人还是钮心白的干女儿。于永晏的经历一直模糊于史料之外，直到发现一封 1958 年从新疆转到青岛的调查信，此人的形象才开始清晰起来。

"于永晏约于 1940 年经由上海、香港到了重庆，参加了干训班。受训后被派往山东于学忠部队担任上校科长。后何思源为山东省主席，(于)仍任科长职，往来青岛和鲁南之间，经常在昌乐下车。在青岛住他友吕智源柜口——湖北路西头。鬼子投降后，当时他们三人(牟又尼、严芳山)成立了鲁公馆，对外用中统局名义临时接管广播电台、统税局等机关。在鲁公馆时由何思源手谕命于永晏为上校军事特派员，牟又尼掌全面，严芳山对内，于永晏对外，鲁公馆并发枪照。经二三个月的样子，鲁公馆迁去齐东路，更名为中统

① 中华全国工业协会青岛分会关于华北火柴公司经理李代芳等被暴徒殴伤，要求政府对工业安全采取有力保障的代电：B0038-000-00032［A］. 青岛：青岛市档案馆，1948-04.

局青岛区室。1945 年冬，于又任战犯调查委员会委员，又兼肃奸委员会委员。1946 年春为中统局青岛区室书记，一直到 1948 年离青。1946 年于永晏的公开职务是青岛神州影院、胜利影院和中国电影院经理。”①

于永晏的出面，使得林熏的生命进入倒计时。特工们的行动实则以公为先，战警堂等商人既无胆量，也没有能力，唆使特工去干掉一个在青外国侨民。不过各种信息的合并和巧合，也证明了于永晏凭借自己的特殊身份，为山东烟厂的股东们实施了烟厂被强收多年后的血腥报复。

林熏之死，源于其要钱不要命的心态。此时的林熏似乎嗅到了不安的气息，他警觉地把山东烟厂的原始契约以及产权证件随身携带。林熏并没有舍得抛弃其三家工厂和多处房产而逃离青岛。

而在 1945 年 10 月 20 日这天晚上，林熏的好运走到了尽头。

这一天，林熏约已故的山东烟厂股东张柏祥的夫人就烟厂权质等事见面。他们两家是八大关里的对门邻居。林家在建于 1939 年的嘉峪关路 7 号，

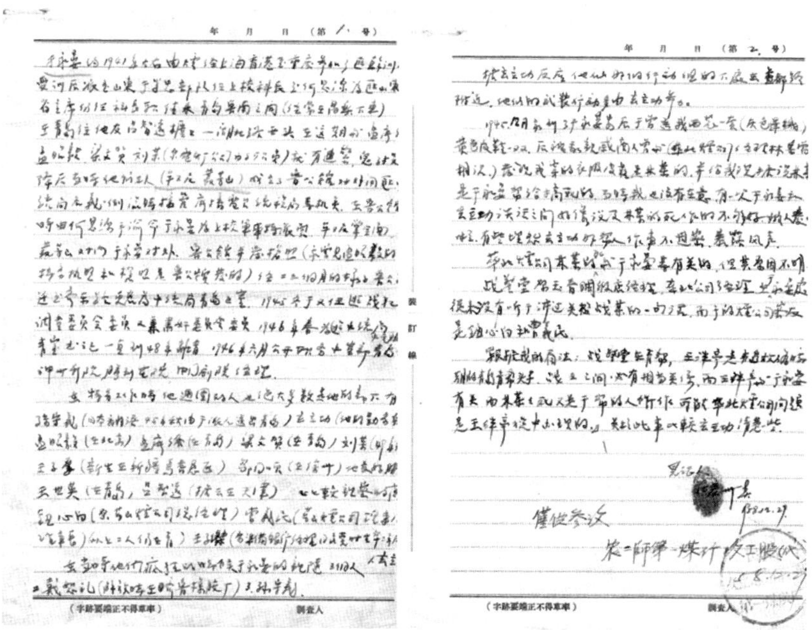

¤ 庄某周关于涉林熏案的中统局青岛区室人员的书面回忆　资料来源：陈承杰收藏

① 庄某周．关于见证林熏之死的一些情况[Z]．1958-12-29.

此建筑地上两层,有阁楼和地下室。

张柏祥家则在嘉峪关路5号。这座由俄国籍建筑师设计的三层楼建筑建造于1935年,张柏祥购入后在楼内做了一处佛堂。张柏祥此时已经去世两年,他没能看到自己被日方强购的辽宁路祥瑞行美术印书馆,在抗战胜利后被接收为中正书局印刷厂。他也没能看到自己发起的青济国货胶厂被接收后成了青岛化学厂。

张柏祥的表弟曲佩光,从表嫂处得知了林熏欲来访的重要信息。

曲佩光,中统鲁东区室调查员,亦是张柏祥瑞行美术印书馆受损的股东。曲佩光并没有忘记表哥在被日本商人和林熏掠去财产后,在湛山寺内郁郁而终的家国旧恨。

中统鲁东区室曲佩光的上线阎振东,正巧是中统青岛区室书记于永晏的部下。当林熏要于当日去张柏祥夫人张能静家的消息被及时传递后,拘捕林熏的方案被研究落实。

下午2点,刚去市商会交纳完朝鲜民会10万元联银券劳军款的林熏回到八大关。埋伏在张柏祥家的几名特工,控制了如约前来的林熏。

林熏被秘密带到中统在济宁路的一处办公地点,被命令交代当年烟厂转让的情形并做了讯问笔录。特工们要求林熏交出随身携带的有关证件及契约时,贪财的林熏居然反抗不从。早已失去日本占领军庇护的林熏自然吃了苦头,所有证件被中统强制没收,其本人则被关押至夜间。

后续行动策划好之后,林熏家人接到通知前来领其回家。放人的时候,林熏之子林英一乘坐司机李锡友驾驶的私家车来接。回家的路上,林熏的心情或惶恐或沮丧,不可得知。而一直跟随的中统特工们,没有让他再看到嘉峪关路自家小楼的灯光。

在行驶到湛山路时,林熏的轿车被特工们控制。因湛山路位于繁华地段,轿车被驶往僻静的燕儿岛。

深秋燕儿岛枪响那一天,正是被誉为青岛十景之一的"燕岛秋潮"最美的时候。

林熏及其子林英一、华人司机李锡友均被捆绑,十几声枪响之后,三人被特工行刑式处决。

¤ 林熏位于八大关内的两处住宅

海滨，再度归于寂静。特工们在夜色下悄无声息地返回。

林家在三人失踪后报警，但五六天之后依然没有音讯。

10 月 26 日下午 3 点，警察局浮山派出所巡警吴希武，向警察局报送了一起双尸案现场的情形。“据闻燕儿岛附近，发现无名男尸二具。绳缚二臂，皮肉脱落，无从辨认。一着白衬衣、白卫生裤。一着蓝衬衫、白卫生裤头。在其旁拣拾圆形图章两颗，一为林熏，一为天隆造纸股份有限公司董事长印。当将该印带所，并传燕儿岛看山人章元德到所，讯其详情。”[①]

老实巴交的燕儿岛山看山人章元德在被讯问时称，五六天前的傍晚，自己的确看到有一辆黑色轿车驶入并停下。半小时后，就听见枪声响了三次，总共开了十余枪。因为害怕，自己没敢出去查看。

三阵枪响，仅是双尸案？警察局分析另有他情，随即指派一名巡警会同两位村民看护现场并在周边搜索。次日清晨，在案发现场以东的礁石后方，又发现一具身穿青布褂子和青裤的男尸，该人同样死于枪伤。

上午 11 点，市警察局市南分局警员宋忠彦，带林家亲属前来辨认尸体。林熏父子被确认无误，礁石边被枪杀的华人司机李锡友，经赶来的其兄李锡忠辨认亦确认身份。警察局法医杨辉宗、警员崔美斋进行尸检后证实三人均为枪击致死。至此，被暴尸七天的三名遇害者的尸体分别被家人领回，警察绘制完现场图后即回局汇报案情。

这个过程的详细可信，得于部分档案记录，以及知情者听到的于永晏的

① 青岛市警察局李村区分局案奉青岛市警察局第二三二号训令[Z].1945-11-08.

亲口讲述。知情者所写书面回忆的准确度，被当事人记录为“可能确度90%”。

通过深度挖掘档案，执行刺杀任务的枪手被明确为时年35岁的中统鲁东区室组员玄立功。见证人庄某州在20年之后的书面回忆材料，由于外调需要从外地寄到青岛：“据玄立功反应，他们的那个行动组的下处，在益都路附近，他们的武装行动多由玄立功参加。1945年12月，我到于永晏家后，于曾送我灰色西装一套和黄色皮鞋一双。后被认识林熏的我的一个亲戚商人看到，发现我穿的衣服和皮鞋都是林熏的，并给我说据说林熏是于永晏帮给搞死的。当时我也没在意，有一次于永晏和玄立功谈话之间好像说及林熏的死做得不够好，被人发现了。有些埋怨玄立功那帮人做事不周密，暴露风声。”

¤ 林熏照片　资料来源：《青岛特别市私立崇德中学校同学录》

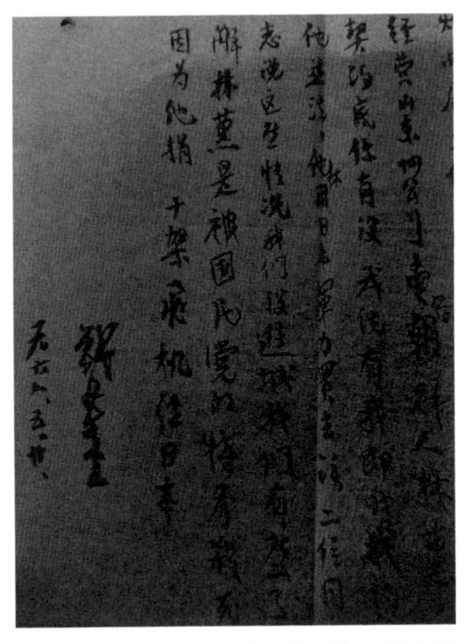

¤ 战警堂1960年代关于林熏之死的亲笔回忆　资料来源：陈承杰收藏

林熏毙命后，他的亲戚申淑芹找到在青的美国烟叶公司烤烟厂经理葛贝尔。葛贝尔是德国人，后来加入了美国籍，他出面到驻青美国海军司令部帮林家提起控诉，指出湛山三尸案是战警堂和山东烟厂唆使的，希望美国驻军能向青岛市政府反映此事并侦办。

从忙于接收城市并接受日军投降的政府层面来看，不可能自查对一个外籍附逆者的处置计划。从战警堂方面来看，他似乎没有作案时间，因为这段时间他很忙。

1945 年 9 月 13 日，李先良率青岛保安队返城。此时日军尚未正式受降，李先良的任务是做好与日方及青岛伪政权的行政交接。日军在汇泉湾受降两周前的 10 月 9 日，为救济难民灾民，青岛市难民临时救济委员会召开了筹备会议，战警堂当选常务委员。林熏被杀的前一天，即 10 月 19 日，战警堂还在参与呈报市政府关于组织难民临时救济委员会的函。战警堂后又提报了一个有意义的建议，他建议将胶州路 4~8 号属于日本青岛居留民团的 200 多间房屋合并，一半留给日本侨民居住，其余用于安置冬季难民。另将市商会原在中山路 72 号被日本人强占的房产收回，给委员会办公使用。[①②] 此建议三天之后即被批准落实。[③]

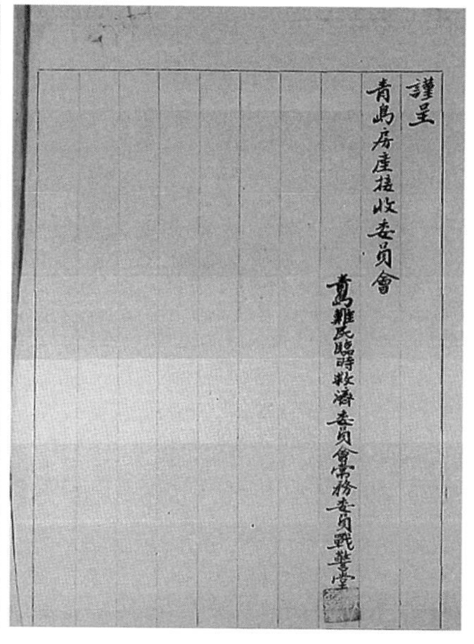
竊查本會成立以來因房屋困難以致難民收容所迄未成立
時屆冬令刻不容緩茲查得膠州路四號至八號樓房共計前後四所
約有二百餘間係日本居留民團所建現住日人若令該日人等歸
併後院二所騰出前院兩所可容多數難民復查武定路四十六號之
乙三層樓房一所係日人杉浦所建計有五十餘間內住少數日人
可令日人歸併三樓騰出其餘房間以備收容智識階級之難民
或作本會倉庫之用再有中山路七十二號樓房一所原屬市商會
管理被日強佔現住日人四戶餘房空閑可作本會辦公處所極
為適宜以上查得之房屋情形理合呈請
鈞會鑒核准予撥用以便早日成立收容所而應急賑實為公便

謹呈
青島房產接收委員會
青島難民臨時救濟委員會常務委員戰警堂

¤ 青岛市难民临时救济委员会常务委员战警堂呈青岛房产接收委员会为难民收容及办公地点由

① 庄某周．关于见证林熏之死的一些情况[Z].1958-12-29.

② 青岛难民临时救济委员会迁于中山路七十二号新会址的函[A].青岛：青岛市档案馆，1945-12-03.

③ 赵某炎．我知道的林熏与战警堂的情况[Z].1959-01-14：1-3.

申淑芹向美军提出控诉的时间,距离塞班岛战役后美国海军陆战队第六师抵达青岛协助防务的日子还不到一个月。三方因素之下,林熏亲戚的诉求不了了之,毫无结果。

根据战警堂在20世纪60年代的亲笔回忆,林熏真正的死因,是中统掌握了他在日军保护下暴发横财之后,竟然捐了十架飞机给日本侵略军。战警堂在书面回忆中写道,有烟草局二位工作同志,到我处玉春号问:"你前经营山东烟公司卖给朝鲜人林熏,契约底你有没?"我说有,我即时给他,并说林用日本军力买去。该二位同志说:"这些情况我们没进城(时)有些了解。林熏是被国民党的特务杀死。因为他捐了十架飞机给日本。"①

依此种附敌行为,林熏自然是中国沦陷地区军民的仇人,中统因之而痛下杀手。

而又有两份当事人的档案,不但确定了于永晏就是林熏灭门案的指挥者,而且有着类似间谍案的扑朔迷离。

钮心白于1959年在青岛劳动改造管教队直属队写的交代材料中,有如下表述。"可能是1946年,这时我还不认识于永晏。有一天我和赵某炎在一起吸大烟,赵和我说美国的情报很厉害,可能美国司令要调查林熏失踪的事。我问他美国人调查这个干什么,赵说因美国司令克莱门②住在林熏的房子里,所以美国司令要了解林熏失踪的情况。有一天我在家,中国电影院有好的电影片子,这时于永晏打电话请我和我老婆出去看电影(因为于永晏这时已经和我干女儿结婚了,是亲戚的关系)。因到看电影的时间还早,就到于永晏经理室玩。这时就看到有两个外国人在和于永晏谈话,他们有时说中国话,有时说英国语,这时我还不知道他们是哪国人。等外国人走了我问于永晏他们是哪里人,于说是意大利人,来调查林熏被杀的,意大利人问为什么杀林熏父子。于说因为林熏是国际间谍,由南京来的电报,指示把他杀了。于永晏说:'是我派人去办的这件事情。'于还向外国人说:'他们办好了给我回过电话。'"③

林熏的形象,曾经在各种档案中久寻不到。不承想,在一次翻阅青岛私

① 战警堂.有关林熏的情况报告[Z].196×-05-20.

② 克莱门,1946年驻青岛美国海军陆战队司令。

③ 青岛市劳动改造管教队直属队.转钮心白关于战警堂的书面情况[Z].1959-01-12.

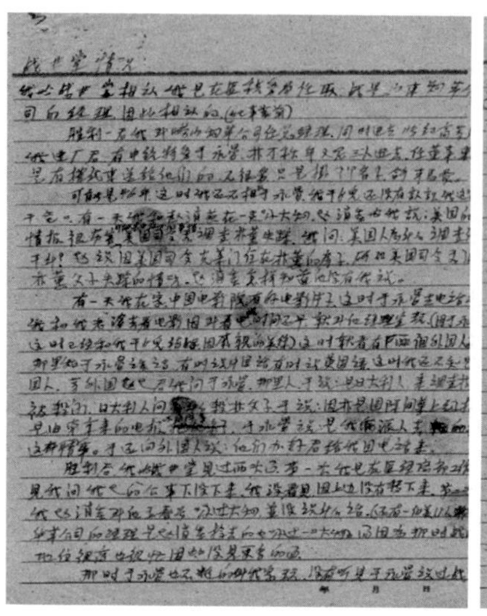

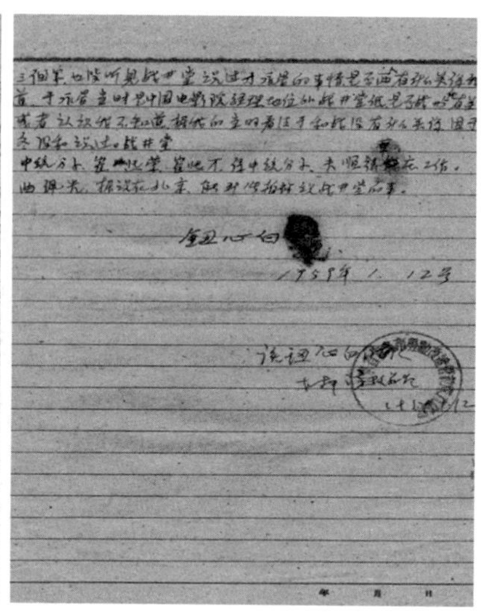

¤ 钮心白关于林熏被杀的书面回忆　资料来源：陈承杰收藏

立崇德中学的史料时，却发现了作为校董的林熏的照片。[①] 这个时段的私立崇德中学系中日合办，校董会董事长为青岛双蚨面粉厂经理曹善揆，校长为华人吴梅山，副校长为日本人山寿雄崖，另有原青岛东莱银行经理徐希文、建筑师王玫生及大野清吉、平冈小太郎等校董。林熏身为朝鲜在青侨民首富，照片中的林熏服装及发型讲究，且保养得很好。

林熏曾在洛阳开办工业学校，在朝鲜南浦开办三崇小学及养老院一所。在日占时期曾资助青岛崇德中学、明德中学、盲哑学校等校的教育经费，曾补助北京燕京大学教职员的生活费。

这个青年时期积极抗日，中年时期又附日合作的朝鲜商人，最终因与日本的交织而命丧青岛。

林熏，原名林小坡，字寿卿。巧合的是，他死于一个有树林的小坡前。而且，他也非寿卿，殁年只有 47 岁左右。

① 青岛特别市私立崇德中学．青岛特别市私立崇德中学校同学录[G]．1940:4.

未获讨还的烟厂

战警堂要求发还山东烟厂的过程磕磕绊绊，终难如愿。

1946年，林熏被刺杀的两个月后，其华北烟草公司被国民政府经济部鲁豫晋区特派员办公处接收。林熏亲属、原华北烟厂负责人崔达河一再申请发还。

在青朝鲜民会于10月份函请中统青岛区室给予协调。在青朝鲜民会以国民政府行政院新颁布《收复区韩侨财产处理办法》后，行政院已接管华北烟厂全案复查为由，认为烟厂应不予没收。

此时，原崂山烟厂厂长钮心白已经被调到敌伪产业处理局参与工业接收。通过崂山烟厂崔岱东的关系，钮心白不但帮助崂山烟厂处理事务，也在帮助战警堂讨还山东烟厂。根据亲历者大中织染厂经理赵某炎的亲笔记录："钮心白工作的地点，就在中山路华北烟公司营业部的房子里，那时战警堂与钮心白往来得很近。我记得钮心白曾说，他曾为战警堂写过申请讨还山东烟公司的呈文。"[①]

战警堂以青岛市卷烟业公会理事长的身份，于1946年4月5日向青岛区敌伪产业处理局程局长提交书面申请，申请以"为商所经营之中国山东烟草股份有限公司前于七七事变之后被朝鲜浪人林熏及敌军暴力强迫转移，恭请鉴核追还并命赔偿损害由"为题，战警堂在陈述了烟厂被强卖的过程之后，提出林熏霸占烟厂八年之久，并积累了大量财富，要求发还烟厂并追讨经济损失。

"现在之华北烟厂株式会社即山东公司之变名。当时之转移情形虽为买卖，实则假籍敌军暴力以行其掠夺手段。再查林熏夺取山东公司于兹将近八载，期间复以历年盈余增设铁山路华北第一厂一处，沧口南河崖天隆造纸厂一处，并置买房产数十所。其此等财产完全由于夺取山东公司所得，彼之所得即商之所失，当可不言而喻。于今我国抗日胜利，敌军全面降服，不但其以暴力夺去之山东公司应行璧还，即由山东公司滋生增加之财产，亦应全部充作赔偿。"[②]

① 赵某炎. 我知道的林熏与战警堂的情况[Z]. 1959-01-14:1-3.

② 呈青岛区敌伪产业处理局为商所经营之中国山东烟厂股份有限公司，前于七七事变之后被朝鲜浪人林熏籍敌军暴力强迫转移，恭请鉴核追还并命赔偿损害由[A]. 青岛：青岛市档案馆，1946-01-08.

原林熏华北烟厂中山路196号营业部停业，全部职工在领取了3个月的工资和半年的粮食后被遣散。500余名职工联名上书国民政府请求发还工厂，从速开工以维生计。发起人连续两次到南京国民政府请愿，被批转经济部处理。经济部却以原料被盗、数量不足为由推及法院。法院无法调解，又返转南京国民政府。

后国民政府经济部委派南京国民党党部委员负责督导，将华北烟草株式会社改名为工商经济部华北烟草公司，准备复工。后因工人与厂方矛盾加剧，开工时停时续。

两年未开业期间，屡发生盗窃事件，共计800余名失业工人生活困难。失业工人派出代表至市政府请愿，“中央”信托局山东青岛区敌伪产业清理处十分为难，只能向请愿代表回复待请示南京行政院。于是请愿代表因不满而盘踞会议室约三个小时。

其他包括原日资青岛华北叶烟草株式会社等也被接收为国有资产，由国民政府负责经营。工厂改称山东省烟草公司、经济部华北烟草公司后，亦几乎不连续开工。数百名工人因失业请愿，最终其三处厂房被陆续改为军用被服厂等，另作他用。

1946年10月底，经济部鲁豫晋区特派员办公处杨公兆特派员出具正式报告，以山东烟厂被迫转让时，林熏出价超过工厂资产的50%，不能按规定认定为强买等五条原因，建议确定华北烟厂为敌产。“本处未便再予受理。批示各点统仰知照，所请发还前山东烟草公司业产碍难进行。此件存。”①

同样令敌伪产业清理处感到烦乱的是，因林熏遗留的厂房住宅数量不少，多家政府部门请求借用。出于须尽快确定这些业产是否真正属于“敌产”，从而及时清理的需要，敌伪产业清理处于1947年请示行政院院长张群，要求以“战犯嫌疑”对已被杀两年的林熏进行判决。

国民政府行政院院长张群批示：“呈件均悉。已发文国防部审判战犯军事法庭依法审理矣。”②

---

① 经济部鲁豫晋区特派员办公处批(35)鲁青字第五四七一号[A]．青岛：青岛市档案馆，1946-10-23.

② 行政院指令据呈为华北烟草公司林熏战犯嫌疑一案[Z]．1947-06-09.

国防部审判战犯军事法庭受理此案，认定林熏为战犯。战犯之产业自然属于敌产，应予没收归于国民政府。如此境况之下，山东烟厂最终也没有发还到股东手中。

未收回山东烟厂的原因，看似应该引用战警堂在 1952 年的自述。

“胜利后虽曾申请伪处理局发还，但那个时候没有人事关系。又因资金无着也未积极办理，所以就没得到发还。”[①]

然而战警堂这段话的可信度只有一半，战后他是青岛市参议员，不会“没有人事关系”。只是在写下此话的 1952 年，他对自己“伪参议员”的身份唯恐避之不及，迫不及待地自证清白。

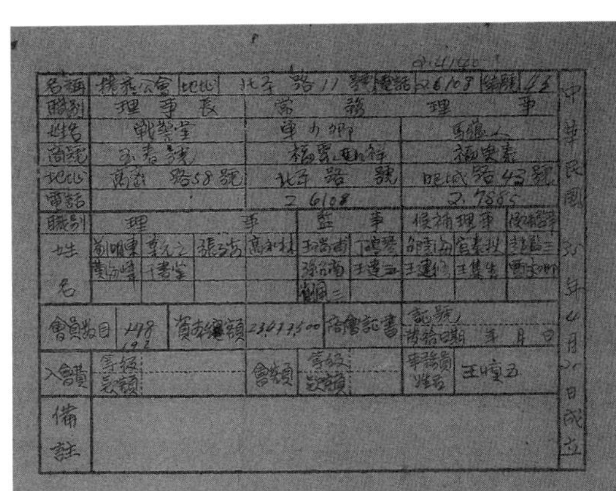

¤ 青岛卷烟业公会理事长战警堂组织情况调查　资料来源：青岛市档案馆

而“因资金无着也未积极办理”倒是实情，此时物价已经飞涨。

“抗战中，物价上涨了 1632 倍。接收后，1946 年的物价比上年上涨 4.45 倍。到 1947 年，上涨的倍数更是达到了上年的 15 倍半……在 1946 年七月和八月间，（青岛）除鸡蛋与粉条价格有下跌外，其余生活必需品价格均呈上涨趋势，大头菜的涨幅竟比上月高出 44.4%。”[②]

对青岛商家和市民来说，尤其无奈的是，1938 年至 1944 年，青岛物价远超过济南。以粮食零售价为例，这七年间青岛小麦价格平均高于济南 60.6%，玉米价格平均高于济南 32.66%，大米价格平均高于济南 19.37%，花生油价格平均高于济南 90.4%。[③]

① 战警堂．在节约增产检查委员会的材料［Z］．1952-02-16．

② 郝昭荔．战后国民政府在青岛的政治接收与肃奸（1945—1948）［D］．武汉：华中师范大学，2015:45-46．

③ 张昆亮．山东粮食价格研究（1912—1949）［D］．青岛：青岛大学，2009:34．

工商凋敝 市面蕭條

去年歇業商店五一九家

【本報訊】青市係以商業爲中心之都市，商業之發展，又端賴與各地互爲交易。惟自勝利以來，共匪猖獗，各地治安尙未恢復，致本市商業呈現蕭條景象，呈請停業者，絡繹不絕。據記者統計，三十六年度歇業商家，計：一月十九家，三月份五十九家，四月份一百零三家，五月份四十一家，六月份四十家，七月份二十七家，八月份二十五家，九月份二十八家，十月份三十六家，十月份三十五家，十二月份三十四家，總計爲五百一十九家。

¤《青岛平民报》关于 1946 年青岛市共有 519 家工商企业歇业的报道

严峻的物价形势下，要开工一家停产的卷烟工厂，整修设备、购买原料并招聘大量工人都是一笔巨大的开支。何况根据经济部规定，即便发还工厂，原厂主也需要补交当时出卖的售价。另因形势不明，资方对于接手较大规模的工厂都抱有顾虑。根据 1947 年上半年《青岛工业统计》的数据，当时全市仅有 131 家工厂注册登记。①

“青岛，这东方的瑞士，虽然是在战争的边线上，可是他仍旧有他的平静。”②

此时记者依岛城美景而发出的感想，未道出实情。这个城市看似平静，是百业萧条死水般的平静。相关报道说出了实情，如长沙《力报》以《青岛卷烟不太景气》一文，对青岛卷烟市场的低迷之状进行了分析③。并连续发消息披露青岛工厂关门导致接近 3.5 万人失业④。《社会日报》则对青岛全市的工厂几乎陷于停顿进行了报道。“青岛物价异常高昂，煤荒尤为严重，多数工厂

① 青岛工业统计[N]. 中华日报，1947-05-18(4).

② 东方的瑞士 青岛[N]. 社会日报，1947-11-08(2).

③ 青岛卷烟不太景气[N]. 力报，1947-08-02(2).

④ 青岛工厂关门[N]. 力报，1947-08-25(2).

陷于停顿状态。”[1]

据此情况，除青岛各纺织厂一并被宋子文成立的中国纺织建设公司统一接收之外，连一些接收回来的青岛名牌工厂也难以转让出手。即便到了1948年，在全国范围内未处理的敌伪产业资本尚有六万亿元。“行政院卅六年公布之加速处理敌伪产业办法。现全国待处理之敌伪产业约值法币六万亿元，其中工厂约占二万七千亿元。”[2]

纵横烟酒两业的战警堂，随即卸任卷烟公会理事长，转任黄酒业公会领头人。青岛市政府选举事务所致函卷烟业同业公会。“查该公会初选代表人战警堂，前已在黄酒业公会当选为初选代表。按照市参议员选举条例第五条之规定，应指定为黄酒业公会代表人。”[3]

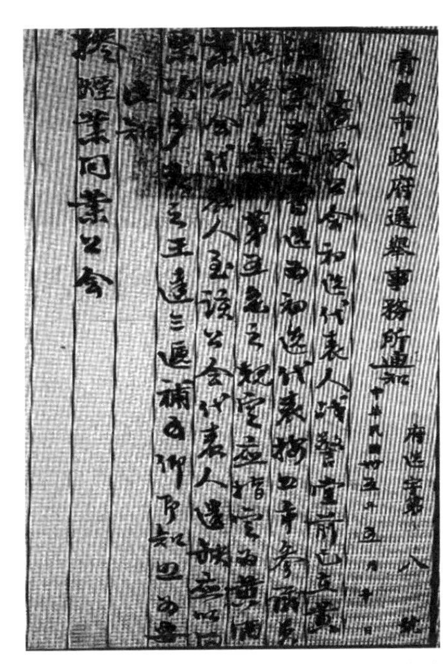

¤ 青岛市政府选举事务所为战警堂选举一事致卷烟业同业公会函　资料来源：青岛市档案馆

日本投降前，青岛共有1802家私营企业。抗战胜利之后，经过三年折腾却明显呈现颓势，到1948年10月，勉强开工的企业830家，半停工的企业741家，停工的企业231家。

政治与经济因素，都决定了战警堂在20年前创办的山东烟厂只能随着大时代的纷乱，变成一份创业者和守业者的荣光与回忆。

① 青岛工厂半陷停顿[N]. 社会日报，1948-03-28(1).

② 敌伪产业尚有六万亿元待理[J]. 银行周报，1948,32(4):52.

③ 青岛市政府选举事务所关于战警堂已在黄酒公会当选，其遗缺应以王达三递补的通知：B0026-001-00584-0046 [A]. 青岛：青岛市档案馆，1946-05.

空手套白狼

在战警堂叹气的时候，围绕青岛其他烟厂的争夺在同步上演。尤其是上海空手套白狼高手的出现，给青岛战后利益争夺之战带来了血光和诡异的剧情。

原大佬战警堂无奈退出卷烟江湖，野路子大佬来了。

俞中萼，生于1907年，浙江鄞县人。上海同济大学肄业后，拜入上海滩黄金荣门下，当过上海南斜土路保长。1929年，俞中萼与从事沪上纱布投机交易的潘三省合伙经销英美烟厂香烟，并合伙开办新民烟厂。上海沦陷后，潘三省依附日本人开办了几十家博彩档口而成为上海滩赌场大王。

日本战败，合伙人潘三省被以汉奸罪判刑15年，俞中萼遂于1946年9月独资接盘了新民烟厂，更名为“上海烟草公司”。

这家厂名唬人的烟厂其实业务量甚小，只是替汇昶烟厂代卷香烟而已。俞中萼继续兼做抛空投机生意，不料仅数月之后，一亿法币的资本亏蚀尽净，连员工伙食亦到处赊欠。在走投无路之际，得知青岛敌伪产业处理局要标售敌产，谋划在胸的俞中萼便于1947年初来到了青岛。

拟招标出售的敌产，是日资青岛东亚烟厂。

1908年，日本东亚烟草株式会社在本土成立，中文习惯称为东亚烟草公司。七七事变后公司在华业务与总部脱钩，改制后为华北东亚烟草株式会社，总社设在北平王府井大街。

日占青岛后，华北东亚烟草株式会社青岛工场（青岛东亚烟厂）在雒口路、昌邑路开工建设。1940年该烟厂落成投产，这家有日本国营资本股份的烟草公司共投资6600万元，生产能力庞大，雇工过千人。

因青岛东亚烟厂是产权清晰的敌产，青岛光复后，烟厂于1945年底被国民政府经济部鲁豫晋区特派员办公处接管，改名为经济部接管东亚烟厂株式会社青岛制造厂，办公处经济委员李秉殿兼任厂长。

国民政府《收复区敌伪资产处理办法》规定，被接收的敌伪资产分为甲、乙、丙、丁四种。其中，日本国有资本企业为甲等，交国民政府资源委员会接办；敌伪产业纺织工厂为乙等，交国民政府纺织业管理委员会接办；敌伪产业粮食工厂为丙等，交国民政府粮食部接办。其余性质的敌伪产业均归为丁等。

"规模较小或不在甲、乙、丙三项范围以内者,以公平价格标售。"[①]

根据《华北日报》的新闻,1946 年,青岛拟标售的此类企业有 140 家,其中冶金和烟草企业有 7 家。[②]

青岛东亚烟厂在俞中萼来青一年前曾公开拍卖,但是无人投标。当年秋天国民政府经济部将厂房、机器折算为 16.5 亿元再次公开拍卖,刚刚拍入一家砖瓦厂的姜星五有意购买。

山东汽水工厂经理姜星五,1946 年当选为青岛市市北区参议员。山东汽水工厂位于泰山路 120 号,电话 31566,有理事三人,监事一人。[③]

该汽水工厂不但生产金龙牌汽水,还生产金龙牌、高上牌白兰地,以及俄国白酒、威士忌等酒品。

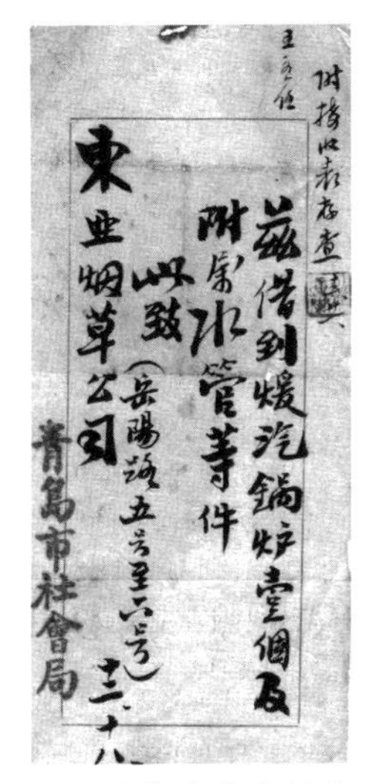
兹借到煖汽鍋炉壹個及
附属水管等件
此致
(岳陽路五号至六号)
東亚烟草公司
青島市社會局
三十八

¤1923 年青岛市社会局与岳阳路五号东亚烟草公司(华北东亚烟草株式会社)往来函件 资料来源:作者收藏

战警堂抱病辞去青岛市黄酒商业公会理事长职务后,经市商会报请市社会局批准,姜星五于 8 月份接任理事长,同时担任青岛平度同乡会会长。[④]

因青岛东亚烟厂拍卖折价低,多方都有购买意向。在缴纳了部分保证金,正式参与竞价之前,姜星五的儿子不知被何方势力绑架并杀死。惊恐的姜星五立即申请退回保证金,撤出了这场代价惨痛的竞争。

这场染血的投标竞争,不知因为何故第二次依然流拍。

1947 年初,经济部特派员鲁豫晋区办公处结束工作,行政院山东青岛区敌伪产业处理局接管该厂,改名为敌伪产业处理局接管东亚烟厂青岛制造厂,由该局第五工作组组长丁德先暂代厂长。

---

① 收复区敌伪产业处理办法[J]. 经建季刊,1946,创刊号:225.

② 青岛敌伪工厂清查竣事将予标售[N]. 华北日报,1946-07-16(2).

③ 青岛酿酒公会理事长姜星五组织情况表:B0038-001-01661-0079[A]. 青岛:青岛市档案馆,1938.

④ 商工发文第二七九号青岛市社会局批市商会准黄酒公会理事长战警堂因病辞职公推理事姜星五继任等由[A]. 青岛:青岛市档案馆,1946-08-07.

3 月份,敌伪产业处理局第三次标售该厂。抵青的俞中萼,通过青岛商人朋友徐惟吾联系到关键人物沈铭盘。

江苏吴江人沈铭盘时年 46 岁,任中央信托局青岛一等分局局长[①]、青岛市银行同业公会常务理事。除了在青岛市金融业的影响力,对于俞中萼来讲,沈铭盘国民政府行政院处理敌产审议委员会委员之职也是他可利用的身份。

沈、俞二人打通了青岛敌伪产业处理局清理处处长廖瀛洲、会计科科长李新吾这条渠道。一系列眼花缭乱的相互串通操作,在极有谋略的俞中萼的导演下正式开机。

这是一场缜密作局的老千之赌。

1947 年 3 月 13 日是开标时间。在廖瀛洲的疏通和安排下,俞中萼以 60.89 亿法币投标,击败国大代表、陕西烟商王凌源,从而顺利中标。《青岛民言报》曾为此刊发《东亚烟草标售揭晓 俞中萼得标》的消息。

来青赤身一搏的俞中萼根本拿不出这笔钱来。在清理处处长廖瀛洲的默许下,俞中萼有把握地交纳了一张 5 亿元的空头支票,作为中标保证金。

会计科科长李新吾故作不知情,在未予核验的情况下为俞中萼办结了保证金的手续。

沈铭盘以其在青岛市金融业的影响力,迅速联系邮政储金汇业局青岛分局局长。邮政储金汇业局总局设于上海,青岛分局此时刚刚成立两个月。该分局除办理存放款、汇兑业务之外,还办理储金及简易人身保险业务。

沈铭盘以“中央”信托局青岛分局做担保,协调邮政储金汇业局青岛分局为俞中萼办理了 5 亿元法币的贷款,得款后俞中颚随即支付了空头支票的保证金。

4 月 2 日,沈铭盘在局内餐厅举办宴会,青岛敌伪产业处理局局长程义法、青岛税务局局长李伯平以及青岛海关、警察局、工会要员赴宴,俞中萼作陪。把酒言欢中,沈铭盘提出目前青岛东亚烟厂职工生活困难,频繁发起复工请愿活动。为了维持工友生计,维护社会稳定,沈铭盘建议由标购此厂的俞中萼先行接管物资以备开工。

---

① 青岛一等分局. 中央信托局同人录[G]. 1947:170.

经如此协调，仅交付保证金的俞中萼于4月2日顺利取得青岛东亚烟厂的经营权。

心中狂喜的俞中萼立即实施了他的计谋。

他知道卷烟市场最紧缺的是什么物资。

青岛被接收日资和中日合资烟厂的库存，是北京、上海、天津烟厂库存总和的三倍。在烟叶紧缺的情况下，每家烟厂都在为收进烟叶而焦虑，即便是英美烟公司青岛颐中卷烟厂这样的大户也不例外。作为产烟叶的大省，山东境内的烟叶生产基地此时已经基本被中国共产党所控制。

《天津颐中运销烟草公司经理致国政府行政院北平办事处天津分处信函》中写道："在最近一次和宋子文先生的谈话中，我们指出我们应该有权利获得以前日本人在青岛的烟叶的大部分，建议根据太平洋战争之前缴纳统税的比重来获得青岛的烟叶。你可能已经很清楚，我们现在没有烟叶，只雇佣了很少的工人。我们必须得到原料！"

颐中烟草公司董事会在致青岛公司经理W.H.福克纳的函中也要求青岛公司认识到烟叶收购的重要性和紧迫性，指出哪怕以高价收购烟叶，也要提防上海烟商的抢购竞争。

"我认为应该抓紧时间，努力在烟叶落到敌产管理局手中之前把烟叶买下来。从过去的经验看，烟叶一旦被敌产管理局占有，卖给我们的希望是很小的。我要你尽一切努力把青岛能买到的烟叶全部买下来，价格可以提高。我不得不再次强调收购时间的重要性。因为青岛形势好转的话，上海商人会去青岛收购，你会遇到很难对付的竞争。"

俞中萼敏锐地嗅到了上海烟草业对青岛库存烟叶和其他原料的饥渴气息。他不需要上海商人来青岛抢购，直接登门送货。

以60亿中标的青岛东亚烟厂，其实仅厂内物资一项即价值200亿元左右。到厂向工人保证接管后全体原职原薪，并保留原厂一切福利待遇后，俞中萼遂立即清点了青岛东亚烟厂库存的974大桶烟叶、2.1万令马尼拉卷烟盘纸，火速打包运往上海。在政府并未正式交付产权的情况下，这种行为明显属于盗窃。

上海烟商对原料的到来大为意外，狼多肉少的情况下，俞中萼以其老投机商的风格大幅涨价,烟叶等原料很快以189亿元高价销售一空。

此番异地贸易操作,系沈铭盘以中央信托局青岛分局采取押汇方式运往上海,并以押汇款项直接缴齐开标价。

低调悄然返青后,俨然什么事也没有发生过的俞中萼,以此笔钱款的三分之一就还清了青岛邮政储金汇业局的贷款和标金。在有内线合伙勾结的前提下,以空头支票法律风险对赌远方市场需求和短暂的时间差,俞中萼在两个月内从身无分文的落魄者变成大工厂老板。

上海滩"生意白相人"俞中颚不仅没有花一分钱就接办了青岛东亚烟厂,而且因沪上抛售竟然另外赚取了高达中标价格整整两倍的钞票。

随即,青岛东亚烟厂被俞中萼改组为上海烟草股份有限公司,资本额为100亿法币,分赃性质的股权分劈开始了。参与做局的沈铭盘、邮政储金汇业局青岛分局局长徐继庄、市航政局局长李孤帆、上海中兴公司浦禹峤等均为新烟厂股东。精明的俞中萼又找到了南洋企业公司经理朱文熊,让他做公司的靠山。

位于上海江西路的南洋企业公司,经营农矿、实业、地产、信托、证券和进出口贸易。由金城银行董事长周作民担任董事长的这家公司经营规模较大。"发展国民经济,策进实业建设,推广工商贸易,并为南洋侨胞服务。"①

南洋企业公司总经理朱文熊,是时任中央银行总裁张嘉璈的亲妹夫,俞中萼选定他来做公司的靠山。于是,俞中萼以赠予干股为条件,邀请朱文熊担任上海烟草股份有限公司董事长,自己任总经理。俞中萼吃水不忘挖井人,厂长一职,他请自己来青后的社会关系介绍人,原南洋兄弟烟草公司副理徐惟吾担任。

1947年5月2日开工后,烟厂下设烟筋部、糊盒部等10个部门,雇用职工900多人,日开卷烟机15台。该厂推出的代表性产品,是在青岛传承时间很长的红金牌香烟。

在青岛开办上海卷烟厂(上海烟草股份有限公司),并有了大笔钱的俞老板,一改半年前在上海滩连职工午餐馒头都无钱买的灰头土脸。俞中萼在

① 南洋企业公司概况[J]. 国货与实业,1941,1(5):60.

青岛江苏路和信号山支路购置花园洋房，购来美国名牌哈德森轿车作为私家车，并花费 8000 万元从上海买来新式家具，尽显奢华，声势烜赫。

战警堂全程观看了这部大片，并自叹无论如何也使不出俞中萼此般手段。流标两次的青岛东亚烟厂最后竟然是这般结局，俞中萼“以敌产买敌产”，青岛烟草业同仁不但集体低估了俞中萼的智商，更低估了他的胆量。

往日与战警堂几乎平分青岛民族卷烟制造的崂山烟厂董事长崔岱东，在力争发还烟厂奔波的路上亦是悲苦连连。崂山烟厂于 1941 年被迫接受日本烟草资金入股 49%，抗战胜利后接收委员会以肃奸为名欲抓捕在北京的崔岱东并将烟厂及北京库存全部查封。在青岛市警察局督察长林万秋及接收大员的斡旋下，崔岱东以送金条、承诺支付干股、接受关系人提名厂长人选等条件到处疏通得以避祸。补交日资股份收回烟厂后，大量洋货低税或走私进入青岛，美制卷烟充斥市场，崂山烟厂勉强断续开工，终至停产歇业。

以高利润的卷烟业为代表，光复后青岛企业的接收及标售过程，充满各路人马的人脉、枪声、资本、智慧博弈。其凶险与各方胆量、交际、手段之激烈较量，由战君、俞君、崔君可见一斑。

而战警堂失去的烟厂，俞中萼得到的烟厂，崔岱东赎回的烟厂，很快将在另一个新时代熔炉里合并回炉锻打，重新淬火为一把新的工业利器。

大森木厂

抗战胜利后的 1945 年 11 月，战警堂重组大森木厂股份有限公司（以下简称大森木厂），从事机制木材制作，厂址依旧在沾化路 1 号。大森木厂的广告，陆续出现在青岛《民言报》上：“承制各种地板、各种箱板，定价克己，建筑木材，代锯木工，欢迎惠顾。”[①]

根据 1947 年大森木厂《万年帐抄底》的记录，战警堂的职务为经理。“自来理财之道，以义为重。奉公无私乃能同德一心。今同人等因情投意合，爰在青岛沾化路一号设立大森木厂，专做机制木材，营业共积资本金贰亿圆。

① 广告[N]. 民言报，1945-11-10(4).

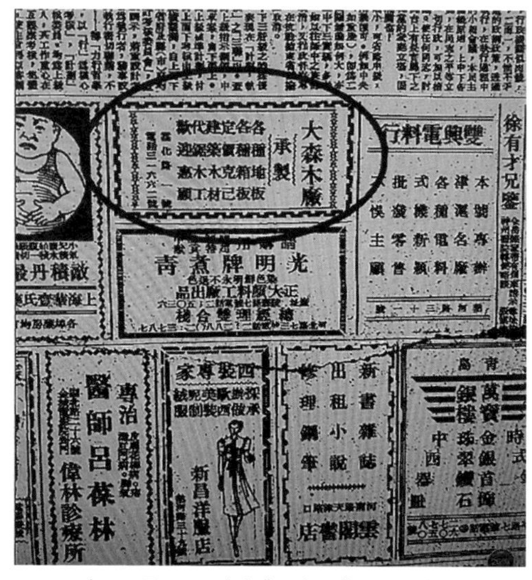

¤1945 年 11 月 10 日青岛《民言报》上的大森木厂广告

整合各东出资数目开列于后，公推战警堂为经理。”①

大森木厂的股本共 2 亿元，战警堂以全家五人的名义出资 1.77 亿元，其他小股东有贾席珍、徐荣琳、王育堂。木厂简章规定了营业管理及分红模式，并特别提出一概不准挪借款项和为他人做担保。

“生意要旨最忌内支外欠。本厂同人薪金皆以月终开支，不得越轨长支，或挪借、浮挂及影射等情事。本厂图章，无论任何事项，概不准与人作保。”②

青岛市地政局给予战警堂此处厂房土地权利存续确认。厂房建筑在登记表“定着物情形”一栏中有明确记载。

“砖石造平房三十三间，工厂房二栋，建筑面积八二七平方公尺，价值国币一百四十二万六千元。”③

开工后，大森木厂的营业状况良好。大森木厂承接了为驻青美军沧口机场加工松木的业务。次年，大森木厂为此专门购买了一辆汽车，并向市工务

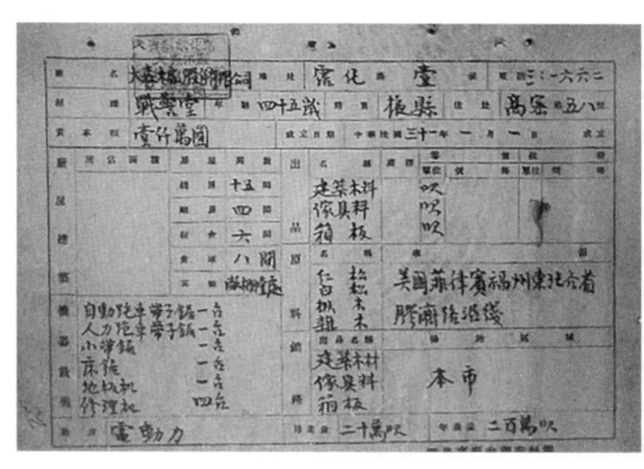

¤ 大森木厂登记书　资料来源：青岛市档案馆

¤ 大森木厂文件纸　资料来源：陈承杰收藏

① 大森木厂万年帐抄底[A]. 青岛：青岛市档案馆，1947-01-01.

② 大森木厂组织简章[A]. 青岛：青岛市档案馆，1947-01-01.

③ 青岛市地政局. 公字第 868 号土地权利书状存根[Z]. 1947-01-01.

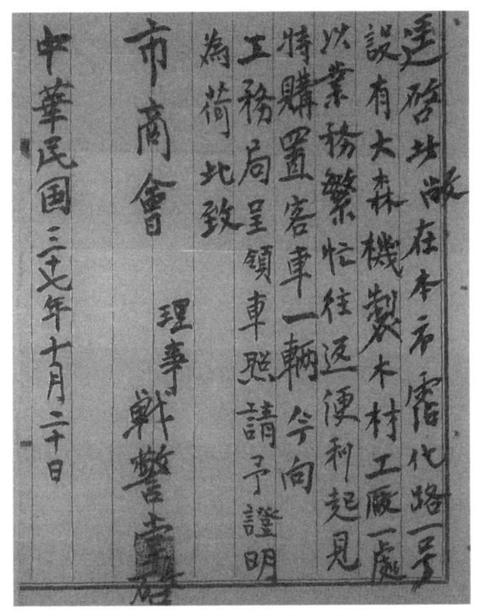
逕啓者敝在本市霑化路一号設有大森機製木材工廠一處以業務繁忙往返便利起見特購置客車一輛兹向工務局呈領車照請予證明爲荷此致

市商會

理事　戰警堂

中華民國三十七年十月二十日

1948 年 10 月 20 日，战警堂致青岛工务局关于购买客车申请车牌的函

局申请了汽车牌照。理由如下："以业务繁忙，往返便利起见。"[①]

让命中惧火的战警堂没想到的是，他第三次看到火神在自己的工厂发威。刚刚购买了汽车，大森木厂半夜发生了火灾。对山东烟厂大火惨剧和华北火柴厂的火光记忆犹新的战警堂来说，万幸的是消防队及时赶到，烧毁厨房后，大火没有继续蔓延。当天，《青岛健报》对此进行了报道："今晨一时许，沾化路一号大森木厂突然发生火警。经消防队及该厂人员竭力抢救，历半小时，大火即告扑灭。烧毁灶房，幸未波及其他。"[②]

与美军机场的生意，终因对方付款不及时导致原料积压而终止。战警堂对此的回忆是："因取款时，非经该军指定时间无法联系。因此在两年后加工中，大森截留松木约 12300 尺。"[③]

此时已是 1949 年元月，时局弥漫着不安的气氛。将大森木厂关闭的战

大森木廠發生火警

（本報訊）今晨一時許、霑化路一號大森木廠突然發生火警、經消防隊及該廠人員竭力搶救、歷半小時、大火即告撲滅、燒燬灶房、幸未波及其他。

《青岛健报》上大森木厂发生火灾的新闻

青岛沧口飞机场办公处旧影

① 战警堂为购置客车致工务局申领车照由[A]. 青岛：青岛市档案馆，1948-10-20.

② 大森木厂发生火警[N]. 青岛健报，1948-12-08(3).

③ 化学工业同业公会战警堂材料[Z]. 1952-03-10.

警堂不会预料到，一年多以后大森木厂还会继续开开停停，直到他以大森木厂经理的身份成为新中国青岛第一木器厂的股东。

议政

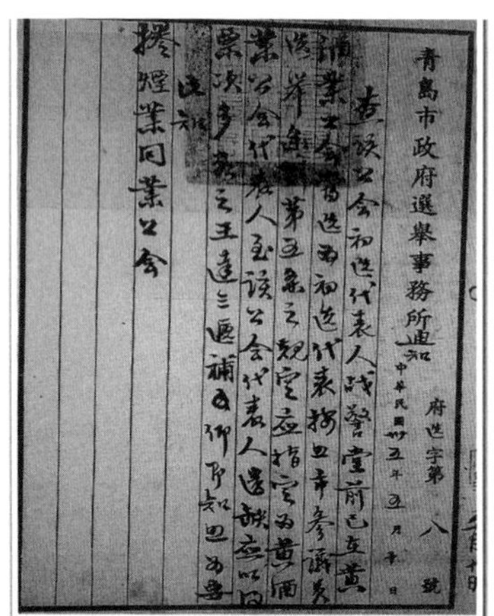

¤ 青岛市政府选举事务所关于战警堂当选为候补参议员的通知

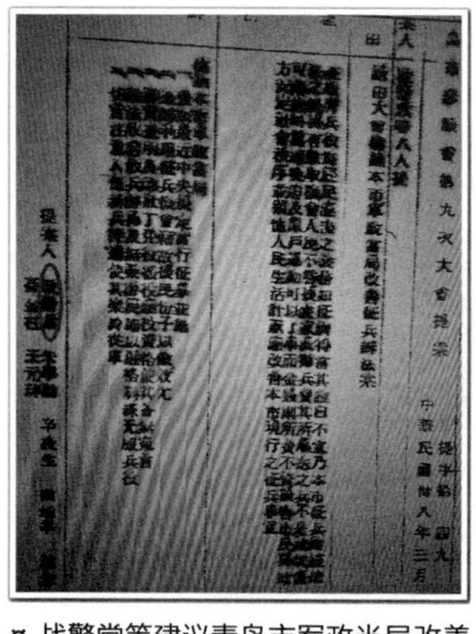

¤ 战警堂等建议青岛市军政当局改善征兵办法的提案　资料来源：青岛市档案馆

抗战胜利后，战警堂担任过灾民救济委员会委员。主导捐款救济的是青岛市商会。

1946 年，青岛市商会照章推选四名市参议会参议员，四名候补参议员，战警堂以商会理事、黄酒业同业公会代表的身份，凭三票当选为候补参议员。

这一年，市参议员在秋季召开的市参议会上很好地履行了为民陈情的责任，包括市长李先良在内的官员们被逼问得疲于应对。于参议员质询：胶州路修路已经好几个月了，修路导致交通拥堵严重，市长如何解释？牛参议员质询：青岛贫民救济院在沈鸿烈市长在任时管理极佳，现在光复一年多了，救济院破败依然，你李市长有没有通盘考虑？请你现在就口头回答。尹参议员质询：市长的报告明显有宣传性质，面对参议会应该拿出实情报告来，比如路灯坏了多少，下水道堵了多少，这些该修缮的都具体分布在哪个位置？乐参议员质询：大港码头坍塌该追究谁的责任？市政建设已经把海滨公园建成了脏乱的海滨厕所，谁来负责？“平时摆官僚架子的家伙要倒霉！现在受审了！”[①]

当日下午，市工务局局长张益瑶做了冗长的报告又被参议员们反复质问，导致咳嗽不停。冀鲁针厂经理尹致中等代表以为张局长得了肺病，不得不出门透气。报纸写道，李先良市长快要被问哭了，其实李市长今天确因多个因素心不在焉。

这一天，国民政府行政院院长兼最高经济委员会委员长宋子文在青岛视察；浮山大窑村张某白天在火车站天桥抢劫钱币，引起市民关注；更令李市长忧心的是，久据高密的解放军师团为阻断青济交通线，昨天在青岛即墨牛齐埠将公路破坏，两军因之夜战。

市长与参议员们忙忙碌碌，各有心思，均有近忧。

1947年3月，因为姜姓参议员辞职，战警堂递补为正式参议员。[②]战警堂参议员履职认真，所提建议与提案多关乎民生及商业困苦。以一份提案为例，他写道：“查本市工商各业，受交通断绝，来源稀少，以及销路停滞关系，均甚凋敝。加以政府之捐税过重，负担无力，困难达于极点，致停顿者有之，倒闭者更有之。长此以往，势必致整个破产。应请政府尽先将营业税、牌照税、所得税、筵席捐、屠宰税等，斟酌各该业情况，予以减免，以轻负担，而维困苦。”[③]

另有联合提案，如《关于建议军政当局合理统筹军需差额》则涉及政府层面政策等。[④]

战警堂共参加过七次青岛市参议会，他在市参议会最后的履责，被记录在1949年初春。

战警堂在出席全国商会联合会第二届会员代表大会后不久，给青岛市参议会第九次代表大会提交了提案。在这份由他主写的八人联合提案中，建议青岛市军政当局改善征兵办法：“注意入伍新兵待遇，使其乐于从军；查办利

① 参议会会场花絮[N]. 青岛时报，1946-10-12(3).

② 青岛市民政局关于姜顺如辞职由候补参议员战警堂递补的申请：B0026-001-00483-0089 [A]. 青岛：青岛市档案馆，1949-03.

③ 战警堂与陈从周等三人，青市参议会第五次大会提案[Z].

④ 战警堂等八人关于建议军政当局合理统筹军需差额的提案：B0024-001-00929-0047 [A]. 青岛：青岛市档案馆，1949-03.

用征兵机会籍故扰民分子。”[①]

1948 年 3 月 9 日，青岛商河路 29 号第八军火库发生爆炸案，这起青岛历史上少有的大爆炸导致超过 300 人死伤，周边几百米内的民房建筑俱受损。青岛多个团体捐款救助爆炸中受伤的人，战警堂等市参议员积极参加。

3 月 16 日，市参议会举办了“救济商河路被灾难胞广播募捐”活动，号召社会各界捐助善款。参议会每天下午组织市梨园公会所属永安剧院、光陆剧院、天成戏院、华乐戏院的京剧演员在电台唱戏直播。晚 6 点至 9 点邀请名角直播，青岛和声社、欢声社、业余求智会、平民教育会等京剧票社票友亦参加献唱。

廣播募捐加彩
姜星五唱
戰警堂點
（本報訊）參議會

¤ 战警堂等市参议员通过广播募捐救济爆炸案灾民

根据当天《青岛晚报》的消息，17 日早 8 点起，开始接受电话点唱预约，凡点唱者需为灾民捐款。两个上午的时间，共收到各界捐款 15 亿元。战警堂给另外一位市参议员开了一个玩笑，他以 2000 万元善款指名点唱京剧《萧何月下追韩信》。

被点唱的市参议员，正是几年前因参与青岛东亚烟厂竞标而导致儿子被绑架撕票的姜星五。

市参议员姜星五此时经营山东汽水酿酒工厂并筹接青岛中原棉织厂。[②] 姜星五热心慈善事业，担任过中华民国红十字会平度县分会劝募总队长。[③] 票友姜星五有一定的京剧基本功，他应战警堂之约在电台演唱了麒派传统剧目《萧何月下追韩信》。

“随我萧何转回程，大丈夫要三思而行。”姜星五唱到这段戏词的时候，一些青岛工业家已经在三思而行了。此时中共青岛市委已经秘密获取了蒋军

① 战警堂八人关于建议青岛市军政当局改善征兵办法的提案：B0024-001-00929-0024 [A]. 青岛：青岛市档案馆，1949-03.

② 中原棉织厂劳资争议协议书：B0021-001-001-00152-0086[A]. 青岛：青岛市档案馆，1949-02-14.

③ 中华民国红十字会平度县分会关于自三十六年八月一日起至十月底止为劝募期间特请姜星五为劝募总队长，盛鸣玉为劝募副总队长等启事[N]. 平民报，1947-07-01(5).

电台的机要密码,对工业界的统战护厂工作也在加紧开展。以战警堂熟悉的人为例,参与暗杀朝鲜人林熏的国民党特工青岛斯宜药厂副理曲佩光,已被中国共产党发展为地下党员,并由他提供了中统局青岛区室的重要情报;战警堂的亲家阳本印染厂董事长陈孟元以及崂山烟厂董事长崔岱东都被秘密劝说不要将工厂南迁,留下一起建设新中国。

氧气生活

青岛氧气工厂是战警堂最大的工业投资。其以独家的技术和产能,为青岛工业发展做出了不可磨灭的贡献。同时,这个氧气工厂也成为战警堂步入新社会后,一幕荣辱相交人生戏剧的最大道具。

1933 年,潍县人鄷洗元和同乡谭顺庆合伙在青岛台东镇道口路 26 号创建青岛中国瓦斯公司和酸素工厂,制造氧气出售。

民国学术界发表较早的氧气研究文章认为:“养气之研究约始于 1630 年,终于 1789 年。期间经百余年复杂之研究,而后告成功。”①

所谓的“养气”就是氧气一词时年的写法。

中国制氧的首家工厂暂未找到资料证实,但至少在民国元年,冶镕公司已在上海生产氧气。1912 年发行的《实业杂志》记录了这家公司的营业状况:“昔者养气多由欧洲运华,殊有阻碍东方用火锻接及截锯五金等用。”“上海南码头冶镕公司,制造养气及铁桶厂。”②

1923 年夏季,胶济铁路管理局曾在《顺天时报》刊登招募股东广告,拟筹办氧气瓦斯工厂。③

1934 年《申报》对中国工业炼气公司进行了专门采访。新闻重点报道了民族制氧工业的自主发展对于国家舰船炮艇军事制造以及华商工业进步的急迫性和重要性。

“我国工业界利用养气至今日尚在幼稚时代。推敲其故,大半因养气出

① 王绍松. 养气出现的历史[J]. 理化杂志,1922,2(1):1.

② 上海制造养气之新营业[J]. 实业杂志,1912(2):5.

③ 胶济铁路管理局招商投标承办养气瓦斯广告[N]. 顺天时报,1923-07-14(6).

品向来仅恃外货为供给，垄断居奇在所难免，国人受其痛苦已非一日。与外货作长期之竞争，又何虑乎事业之失败。须知外货暴跌有时或贱于国货，吾人岂能因一分半厘目前之利益，自投于倾销者之罗网，以致国货被其压倒，而使垄断居奇之痛苦变本加厉耶？”[①]

青岛中国瓦斯公司是否为山东第一家华商氧气生产工厂，尚不可确定。确定的是，创办人鄷洗元非等闲之辈。

青年时，鄷洗元留学日本，于 1905 年 11 月 7 日在东京加入同盟会[②]，主盟人是驱散梁启超在日本政文社开演讲会的山东同盟会头人丁惟汾。时年山东的革命活动，留日学生为主力，这些热血青年以学堂做掩护，广泛开展活动。因此情形，鄷洗元有着很早的教育从业经历，他曾在青岛即墨的胶莱公学主持革命活动，与青岛震旦公学相仿，以学校为基地吸收学生加入同盟会。

鄷洗元由此留在了青岛，担任过《大青岛报》的总编。1922 年，受胶澳商民公推，鄷洗元担任胶澳自治筹备委员会委员长。鄷洗元为青岛自治之业奔波，不料一年后胶澳督办熊炳琦解散了自治筹备委员会，鄷氏理想之自治因之尽付东流。

此时热衷政治与社会教育的鄷洗元，还担任青岛中国青年会会长以及铁路中学校长等数个校长职务。

或许受到 1933 年青岛国货运动的激励，鄷校长投身实业，创办了这家瓦斯工厂。

而早期的革命党人、后期的报人和教育家经历，使得诗、书、画俱佳的鄷洗元缺少经商头脑。

因营业不振，青岛中国瓦斯公司聘请从北京华北大学毕业不久的战心泉参与经营。战心泉的父亲，即是对战警堂有过帮助的合和栈经理战先五。因此，青岛中国瓦斯公司得以通过战心泉从位于天津路 13 号的合和栈得到注资。

结果公司经营惨淡，继续亏空 5 万元而无力偿还合和栈债务。经诉讼和

① 中国工业炼气公司谈话记[N]．申报，1934-04-19(14).

② 张玉法．中国现代化的区域研究：山东省(1860~1916)[M]．台北："中央"研究院近代史研究所，1982:215-216.

同盟会成员、青岛中国瓦斯公司创办人酆洗元

合和栈经理战先五请求发还酸素工厂的呈文

法院判决，青岛中国瓦斯公司破产还债，全部资产作价两万五千元出售。青岛中国瓦斯公司拍卖后无人接盘，法院最后宣布以公司全部财产抵消合和栈债务。然而，因为系战家提议此投资事项，合和栈其他股东均不同意接手此不良资产。无奈之下，战家独自将瓦斯工厂接下经营，由战心泉任经理。

期间，青岛中国瓦斯公司原股东谭顺庆和战家交恶，谭顺庆于 1937 年 4 月以伪造文书为由向青岛地方法院起诉战心泉等人。随后七七事变爆发，青岛中国瓦斯公司创办人酆洗元离青定居济南。

青岛沦陷后，酸素工厂被日本陆军特务机关以敌产的名义没收。1938 年 6 月，合和栈经理战先五以酆洗元欠款 6 万元屡讨未还已起诉至法院为由，请求发还酸素工厂抵债营业。

日本人对此未予理会，并于 1939 年接管该厂。注资后将瓦斯工厂和酸素工厂合并，改名为新隆醋酸工厂第二厂。工厂所在的道口路，也被改名为稻荷町。

根据青岛日本商工会议所发行的《青岛商工案内》的记录，此时瓦斯工厂和酸素工厂仍归于华商企业序列。[①]

① 青岛日本商工会议所．青岛商工案内：第二册[G].1939:247.

约1941年,“养气”与“氧气”两词开始在中文里混用。

“给氧气以拉丁语的名称Oxygen,原意是酸类的要素。我国从前称为养气,现在译作氧气。”①

这期间战心泉的父亲战先五已经去世。战心泉接任了合和栈经理,并和族亲兄弟成立了振兴公司。

抗战胜利后,新隆醋酸工厂作为敌产被接收,于1946年初由经济部鲁豫晋区特派员办公处接管。②

战心泉申请发还了工厂,并恢复青岛中国瓦斯公司厂名。战家族亲合办的和合栈及振兴公司均停业后,战心泉全力投入了瓦斯工厂的经营中,并邀请翟绍庭和战贵轩加入。

翟绍庭也是掖县人,出生于1908年。根据后期的一份资料记载,其于1913年至1920年在青岛复兴祥钱庄做过七年职员,1921年至1930年在青岛德聚隆钱庄任副理,1931年至1937年在青岛物品证券交易所任货币部主任,后又担任过五年青岛交易所棉纱交易部主任,1943年自办义顺隆号土产杂货庄。③因其有经营能力,被战心泉聘为瓦斯工厂经理。

原合和栈的文书战贵轩担任了工厂副理。他曾在日商加藤洋行工作,后与他人合办永安商行。

20世纪40年代工业氧气的普遍应用,给生产带来了很大的助推,提升了效率。

“至于使用养气时设备之简单,成本之低廉,消费之经济,使得工业界普遍采用。故养气对于整个工业实有重大之贡献也。”

但是,面对如此大的生产需求量,氧气工厂的数量却不多。即便在1947年的上海,也仅有中国工业炼气股份公司、大华养气有限公司、法商东方修焊有限公司三家氧气工厂;在天津则以东方氧气工厂为代表,亦甚寥寥。

行业权威杂志《工矿建设》对此供需现象给出了解答。

① 一之.空气中取出氧气[J].小工艺,1941,1(6):34.

② 青岛市政府关于令警察局将前接收新隆瓦斯工厂发还鲁豫晋区特派员办公处的训令:B0024-001-01136-0106[A].青岛:青岛市档案馆,1946-01-16.

③ 青岛氧气厂.翟绍庭遣返审批报告书[R].1968:3.

¤ 瓦斯工厂院内旧影

"养气之制造以大气为原料,取给无穷。惟高压气筒必须仰赖舶来品。刻下因养气气筒货少价高,故各厂多不能发挥全能力。"[①]

因此,青岛唯一一家氧气工厂对本地及周边工业发展有重要贡献,销售似乎供不应求。

然而,氧气工厂的效益却持续不见好,战心泉因此欲出售股权。战警堂将原因总结如下。"该厂在国民党统制时期,由于城乡隔断,胶济路不通,铁工机器业十分萎缩及电力供应时断时续,致赔累不堪。"[②]

战警堂对氧气工厂的接盘,直接推动了工厂的全面改制。在他亲笔写的一份材料中有详细记录。"一九四八年,因为有个本家战心泉等经营的瓦斯公司负债累累,周转不灵,要出卖股权一半。我就联合友人集资购买这公司半数的股权,以后就改为中国养气公司,我被选为董事长。"[③]

战警堂联合的这个友人,是青岛名商阳本印染厂董事长陈孟元。陈孟元

① 工商辅导处.上海市养气工业概况[J].工矿建设,1947,1(7):38.

② 青岛私营中国养气工厂股份有限公司概况报告书[R].

③ 化学工业同业公会会员战警堂坦白书[Z].1956-04-16.

¤1941 年陈孟元全家合照

也是战警堂的儿女亲家。

同为掖县人的陈孟元，经商经历却是起于东北。陈孟元在 13 岁时，远上东北黑河当学徒。随后受聘于同乡开办的全兴瑞商号，因勤快有能力，东家分给了陈孟元一些股份。其后，陈孟元被派到遥远俄境的伊尔库茨克，从事杂货和日本花布贸易，在寒冷的西伯利亚长达六年未回家。有了积蓄之后，陈孟元去哈尔滨开办了聚丰福杂货行，后去往沈阳开办了聚丰福印刷厂。1932 年，陈孟元在沈阳创办“太阳烟草公司”并获厚利。1934 年 8 月，陈孟元来到青岛，开办了技术先进的阳本印染厂。青岛沦陷后，陈孟元赴外地避难，阳本印染厂被日方强行合办。抗战胜利后，陈孟元据理力争，阳本印染厂得以发还。

1949 年 4 月，青岛中国瓦斯公司全部资产作价 450 两黄金。陈孟元和亲家战警堂两人出资 225 两黄金，购买了一半股权。公司正式更名为青岛中国养气工厂股份有限公司。[①]

此时，距离青岛解放只有两个月的时间。

养气工厂的新设备，包括氧气压缩机、分离机、充填机干燥器等，都是德

① 中国瓦斯公司关于更换厂名及负责人的函：B0038-002-00093-0196 [A]. 青岛：青岛市档案馆，1949-04-27.

¤ 青岛中国养气工厂股份有限公司的生产设备

青島中國養氣工廠股份有限公司

認股書

茲依照

貴公司招股簡章各項規定認定股份　股每股金圓伍萬圓共計金圓　整立此認股書爲證

認股人

通訊處

中華民國　年　月　日

¤1949 年 4 月青岛中国养气工厂股份有限公司的认股书
资料来源：陈承杰收藏

国克虏伯公司的产品，电力直接由青岛发电厂接入。当时该工厂的氧气制造工艺被记录如下："先将空气吸收，经火碱洗滤后经空气压缩机一至四段反复抽送，使空气冷却。再经分水器和分油器分别将油水分开，再经火碱干燥器使空气干燥后送至分离器。上部杂种气体经气管放出空中，液体空气经上管下行，再后上升，由小盘管徐徐下降，气体因受冷却变成液体养气，俟至相当度数，将气门开放，养气即由输气管送至储气瓶，再由充填机加压力装入养气瓶内即为成品。"①

在员工福利方面，热心职业教育的战警堂在晚间开办工人识字班，并建有医疗室、浴室、图书室、台球室及俱乐部。

青岛中国养气工厂股份有限公司加入青岛轻工业工会化学业分会第四支会，由战警堂担任董事长，战心泉任常务董事，经理一职仍由翟绍庭担任，副经理是王冠云。新增常务董事孙纪三，时任阳本印染厂经理。他是陈孟元的亲弟弟，因自小过继给舅舅家而改姓孙。

战警堂将次子战德华、三子战德声加入股东队列中。

战德华又名战文忠，在股东名簿上登记的名字为战凯。出生于 1923 年的战德华自幼好学，8 岁时在青岛中华小学读书，14 岁时就读于青岛崇德中

① 青岛私营中国养气工厂股份有限公司概况报告书[R].

学，后转学到北京信义中学继续学习。日本投降后，战德华凭借在国立山东大学补休班的基础，考入北京中国大学。战德华毕业后回到青岛，娶妻陈玉莲。而陈玉莲的父亲，正是陈孟元。门当户对的小夫妇，在 1948 年喜得女儿战小焕。

喜得孙女的这一年，受青岛市商会的指派，战警堂代表青岛商界出席全国商会联合会第二届会员代表大会。[①]

在战警堂的一份亲笔回忆里，他写到开会前这段时间玉春号的生意不景气。战警堂虽仍为黄酒同业公会代表人，而此时开业已经整整 40 年的玉春黄酒馆，却已在市场上风雨飘摇。

玉春号在中华民国后期不多的痕迹，出现在 1947 年 6 月 30 日的《玉春号万年账抄底》中：“自来理财之道，唯义为重，奉公无私，以义生财。今吾人等合资营业，同德一心，群策群力，情投意合。同人等爰在青岛高密路五八号设立玉春号，专做烟酒、绸缎、布疋、呢绒、杂货、物产、棉纱为主旨。共集资本金伪法币一亿元整，各东出资数目计列于后，公推战警堂为经理。”[②]

所谓的各股东，只有战警堂夫妇两人。

值得注意的是，这份写于 1947 年的约定中，居然出现了“伪法币”字样。

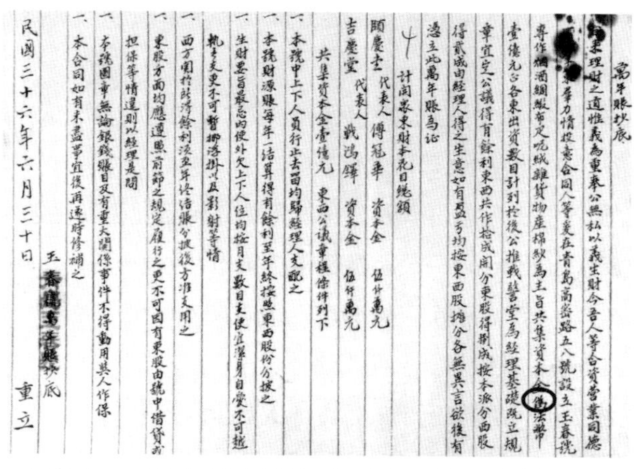
萬年賬抄底
[illegible]來理財之道惟義為重奉公無私以義生財今吾人等合資營業同德
[illegible]力情投意合同人等爰在青島高密路五八號設立玉春號
專作烟酒綢緞布疋呢絨雜貨物產棉紗為主旨共集資本金偽法幣
壹億元各東出資數目計列於後公推戰警堂為經理基礎既立規
章宜定公議得有餘利東西共作拾成劃分東股得捌成按本派分西股
得貳成由經理人得之生意如有盈虧均按東西股攤分各無異言欲後有
憑立此萬年賬為証
4 計開眾東財本花目總額
顯慶堂 代表人 傅冠卿 資本金 伍仟萬元
吉慶堂 代表人 戰鴻鐸 資本金 伍仟萬元
共集資本金壹億元 東西公議章程條件列下
一、本號中上下人員行止去留均歸經理人支配之
一、本號財源賬每年一結算得有餘利至年終按照東西股份分撥之
一、生財要旨最忌內使外欠上下人位均按月支數目支使宜潔身自愛不可越
執事支吏不可暫挪浮掛以及影射等情
一、西方關於所得餘利須至年終結賬分撥後方准支用之
一、東股方面均應遵照前節之規定雇行之吏不可因有東股由號中借貸或
担保等情違則以經理是問
一、本號國事無論銀錢賬目及有重大關係事件不得亂用其人作保
一、本合同如有未盡事宜後再逐時修補之
玉春號萬年賬抄底
民國三十六年六月三十日 重立

¤ 玉春号 1947 年 6 月万年帐重抄件　资料来源：作者收藏

① 青岛市商会关于委托赵镜海、刁洪光、战警堂作为本会代表出席全国商会联合会第二届会员代表大会的委托书：B0038-001-01660-0012［A］. 青岛：青岛市档案馆，1948-11-16.

② 重抄玉春号万年账［Z］. 1947-06-30.

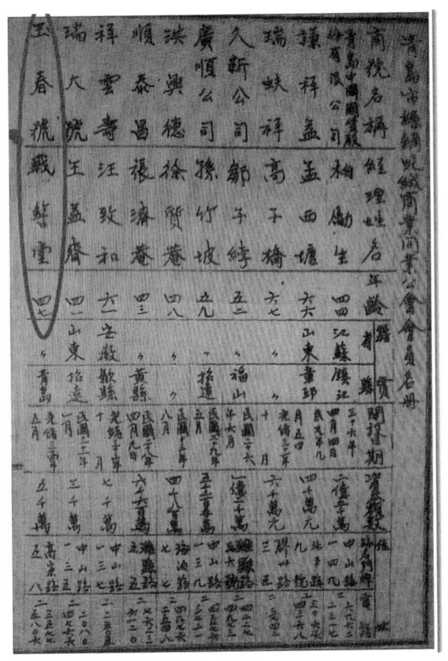

1948年10月战警堂在青岛市丝绸呢绒商业同业公会会员名册的登记　资料来源：青岛市档案馆

这个“伪”字，确定无疑地说明此万年账系新中国成立后的重抄版。只是，战警堂为何要工整地重抄一遍，依据哪个原件重抄，这些都不得而知。

孙女出生的1948年，战警堂将玉春黄酒馆折合变卖约50美金，后不再做黄酒生意。玉春号的绸缎趸售生意尚且可以维持，此时青岛市丝绸呢绒行业还保持着表面上的规模。

在登记资料中，全市共有玉春号等从业商号42家。其中还包括四家外商丝绸呢绒公司，有俄罗斯人郭立得·什米特开办在中山路71号的郭立得洋行，施未兰诺夫开办在中山路26号的宝罗洋行。两名印度人也在中山路经营丝绸呢绒。译名有些古怪的印度人美星哥呢、美丽万丽，分别开办有布鲁洋行和大隆洋行。[①]

由于战乱的原因，根据当年《青岛外侨统计人数》的记载，此时青岛外侨人数仅有1974人。[②]这四家最早开办于1927年的外商丝绸呢绒洋行的主人，和其他外国商人一样，此时也在猜测到底是国民党还是共产党的旗帜不久后会飘扬在商铺林立的中山路上。

1948年，青岛出现一些不同寻常的自然现象，出乎所有人的预料。根据《华北日报》的报道，年初青岛的气温达到零下13.1摄氏度，为11年来本地

① 青岛市丝绸呢绒商业同业公会柏励生、战警堂等会员职员名册：B0026-001-00124-0091［A］. 青岛：青岛市档案馆，1948-08.

② 青岛外侨统计人数［N］. 复兴报，1948-06-25(2).

的最低气温。[①]

这一年非但严寒,且有豪雨。一场十年来最大的暴雨被《中华时报》所报道:“据观象台消息,降雨量为八十七八公厘,超过五月份卅倍,且为十年来所仅见。”[②]

旧政权已经岌岌可危,市政府在 1949 年 5 月借款给公务员发工资的事实虽未见本地报刊披露,但远在新疆的报纸上的新闻《青岛市政府借款发薪》,却预示了根基晃动、大厦将倾:“青市政府为维持行员之生活,向金融界借款五万银元。市属各机关员工每人预发四元,暂时接济。”[③]

果然,关于旗帜的猜测很快就有了答案。

在解放军胜局已定的形势下,仅在青岛中国养气工厂股份有限公司(以下简称中国养气工厂)任职一年的战警堂之子战德华决定离开青岛。随着解放军的枪声渐近,战德华夫妇出于无法确定的原因,于 1949 年将小女留在父母家,匆忙自青岛南下。

根据后来多份相关人员的亲笔回忆或揭发材料,书生出身的战德华离青之时,正是解放军将要入城之际。可能因此日期节点,在多份材料中,战德华被认为是随国民党去了中国台湾。然而,事实并非如此。

① 青岛严寒打破十一年来记录[N]. 华北日报,1948-01-31(5).

② 青岛豪雨[N]. 中华时报,1948-08-11(2).

③ 青岛市府借款发薪[N]. 新疆日报,1949-05-07(1).

第七章

清新青岛　且行且揣测

红旗飘飘

战德华离青南下的同时，国民党军队经三大战役后已在长江以北全面溃败。山东境内唯青岛、即墨以及烟台长山列岛仍被国民党军队控制。4月28日，中共中央军委同意中国人民解放军第新编三十二军对青岛进行威胁性进攻。

5月3日，解放军进攻青岛市郊，起决定性作用的青即战役打响。根据军委命令，解放军既要夺取青岛，又要避免与驻青美军作战。

1949年5月4日，驻守中国大陆的最后一支美军力量撤离青岛。在一张从驶离的军舰上眺望青岛的照片背后，一名美军写下了“告别中国——美国海军陆战队员登上回家的美国莱威尔(Renville)号船，挤在栏杆周围，最后再看一眼被解放军包围的青岛”。

历经灵山、马山、铁骑山、丹山、娄山等地的苦战后，解放军在青即战役中步步获胜，脚步即将踏入青岛市区。5月3日，沧口最后防线的国民党军队全线溃逃。

1949年6月2日，解放军入城。中共青岛市委、青岛市军事管制委员会随军进入，薛尚实任市委书记，向明任军管会主任。

红旗飘展青岛，开启了一个崭新的时代。

在改朝换代历史性的这一天，战警堂走在街上。他十分担心自己的产业在解放军总进攻和国民党军队大撤退炮火后的安全。

作为青岛发电厂长达26年的股东，战警堂对发电厂的情况很是关心。

¤1949 年 5 月美军撤离时从军舰远望青岛

这是他 21 岁时第一次参与入股的企业，发电厂是否在国民党军队逃离时被破坏尚是未知数。

发电厂的安然无恙让战警堂甚感欣慰。他所不知道的是，发电厂厂长徐一贯经过与中共地下党多次接触，对共产党已经有了新的认识，在解放军入城之前全力支持护厂运动。在一张护厂照片中，发电厂大门前设置了铁丝网障碍，门口有工人值守检查可疑人员和情况。职工护厂运动保证了这个新生城市散发着新光芒。“青岛电厂员工 823 人，始终坚守岗位，坚持护厂斗争。所以在当天晚上，全市大放光明。”[①]

除了发电厂、自来水厂、中纺公司等多家工厂护厂护工之外，部分工商企业在国民党撤退之前遭到了不同程度的破坏。赶往道口路的战警堂隐隐不安，他最急于查看自己营业较佳的氧气工厂，因为周边情况不容乐观。

根据《台东区接管工作报告》的记录，6 月 2 日下午 4 点，解放军入城接

① 中共青岛市委党史研究室．城市的接管与社会改造：青岛卷[M]．北京：中共党史出版社，1999:303.

¤ 青岛发电厂护厂队员在执勤

管队伍由青岛李村进入台东区后，氧气工厂由近及远弥散着一种战后烧焦的气息。[①]

内蒙古路联勤总部第十五被服厂、第十七军械补给库以及五号炮台原检查所均遭到破坏；沈阳路青岛第一烤烟厂的物资被难民搜掠一空；顺兴路军毯工厂亦被破坏；威海路上的公安局台东分局门窗俱损，12 个派出所中有 9 个被大肆抢夺，户籍文件被全部烧毁。

而不远处的中国养气工厂安然无恙。新政府第一天里对企业现状从忧心到放心，战警堂看到了新希望。

6 月 15 日，青岛市各界 13 万人走上街头，以盛大的游行活动庆祝青岛解放。

青岛市军管会有步骤地对国民党青岛市政、司法及官僚资本企业进行了接管。按照“各按系统、原封不动、自上而下、整套接收，分别对象、分别轻重、权衡利害、掌握缓急”的原则，特别注意划清接管与非接管对象，安排好旧职员，慎重处理工资问题，至 7 月中旬基本清点完毕。

在经济政策上，军管会对属于旧官产的企业全部接管，当年对 403 个官僚资本单位全部接收完毕。对私人企业则不予接收并均予以保护，企业生产人员保持“原职、原薪、原制”，在恢复发展公营企业的同时，恢复发展私营企业。

为保护公私财产安全，军管会及时做了大量有效的工作。例如，市公安

① 中共青岛市委党史研究室．城市的接管与社会改造：青岛卷[M]．北京：中共党史出版社，1999:153.

局根据军管会提出的恢复社会常态，争取早日复工、复课、复业的中心任务，采取措施保障工商业正常运转。具体措施包括清查散兵游勇，搜剿枪支，整顿市容并整理交通，动员商店开门营业，严格管制地痞、流氓、小偷，进行戒严巡逻，严防匪特活动等。

从军人到城市管理者，角色的转变给新城市的领导层带来不小的挑战。

在接管城市的同时，军管会的中心工作任务还包括“必须用极大的努力去学会管理城市和建设城市”。工厂复工，恢复生产，安定民生是其中的重要内容。

在青岛军管会第二次全体委员会议上，恢复发展生产被列入当前四项最重要的任务之一。

1949年8月22日，中共青岛市第一次党代会召开，向明做《建设新青岛的方针和任务》的报告，提出建设青岛的三大基本任务，其中第一要务就是恢复和发展生产。

扩大城乡物资交流，救济失业工人，留用工厂老技术员，统一财经政策，打击投机商，改革印花税税收……一系列的办法起到了快速稳定社会局面，生产状况基本好转的效果。

1949年11月15日，青岛市工商业联合会正式成立，接管了青岛市商会、市工业会及四沧区[①]办事处。至此，自德占时期即开始组创的青岛市商会结束了其历史使命。

1949年当年，青岛市工业总产值为人民币旧币2.16亿元。

1950年5月16日，青岛市人民政府成立工商调查委员会，颁布《青岛市工商业登记暂行办法》，对全市的工商企业重新进行登记。全市的公营、私营、外资工商企业共有12380家进行了登记，其中工业企业1490家，商业企业7082家，手工业企业3808家。

资本家们看到解放军纪律严明，与国民党军队形成鲜明对比，也看到民族工商业受到保护和支持，积极要求在红旗下复工。

但他们的内心充满矛盾。

① 青岛市四沧区于1951年撤销建制，分为四方、沧口二区。

新时代的新姿态

1949 年 6 月 6 日，青岛市军管会金融部发布《关于处理伪金元券、伪中央银行青岛分行银元辅币券及收兑黄金、银元、外币的通告》。文件规定以五日为期限，由北海银行以一元人民币兑换二十万金元券，此后金元券禁止流通；黄金和银元每日由北海银行公布牌价进行收兑；所有外币禁止在市场流通，由北海银行胶东分行指定的中国银行负责收兑。

商人们的内心充满各种担心和纠结。金圆券是否可以继续兑换？不允许黄金在市面流通和私下交易后，自家存的金条是否会贬值？公营企业、贸易机构和合作社发展起来后，私营企业是否会无生意可做？过去和国民党官员的往来是否会被追究？将来政府会不会清算浮财？

尽管心存疑虑，时代总会推动他们身不由己地前行。与其没有选择，不如步步跟进。战警堂以积极的态度，表达了对新社会的热情拥护。

1949 年，青岛市工业会被青岛市工商业联合会筹备委员会接管。市政府为了振兴新时代工业，组织青岛市工业界参观团赴天津参加工业展览会，团员共计 31 人，战警堂光荣当选为参观团团长。

1950 年，人民政府发行“人民胜利折实公债”，折实公债并非以人民币为计价单位，而是以米、面、布、煤四种实物的价值折合。不同地方一个折实单位的组成不同，天津以通粉、玉米油、布计算，上海以白粳米、细布、生油、煤球计算。青岛则以固定数量的一等面粉和大双龙牌白布的当日挂牌价组成一个折实单位。

因这种方式能够减少通胀因素给当事人带来的购买力损失，故“折实单位”曾一度作为工资的发放形式。人民胜利折实公债推销的对象主要是大、中、小城市的工商业者和城乡殷实富户等群体。

青岛市成立人民胜利折实公债劝购委员会，委员会下设各劝购组。战警堂出任居民劝购组主任，牵头响应政府号召，在工商业内宣传带动购买人民胜利折实公债。

战警堂内心很矛盾。一方面作为组长应该带头多买，一方面又觉得不动产变不了现没太多闲钱。他买了 1000 个单位的折实公债，占全市工商业者购买数量的 1.14%。

为此他专门做了检讨。“政府发行公债，成立居民劝购组，我被推举为主任。我领导工作多有麻痹松懈，致使未能在任务上达到完成十五万分。同时我在态度上，因为肝气病时常发生，不能很好地掌握起来。”[①]

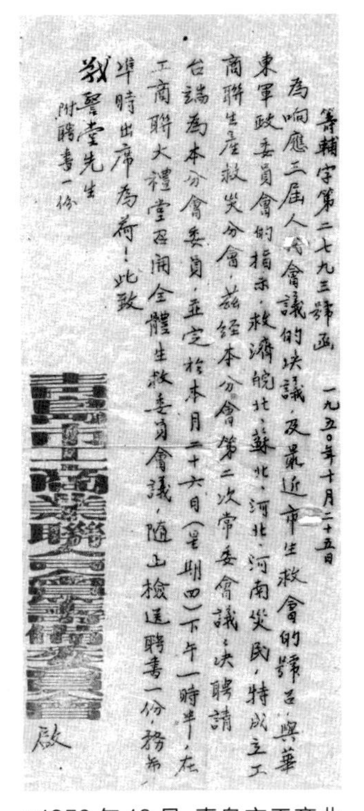
籌輔字第二七九三號函　一九五〇年十月二十五日

為響應三屆人代會議的決議，及最近市生救會的號召，與華東軍政委員會的指示，救濟皖北、蘇北、河北、河南災民，特成立工商聯生產救災分會，茲經本分會第二次常委會議決聘請台端為本分會委員，並定於本月二十六日（星期四）下午一時半，在工商聯大禮堂召開全體生救委員會議，隨函檢送聘書一份，務希準時出席為荷！此致

戰警堂先生

附聘書一份

青島市工商業聯合會籌備委員會 啟

¤1950 年 10 月，青岛市工商业联合会筹备委员会关于聘请战警堂为生产救灾分会委员的函　资料来源：陈承杰收藏

1950 年淮河水灾导致皖北、苏北地区灾情严重。华东局发布生产救灾指示后，当年 10 月，青岛市工商业联合会筹备委员会成立了工商业联合会生产救灾分会，战警堂被聘任为委员。生产救灾分会曾给战警堂发了这样一封邀请函：“兹经本分会第二次常委会议议决，聘请台端为本分会委员。并定于本月二十六日（星期四）下午一时半，在工商联（青岛市工商业联合会）大礼堂召开全体生救（生产救灾）委员会议，随函检送聘书一份，务希准时出席为荷。”[②]

1950 年《青岛日报》以“私营中国养气公司生产发展，产品供不应求”为题做过新闻报道。[③] 这一年战警堂的运气不错。青岛较大规模的工厂中，华新纱厂、阳本印染厂、益晨化学厂都发生了意外伤亡事故，而向来惧火的战警堂却把氧气工厂安全生产做得扎实无漏洞。

战警堂积极进步的新形象，出现在一张 20 世纪 50 年代在自家工厂的合影中。

这张中国养气工厂公私双方的学习合影里，办公桌、报夹、桌布、电话机以及人物气质的端正，都说明这应是一张摆拍照片。右侧的两人像政府工作

① 化学工业同业公会会员战警堂坦白书[Z]. 1956-04-16.

② 筹辅字第 2793 号青岛市工商联筹备委员会关于聘请战警堂为生产救灾分会委员的函[Z]. 1950-10-25.

③ 私营中国养气公司生产发展，产品供不应求[N]. 青岛日报，1950-07-30(3).

¤ 中国养气工厂学习照片，左四为战警堂　资料来源：张冠群收藏

人员，战警堂在发言，其他五人在做记录。

虽然照片未标注拍摄时间，但从墙上依稀可辨的“保卫世界永久和平”“人民踊跃支援前线”等宣传画上的语句，基本可以判定这张合影拍摄于抗美援朝时期。这张由青岛天真照相馆登门拍摄的宣传照片，在60多年后被故纸收藏者张冠群发现，是目前发现的战警堂唯一一张在自家企业内的留影。

而不久之后中国养气工厂部分职员的境遇，显然使得表现进步的战警堂董事长倍感压力。

继儿子战德华南下不知所终之后，原中国养气工厂经理因隐匿日资332个氧气瓶子被基层法院判处有期徒刑一年，缓刑两年，后又上诉，青岛市人民法院予以撤销刑事判决；副理王某云北逃天津躲避审查并在当地被逮捕；职员孙某山在镇反期间自杀；工人唐某乐被发送惠民地区劳动改造；工人姜某佐因破坏生产设备被判有期徒刑。在几封将战警堂指为幕后指挥者的检举信中，均揭发战警堂为上述人员的主使。

面对新社会里自家旧员工的揭发，脾气暴躁的战警堂接受不了。对此他大发牢骚：“日前本市店员有些‘左’的表现，简直想斗经理，如谦祥益店员叫经理坦白。如我的铺子高密路上玉春号，上月营业连本带利共一百三十多万，折合(面)粉三十多袋子。房租、电灯、电话、营业税、伙食等就需要七十多袋。店员近些来又要求增加工资，每月仅工资一项高达四十多袋，又提出算老财，要求发放去年的花红。又如谦祥益店负责叶经理坦白，组织了保管委员会。天津路振东药房每月收入合四五百斤小米，店员要求增加的工资数目达一千多斤小米。长春堂经理原先住在店铺的楼上，伙计们要他马上搬出去。经理骂了伙计，结果经理全家和全体职员打成一片。现在许多老经理常不到柜上去，反正闹光了完蛋！”①

为了扩大生产，中国养气工厂申请一笔外汇用来购买德国机器设备并汇往美国中转。因朝鲜战争爆发，美国政府宣布管制中国在美国的公私财产，战警堂的资金被美方冻结而损失。他曾写道：“在办理买机器时，有宝隆洋行经办的外汇9万元，钱刚汇出去后，朝鲜战争爆发。机器被冻结在美国的纽约，未有运进来。”②

作为对美国无理政策的回击，青岛市军管会根据政务院的命令，对青岛美资得士古火油公司、美孚火油公司、美隆洋行、兹美洋行进行清查，并冻结其一切财产。

¤ 中国养气工厂的瓶装氧气

① 中国氧气工厂董事长战警堂解放后表现[Z].1951-12.

② 战警堂.我的家庭与经济[Z].1952-04-04.

尽管磕磕绊绊，但中国养气工厂这时的经营情况依然很好。时年青岛仅有此一家氧气制造工厂，且工厂的养气压缩机、充填机、储气大罐均为德国克虏伯公司产品，设备与技术精良。青岛四方机厂、造船厂、电业局、各国棉厂等大工厂"跑瓦斯、烧铁板"都需要从中国养气工厂进货，甚至潍坊电厂所需的氧气也全部由该厂供应，工厂所产瓶装氧气更是供不应求。

根据1950年《青岛市关于私营工商业劳资双方订立集体合同的暂行办法》的规定，各私营企业需重重新签订劳资集体合同。通过处理劳资关系，解决劳资争议，实现发展经济和劳资两利的目的。具体做法是明确雇佣与解佣手续，制定厂规、铺规，明确工资、工作时间、假期，以及女工、童工问题，劳保和职工福利。

战警堂自营及入股的所有企业，包括氧气厂、大森木厂、电业局、玉春号等均按照该办法签订了集体合同。1950年2月12日《青岛日报》报道，全市全年新增工商企业1453家，工商业登记企业总计12432户。

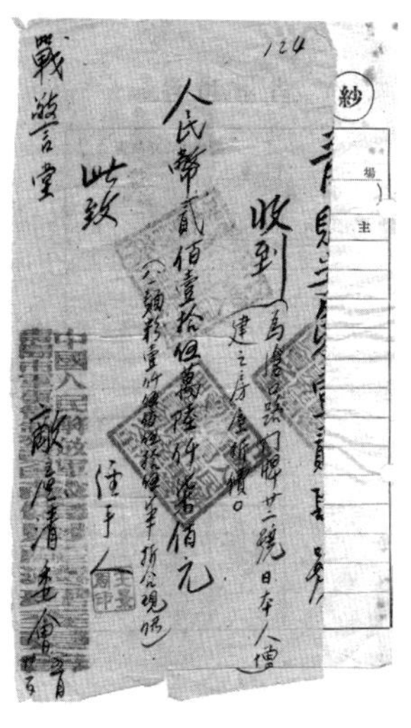

¤ 中国人民解放军青岛市军管会敌伪财产清理委员会关于战警堂补交房屋折价的收据　资料来源：陈承杰收藏

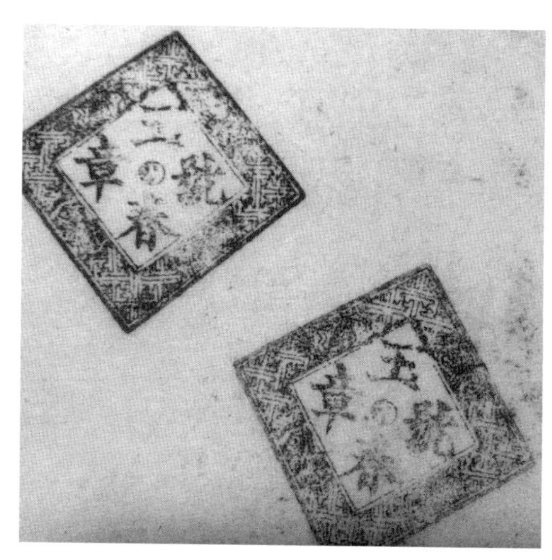

¤ 玉春号印鉴　资料来源：陈承杰收藏

告别旧社会

同一时间,与产销两旺的青岛氧气工厂相比,战警堂的玉春号和大森木厂都在 1950 年终止了经营。

战警堂于 1950 年 3 月 29 日申请玉春号歇业。在致青岛市人民政府工商局的申请书中,战警堂写了申请歇业的理由:“商号开设历有年,所前在国民党执政时期,受时局影响,因市面萧条,营业亏累,业经不堪维持。及去年解放之后,本拟力图发展,企划生产。无如资金损耗殆尽,周转不灵,货物销售已罄。实难进行,不得已呈报歇业。柜上人员按三个月实际工资解雇,已经商议妥协而无异议。”①

根据历史档案,无法看出玉春号歇业的主要原因。起初关于物价和购买力因素导致顾客减少的猜测,很快被推翻。原因一是时年

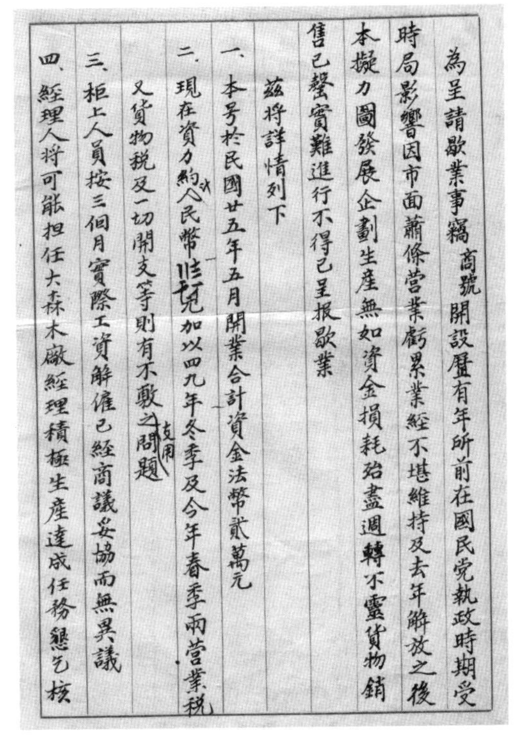

為呈請歇業事竊商號開設歷有年所前在國民党執政時期受
時局影響因市面蕭條營業虧累業經不堪維持及去年解放之後
本擬力圖發展企劃生產無如資金損耗殆盡週轉不靈貨物銷
售已罄實難進行不得已呈報歇業
茲將詳情列下
一、本号於民國廿五年五月開業合計資金法幣貳萬元
二、現在資力約人民幣……加以四九年冬季及今年春季兩營業稅
又貨物稅及一切開支等則有不敷之問題
三、柜上人員按三個月實際工資解雇已經商議妥協而無異議
四、經理人將可能担任大森木廠經理積極生產達成任務懇乞核

¤ 玉春号 1950 年 3 月 29 日呈请青岛市人民政府工商局歇业的申请　资料来源:陈承杰收藏

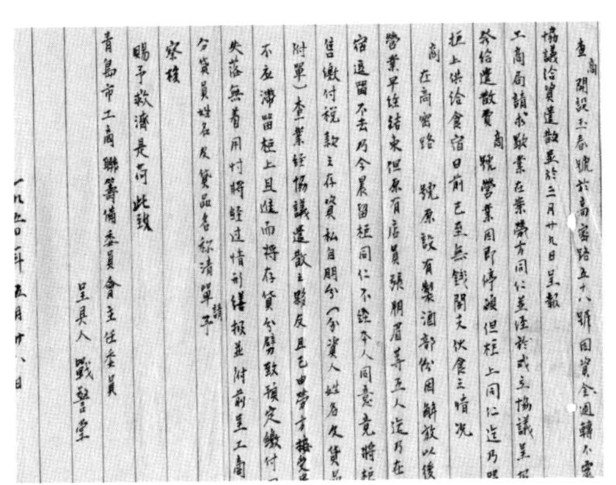

查商號玉春號於高密路五十八號因資金週轉不靈
協議給資遣散業於三月廿九日呈報
工商局請求歇業在案勞方同仁並經於成立協議呈
發給遣散費 商號營業因即停頓但柜上同仁迄乃
柜上供給食宿日前已至無錢開支伙食之情況
商在商密路 號原設有製酒部份因解散以後
營業早經結束但原有店員張朋眉等五人迄乃在
宿逗留不去乃今晨留柜同仁不經本人同意竟將柜
售繳付稅款之存貨私自瓜分(分貨人姓名及貨品
附單)查一業經協議遣散之職反且已由勞方接受
不在滯留柜上且從而將存貨分劈致預定繳付
失落無着用特將經過情形繕報並附前呈工商
分貨員姓名及貨品名稱清單 請予
察核
賜予救濟是荷 此致
青島市工商聯籌備委員會主任委員
呈具人 戰警堂
一九五〇年五月十八日

¤ 玉春号 1950 年 5 月 18 日呈请青岛市人民政府工商局歇业的申请　资料来源:陈承杰收藏

① 玉春号为呈请市人民政府工商局歇业事由[Z].1950-03-29.

停止了物价批发指数的发布，二是以实物计量的物价折实单位，和旧版及新版人民币的比对相当困难，难以完成专业分析。遂试图转向玉春号的江南进货源头寻找原因。在否定了交通、物流不畅的因素之后，答案或许就在一本日本学者的著作里。

1949 年 10 月，上海的新中国国营百货公司承担起百货调配任务，私营百货店失去了货源。研究上海史的菊池敏夫博士，就此有如下论述："对民间商业统一管理的方法，首先是国家对拥有'货源'的工厂及生产者的产品采取统一垄断采购的方法。然后，由掌控商品的国家统一管理批发业，并由此间接达到对零售业的统一管理。从 1949 年到 1953 年，南京路的民营批发商店从 297 家减到 150 家，依存于批发业的民间百货公司也因此被置于国家统一管理之下。"①

此时玉春号已经没有存货，其原因在于临近解放时金圆券暴跌导致抢购风在全国蔓延。以上海为例，永安等四大百货公司的货品几乎被抢空，媒体形容为"四大皆空"。战警堂的亲笔材料，也同样回忆了青岛的抢购风潮："国民党反动派侵占青岛，法币泛价，八一九法币换金元券，钱□一落千丈。玉春号货物被抢购一空，竟至无法维持。"②

依照上海的管控政策，几十年来以经销上海商品为主业的玉春号，在 1950 年自然无法再从上海批发进货。因此玉春号呈请歇业所写的"货物销售已罄，实难进行"应当与事实相符。无货可卖，且要支付店里伙计的工资和水电煤食等日耗，关门就成为唯一选择。

再根据几年后的《中共中央山东分局财委对安排市场改造私营商业的方案(草案)》③来看，在逐步实施的管控方案中，山东省境内有利润的私商只限于国营公司尚未经营或只经营其中一小部分的行业，如中药业、小五金业、自行车零件业、陶瓷器业、油漆业、电料业、竹藤绳业、交通器材业八类行业。④

① 菊池敏夫. 近代上海的百货公司与都市文化[M]. 陈祖恩，译. 上海：上海人民出版社，2012:265.

② 战警堂. 我的个人简历及主要政治问题[Z].

③ 山东卷编审委员会. 中国资本主义工商业的社会主义改造：山东卷[M]. 北京：中共党史出版社，1992:134.

④ 山东卷编审委员会. 中国资本主义工商业的社会主义改造：山东卷[M]. 北京：中共党史出版社，1992:134.

凡经营国家只控制一部分货源，私商尚能直接从工厂进一部分货的百货业、眼镜业、文具业等的，基本犹能勉强维持。而玉春号之类从事绸布业、肉食茶叶糖果业、新药业等行业的，由于国家已全部或大部分控制了货源，大部分不能维持而关停。

1950 年 5 月 28 日，战警堂发现店内货物受损。他以青岛市工商业联合会筹备委员会主任委员的身份，再次就玉春号歇业的具体收尾事项函请市工商局。他提到现在柜上的伙计仍在玉春号内吃住，发给遣散费后，商号已经无钱供给食宿。但今日以张某眉为主的五个伙计，竟未经同意将店内库存货物变卖，并将货款私分，致使缴税款受到影响。“查业经协议遣散之伙友，且已由劳方接收遣散费，自不应滞留柜上。且进而将存货分劈，致预定缴付国税之款项失落无着。”①

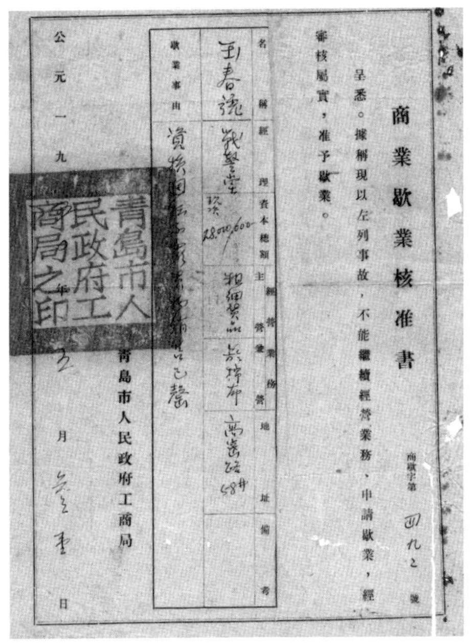
商業歇業核准書

商歇字第 四九二 號

呈悉。據稱現以左列事故，不能繼續經營業務，申請歇業，經審核屬實，准予歇業。

名稱：玉春號
經理：戰警堂
資本總額
主營業務
營業地址
備考
歇業事由

青島市人民政府工商局

公元一九　年　月　日

青島市人民政府工商局之印

¤1950 年 5 月 31 日青岛市人民政府工商局就玉春号歇业的核准书　资料来源：陈承杰收藏

店内库存的绸缎布匹被战警堂送往青岛鸿聚昌拍卖行进行拍卖。至此，玉春号“资损周转不灵，货物销售已罄”。

三天后，青岛市工商局批准玉春号停业。

青岛解放后，政府不允许私自酿酒，无事可做的玉春黄酒馆职员已经在店里住了 11 个月。经劳动局调节，玉春号停业后，战警堂发给酒馆伙计们一个半月工资作为解散费。愿意继续跟随战家的伙计，被战警堂安排到了中国氧气工厂。

① 玉春号为货款损失呈请市人民政府工商局查核救济事由[Z].1950-05-28.

战家驻足青岛的第一庄生意,持续飘香 42 年的玉春黄酒,自此在大鲍岛烟消云散。

6 月 12 日,因玉春号库存丝毛织料税款延期缴付,青岛市税务局对其处以罚金。“私自藏匿未税货品,不按规定期限办理完税手续,经查获。除补税外,并处以三倍之罚金。”①

战警堂用停业后玉春号的名义,进行了一次慈善捐助,以此向老去的玉春号致敬。

青岛市生产教养院的一份收据显示,玉春号捐款 100 万元旧币,资助一个名为周和卿的人,为其支付了在该院终身的生活费。②

玉春号歇业之后,按照山东省人民政府的批示,撤销青岛市工商局,成立青岛市人民政府私营工业管理局。

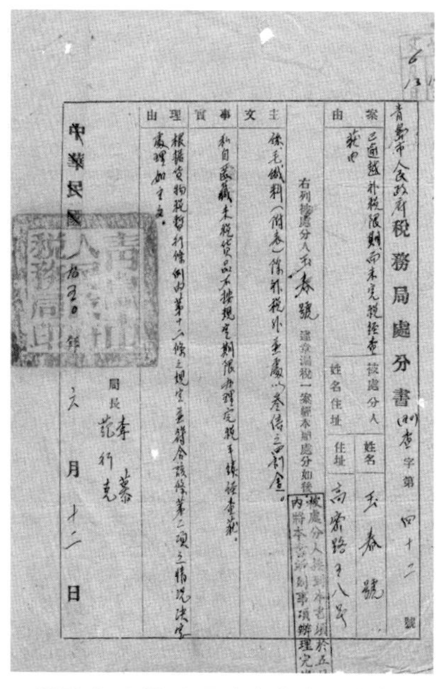

¤1950 年 6 月 12 日青岛市人民政府税务局对玉春号延期缴税的处分书　资料来源:陈承杰收藏

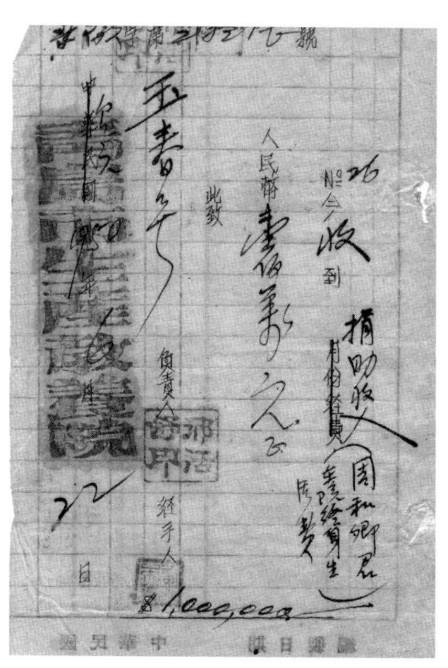

¤1950 年玉春号为青岛市生产教养院捐款的凭单　资料来源:陈承杰收藏

① 查字第四十二号,青岛市人民政府税务局处分书[Z].1950-06-12.

② 青岛市生产教养院捐助收入存单[Z].1950-06-22.

青岛市政府根据国家政策，对于玉春号一类的私营经销商进行“留、转、包”整顿，即让私方继续经营国营企业经营较少和尚未经营的行业，并有计划地指导批发商转业，不能转业的行业，由公方包营。几年之后，青岛对玉春号一类较大规模的私营批零商店的改造结束，并按照行业进行归口管理。

比如开业于1925年，与玉春号同在高密路经营多年的万源永号南货店，合营后成为海滨食品商店。玉春号邻居开业于1930年的三聚成号，既是青岛四大酱园之一，又是食品销售商。三聚成号参加合营后，改名为四方路蔬菜副食品店。附近的天真照相及天真和记照相材料行，在经营照相业和照相材料批发零售近30年后，合营为青岛天真照相馆。

难舍玉春号老楼，百货业起家的战警堂重操旧业。他和王组珊在原地另行开办中阜商行，由战警堂任监理，代销天津产的卷烟、肥皂。中阜商行业绩寥寥，无甚发展，甚至在战警堂档案中没有其他线索提及。

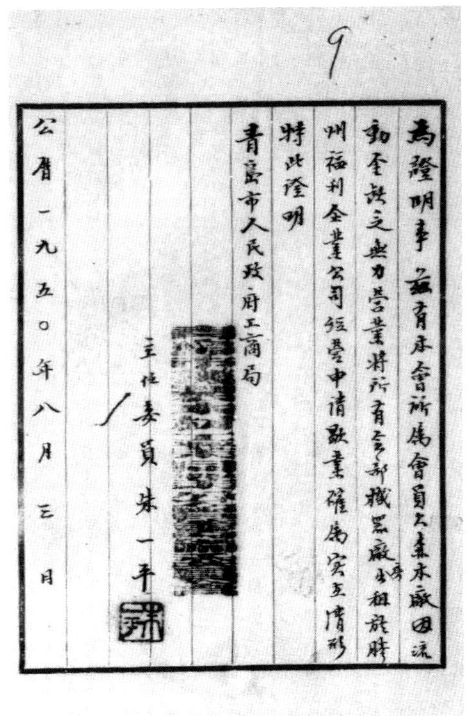

9

為證明事茲有本會所屬會員大森木廠因流
動資金缺乏無力營業將所有全部機器廠房出租與膠
州福利企業公司經營申請歇業確屬實在情形
特此證明
青島市人民政府工商局
主任委員 朱一平
公曆一九五〇年八月三日

¤ 大森木厂厂房设备出租的证明

玉春号歇业一个月后，沾化路上的大森木厂亦停产。

大森木厂在1949年10月和青岛福聚隆木厂有过合资。[①]1950年5月大森木厂重新进行了工业登记，并加入青岛机制木材业同业公会。登记的营业范围是“建筑料、箱板、企口板”。

① 化学工业同业公会战警堂材料[Z].1952-03-10.

此时大森木厂月产量7万英尺[①]，聘请四方机场老技工李守敬[②]担任主任技师，资本额人民币旧币1.4亿元。[③]

仅仅两个月后，共有职员5人和工人8人的大森木厂申请歇业。

1950年7月15日，大森木厂厂房及设备整体租赁给胶州福利企业公司，租金是每月65袋面粉。

“本厂因资本缺乏，周转不灵，多数机器未能开动。常以停顿，有碍生产。

兹经股东会全体通过，以全部机器、工具、器具租与胶州福利企业公司使用。

为免将来发生异议，特由全体股东签订同意书存正。”[④]

此后，战警堂拿着打官司胜诉得到的房租2461万元，到税务局台东区第三分局缴纳了大森木厂歇业前所得税。[⑤]

租赁设备开办福利木厂的胶州福利企业公司，在此营业仅有一个季度的时间。随后，位于安徽路34号的青岛联合建筑公司再次承租大森木厂的厂房

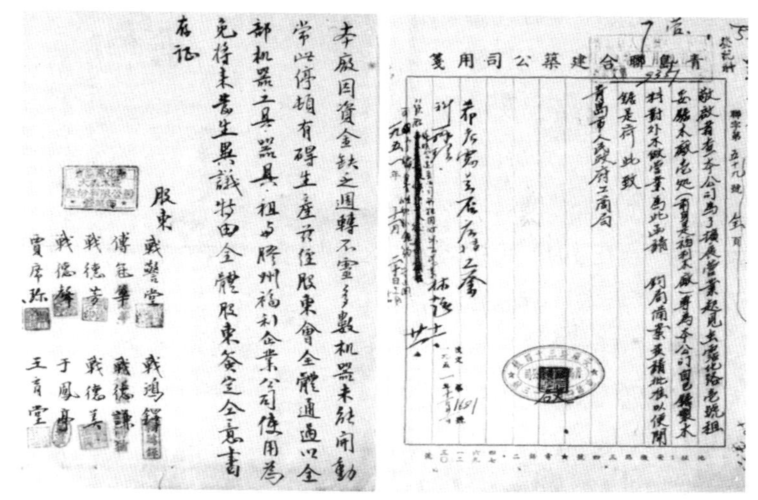

本廠因資金缺乏週轉不靈多數机器未能開動常以停頓有碍生產茲經股東會全體通過以全部机器工具器具租與膠州福利企業公司使用為免將來發生異議特由全體股東簽定全意書存証

股東 戰警堂

青島聯合建築公司用箋

¤1950年大森木厂厂房设备转租胶州福利企业公司、青岛联合建筑公司的有关函件
资料来源：青岛市档案馆

① 1英尺等于0.3048米。

② 青岛市工业登记申请书[A]. 青岛：青岛市档案馆，1950-05-20.

③ 工厂登记表00598号[A]. 青岛：青岛市档案馆，1950-05-20.

④ 大森木厂股份有限公司股东签字书[A]. 青岛：青岛市档案馆，1950-07-12.

⑤ 战警堂. 在互助互查及劳资见面会的书面材料[Z]. 1952-04-18.

设备,将工厂作为直属加工厂。“专为本公司自己锯制木料,对外不做营业。”①

两经转手,大森木厂的账本和房产手续已经不知存于何处。1952 年进行房产登记时,战警堂给房产管理部门写了申请,此时木厂营业执照依然有效。“今特呈请准予展期,俟将账找着,即行办理登记。”②

当年,有十几名木匠租赁了台东区南仲家洼的三间民房,组办了青岛台东木器生产小组。1954 年 5 月改称青岛市木器生产合作社,包括大森木厂等多家私营木器厂加入,合作社职工迅速增至 550 人。

青岛市木器生产合作社后再度更名为青岛第一木器生产合作社,并最终于 1958 年 10 月正式成为青岛第一木器厂。战警堂的自述证实,20 世纪 50 年代他在青岛第一木器厂持股 1 万元。

战警堂烟草业的江湖朋友、崂山烟厂厂长钮心白,最后的生计也与大森木厂有着关联。

钮心白于 1949 年春天,以 50 两黄金的价格购买了战警堂大森木厂的一部分厂房。③这段时间,崂山烟厂因被指为有敌伪股份而被监管生产,北伐炮兵出身的钮心白的言行已经变得十分谨慎。他以妻子陈衣梅的名字,在大森木厂内注册了一家小型烟厂——福海烟厂,用以维系生活。福海烟厂有卷烟机两台,产品有喜临门、快得利等牌号卷烟,老技工牟广怡负责生产。

福海烟厂约一年后停产。钮心白的妻子陈衣梅病逝后,钮心白离开青岛,下落不明。他留在旧纸上最后的信息,是 1952 年一份《吸食毒品案件调查表》中一个模糊的家庭住址:“青岛高密路西头路北。”④

① 青岛联合建筑公司呈请工商局为租妥沾化路一号备案[A]. 青岛:青岛市档案馆,1950-11-20.

② 战警堂. 给房地产管理部门的说明[Z]. 1952-12-16.

③ 战警堂. 我的家庭情况和经济[Z]. 1952-04-20.

④ 卷□24 吸食毒品案件调查表[Z]. 1952-06-06.

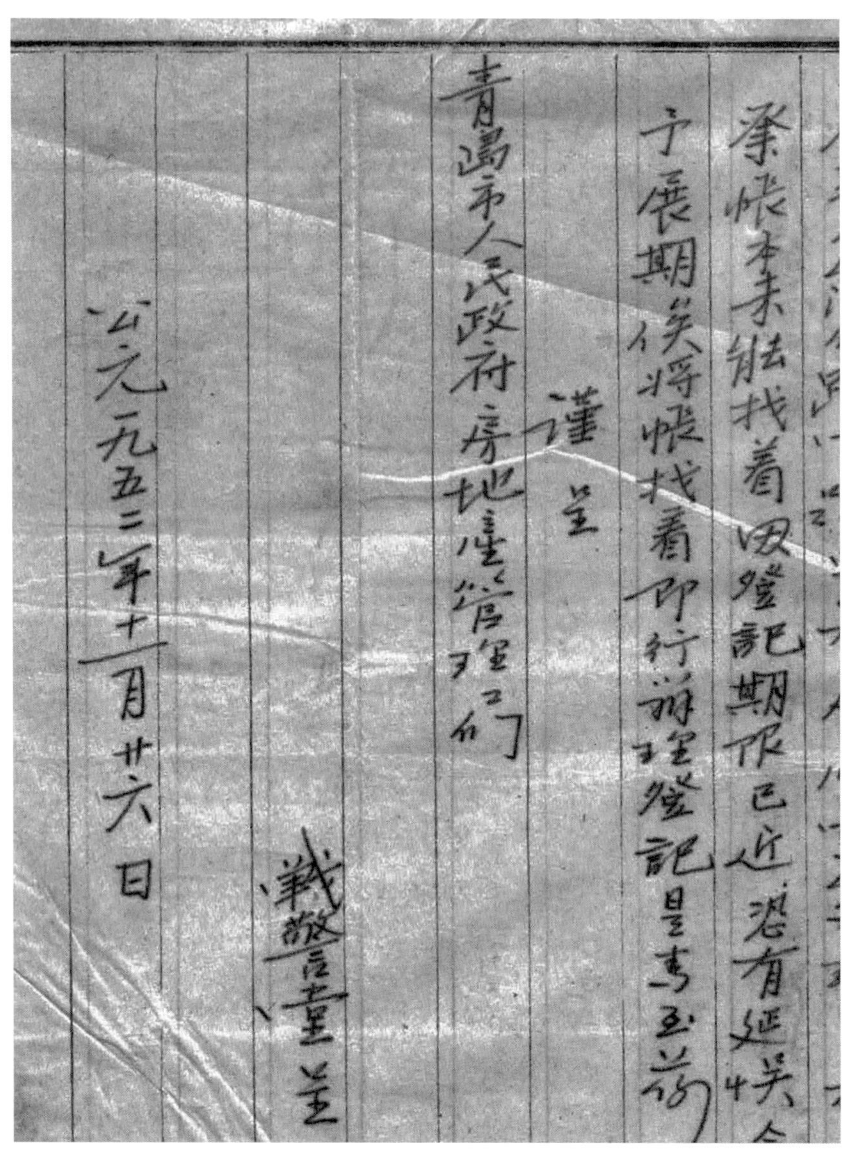
……帐本未能找着因登记期限已近恐有延误……
于展期後將帳找着即行辦理登記是為至荷
谨呈
青島市人民政府房地產管理部門
公元一九五二年十一月廿六日
戰警堂 呈

¤ 战警堂关于大森木厂事宜给房地产管理部门的说明　资料来源：陈承杰收藏

第八章

亦步亦趋 迈步从头越

检讨开始了

1951 年，为解决抗美援朝引起的财政困难，中央发起了增产节约运动。在这期间，为解决内部腐败问题，开展了“反贪污，反浪费、反官僚主义”的“三反”运动。

青岛的“三反”运动自 1951 年 12 月开始，至 1952 年 5 月结束。部分不法企业被查处，干部队伍中被拉拢腐蚀的现象，得以及时清理。其中，青岛不法企业的典型是大元橡胶厂。

大元橡胶厂的前身，是青岛福顺太百货店兼营的福字胶皮厂，厂址在团岛二路。1937 年七七事变前转让给日商，改名为太安胶皮厂。日本占领青岛后，诸城路的青岛胶皮厂与该厂合并生产胶鞋。1945 年抗战胜利后，上海一家橡胶厂的经理赵志辉向青岛敌伪产业管理局标购此厂，改名为大元橡胶厂。

抗美援朝战争中，大元橡胶厂承担为志愿军加工军需品的任务。在加工军用雨衣时，该厂偷工减料，以次品代替政府交付的优质原料，使军工产品受损。此劣举被职工揭发后，政府立即组织调查处理。最终，除经理受到处分外，该厂应该补交的税额已经超过工厂总资产。鉴于该厂认罪态度较好，法院判决以资抵债，没收该工厂的全部资产，划归市轻工局管理，后更名为第九橡胶厂。

国家“三反”运动的出发点，是打击部分机关干部的贪污腐败，纯洁自身体制。而在“三反”运动开展的过程中,发现党政内部个别人与资产阶级商人有勾结和关联,同时不法商人存在偷税、行贿、盗窃财产等违法行为。针对这些暴露出来且急需解决的问题,自1952年2月起,全国开展了轰轰烈烈的“反行贿、反偷税漏税、反盗骗国家财产、反偷工减料、反盗窃国家经济情报”的“五反”运动。

“(青岛)全市工商界开展了‘五反’运动。运动中,依靠工人阶级,团结守法的资产阶级及其他市民,向着违法的资产阶级开展斗争。经过坦白检举、揭发‘五毒’和定案处理,全市运动于1952年9月初步结束。全市私营工商者15397户,半违法户1712户,占11.1%;严重违法户184户,占1.2%;完全违法户47户,占0.3%。违法所得计1554万元,退财补税925万元,相当于当年私营工商业资本总额的18%。”①

战警堂曾这样检讨自己:“此次运动开展,使我深深认识到这是政府在挽救我。无疑是把陷在泥坑的我救了出来,给我一个最后改造的机会。我要把旧社会给我的肮脏思想刷洗干净,彻底地忠诚地把资产阶级享受腐化、自私自利、损人利己等坏思想支配下发生的一连串的种种罪恶事实坦白出来,向人民低头,向政府请罪,请政府给我严厉的处分。”②

《中共青岛市委关于“五反”运动情况的报告》中写道:“‘五反’运动,促进了私营工商业有益地改组,其具体表现是最近三个月来,私营工商业的开业、歇业和转业的频繁变动。现在青岛市的私营工商户,已经从1951年底的15673户减少到14445户,共减少1228户。”③

“在‘三反’‘五反’运动以前,由于资本主义经济在整个国民经济体系中起着巨大的作用,工人阶级还没有对资产阶级进行激烈的斗争,资产阶级还保持着旧有的地位和尊荣。‘三反’‘五反’的斗争唤起了工人阶级的高度自觉,借‘五毒’的罪名使资产阶级原有的威风在绝大多数企业中扫地以尽。”④

① 中共青岛市委党史研究室.城市的接管与社会改造:青岛卷[M].北京:中共党史出版社,1999:21.

② 战警堂坦白书[Z].1952-04-16.

③ 中共青岛市委党史研究室.城市的接管与社会改造:青岛卷[M].北京:中共党史出版社,1999:363.

④ 王霞.国家、资本家与工人:资本主义工商业改造再研究[M].北京:中国政法大学出版社,2016:104.

“五反”运动，逐步且普遍使资产阶级失去了其政治和社会基础，扭转了资本家和工人的政治地位及对企业的管理权，从此“资本家”成为剥削和耻辱的代名词。

合营的氧气工厂

1953年9月，随着党在过渡时期的总路线和总任务正式发布，逐步实现国家的社会主义工业化，并逐步实现国家对农业、手工业和资本主义工商业的社会主义改造，被提上日程。

公私合营工作随即展开。中财委(53)财经工商字第七号文件，明确了公私合营企业的具体含义：“凡政府与私人企业合资，政府参加经营管理的企业，称公私合营企业。”[①]

“(青岛)部分私营企业业主，因无力偿还对国营企业的欠款，或有的企业无力缴付‘五反’退财补税，而经过批准将应付公款转为国家在这些企业的投资，从而产生的公私合营企业。”[②]战警堂的中国养气工厂就属于这种情况。

高效的公私合营工作，从清理到登记在两个月之内就能办结。多份时间上接续的档案，证实中国养气工厂公私合营的具体时间是1953年7月。

一份《养气厂清理委员会致战警堂先生存阅》的公函显示，由青岛市实业公司牵头，会同市节约检查委员会、交通银行、私股代表成立了清理委员会。

清理委员会由青岛市实业公司腾胜、市节约检查委员会梁实芝、交通银行汪集鉴、私股代表战警堂，以及原工厂工会主席王宗周等七人组成。委员会下设查账组、清估组，明确了1953年5月25日为决算期，工厂5月25日之前属于私营，之后属于公私合营。

清理工作于6月底前顺利结束。

1953年7月16日，一个全新的工厂——公私合营中国养气工厂股份有限公司正式成立。

---

① 《青岛市工商行政管理志》编纂委员会．青岛市工商行政管理志(1891～1990)[M]．北京：新华出版社，1996:25.

② 王国栋．关于青岛工业公私合营问题研究[D]．济南：山东大学，2008:17.

上午9时，股东大会在道口路26号厂内召开。参会公股代表3人，私股代表18人。

股东大会上，战警堂报告了改组原因及资产清理情况，根据清偿比例宣布新工厂的股本中，私方股本为9000股，公方股本为7600股。根据公司章程规定，公股董事三人、监察人一人由政府指定；私股董事四人分别是战警堂、陈孟元、孙级三、战贵轩，监察人是杨月松。[①]

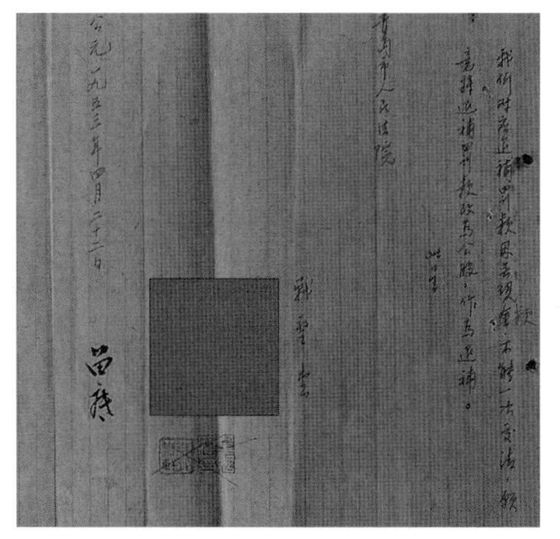

¤1953年4月22日，战警堂致法院将退补罚款改为公股的申请书　资料来源：陈承杰收藏

一周后，公私合营中国养气工厂股份有限公司岗位定编。全部人员分为管理人员、技术人员、车间主任、基本工、勤杂人员管理等岗位。

7月29日，青岛市实业公司正式批准新工厂进行工商登记。“接市财委一九五三年七月廿五日批示称‘本委同意中国氧气厂股份有限公司以公私合营名义登记，此复’。特此批复，希你厂即向工商局以公私合营名义办理登记为荷！”[②]

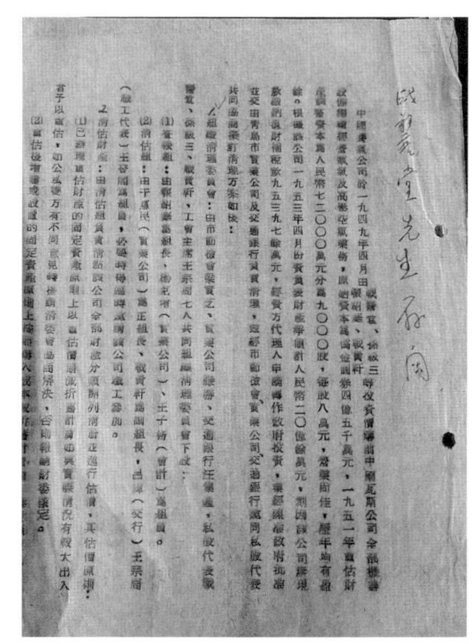

战警堂先生存阅

中國養氣公司於一九四九年四月由戰警堂、孫級三等投資價購前中國瓦斯公司全部機器設備開始製造氧氣及高壓[illegible]氣業務，原始資本為[illegible]金圓券四億五千萬元，一九五一年重估財產調整資本為人民幣七二〇〇〇萬元分為九〇〇〇股，每股八萬元，營業尚佳，歷年均有盈餘。根據該公司一九五三年四月份資負表財產淨值計人民幣二〇億餘萬元，[illegible]因該公司[illegible]欠[illegible]補稅款九五三九七餘萬元，經資方代理人申請轉作政府投資，業經[illegible]政府批准並委由青島市實業公司及交通銀行負責清理，並經市勞資[illegible]、實業公司、交通銀行[illegible]同私股代表共同協商擬訂清理方案如後：

1.組織清理委員會：由市[illegible]、實業公司[illegible]、交通銀行[illegible]，私股代表戰警堂、孫級三、戰貴軒，工會主席王宗[illegible]七人共同組織清理委員會下設：

(1)審核組：由[illegible]為組長，[illegible]（實業公司）、王子[illegible]（會計）為組員。

(2)清估組：由于[illegible]民（實業公司）為正組長，戰貴軒為副組長，[illegible]（交行）王宗[illegible]（職工代表）王[illegible]為組員，必要時得邀請該公司職工參加。

2.清估財產：由清估組負責清點該公司全部財產分類列冊並進行估價，其估價原則：

(1)已經重估財產的固定資產原則上以重估價值減折舊計算而與實際情況有較大出入者予以重估，如公私雙方有不同意見時提請清委會協商解決，否則報請財委核定。

(2)重估後增添或改置的固定資產[illegible]

¤ 公私合营前中国养气工厂清理委员会致战警堂先生存阅函　资料来源：陈承杰收藏

8月5日，经青岛市实业公司批准，公私合营中国养气工厂股

① 股东成立大会会议记录[Z].1953-07-16.

② 青岛市实业公司.关于公私合营氧气厂股份有限公司关于工商登记的批复[Z].1953-07-29.

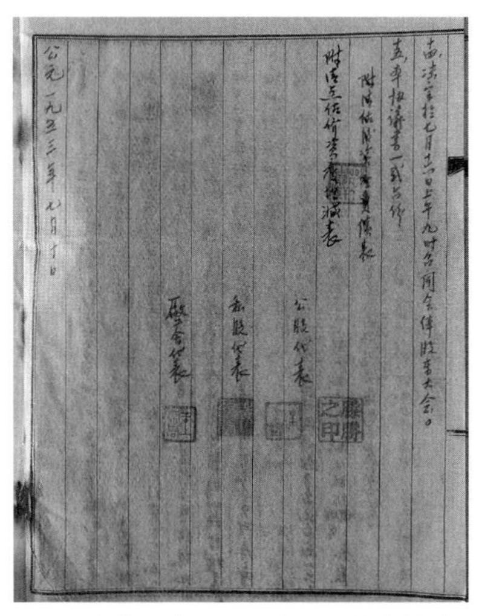
公股代表
私股代表
公元一九五三年九月十日

¤ 公私合营前清理委员会委员签章的清估报告书　资料来源：陈承杰收藏

No 000011

委託書

今委託　　股東代表本股東出席本公司一九五三年七月十六日股東會，行使股權。

此致

中國養氣工廠股份有限公司

股東

一九五三年七月十六日

（簽名蓋章）

¤ 战警堂出席股东大会的委托书　资料来源：陈承杰收藏

份有限公司证章正式启用。[①]

公私合营中国养气工厂股份有限公司首任经理战警堂，以一个全新的姿态行走在台东区道口路上。

1953 年年底，青岛公私合营企业共有 26 户。其中，重工业类别的工厂分别是战警堂的公私合营中国养气工厂股份有限公司、建华轧钢厂、联仁制钉厂、万丰窑厂、在林木厂、广益化工厂、中国燃料厂、延年化工厂、永大化工厂、华昶锯木厂等 10 家。[②]

1954 年元月，中央财经委员会召开扩展公私合营工业计划会议，指出今后扩展工业合营的方针是“以国家投入少量资金和少量干部，去充分利用原有企业的资金、干部和技术，来改造资本主义工业”。9 月份，政务院颁布《公私合

¤ 公私合营中国养气工厂股份有限公司生计股公章　资料来源：陈承杰收藏

① 青岛市实业公司．为同意你厂按照新拟图样制订新证章由[Z]．1953-08-05.

② 王国栋．关于青岛工业公私合营问题研究[D]．济南：山东大学，2008:19.

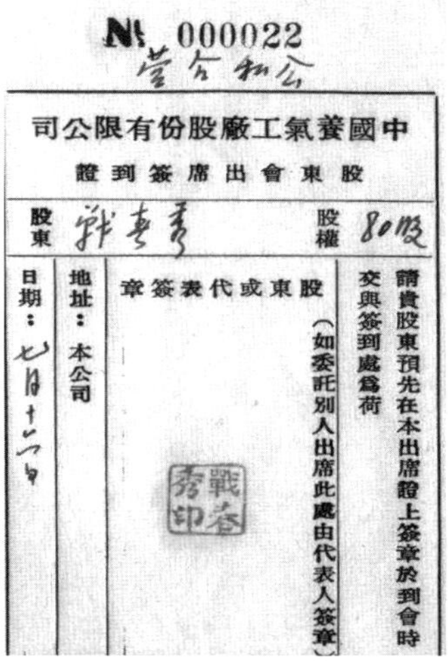
No 000022

公私合營

中國養氣工廠股份有限公司

股東出席簽到證

股東	戰春秀	股權	80股

請貴股東預先在本出席證上簽章於到會時交與簽到處為荷

股東或代表簽章

（如委託別人出席此處由代表人簽章）

地址：本公司

日期：七月十六日

戰春秀印

¤ 战春秀出席股东大会的签到证 资料来源：陈承杰收藏

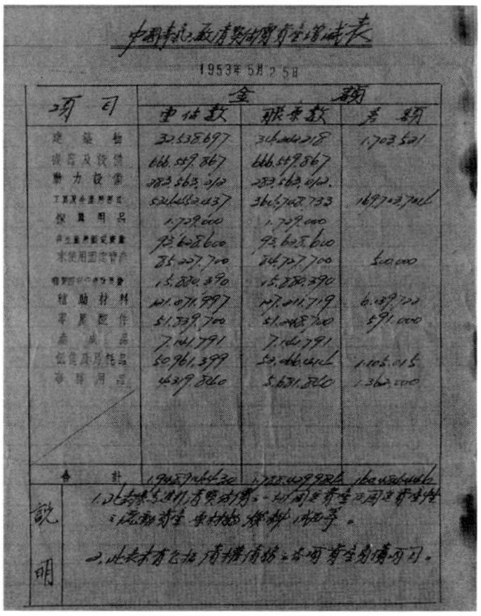
1953年5月25日

項目	金額 重估數	帳面數	差額
建築物	32.538.697	[illegible]	1.703.521
機器及設備	666.549.867	666.549.867	
動力設備	283.563.010	283.563.010	
[illegible]	[illegible]	365.768.733	[illegible]
[illegible]	1.729.000	1.729.000	
[illegible]	93.608.600	93.608.600	
未使用固定資产	85.227.700	84.727.700	500.000
[illegible]	15.880.390	15.880.390	
補助材料	[illegible]	147.011.719	[illegible]
零星配件	51.339.700	[illegible]	591.000
[illegible]	7.141.791	7.141.791	
[illegible]	50.961.399	[illegible]	1.105.015
[illegible]	[illegible]	5.631.860	[illegible]
合計	[illegible]	[illegible]	[illegible]

說明

¤ 公私合营前的中国养气工厂清点作价资产增减表 资料来源：陈承杰收藏

营工业企业暂行条例》。

青岛市工商局根据中央指示和“巩固阵地、重点扩张、做出榜样、加强准备”的工作方针，进入扩展合营阶段。大型工业企业依照“按行业考虑，个别合营，统筹兼顾，各得其所”的原则，进行公私合营。这一批次 22 家合营的工业企业中，青岛重要的私营工厂，如阳本印染厂、同泰橡胶厂、茂昌蛋厂、建国铁工厂、泰东铁工厂、永裕盐业公司，均参加了公私合营。[①] 这 6 家榜样工厂的产值占 22 家私营工厂产值的 58%。

1954 年，道口路的厂房已经不适应公私合营中国养气工厂股份有限公司的生产发展需求，这一年工厂新购氧气瓶 500 个，仍不能满足生产需要，又加购了 6 立方米容量的氧气瓶 130 个，后为满足次年出口任务再次申请购买 1000 个氧气瓶。公私合营中国养气工厂股份有限公司上报申请在四流南路新建大型厂房，青岛市城市建设委员会批复的意见是不同意在市区建厂。

“经我部门与有关部门联系研究，认为氧气带有爆炸性和助燃性，不宜设于市区。既然新建厂房，应向危险工业区（双埠以南滨海地区）另选地址建厂。

① 《青岛市工商行政管理志》编纂委员会．青岛市工商行政管理志（1891 ～ 1990）[M]．北京：新华出版社，1996：204.

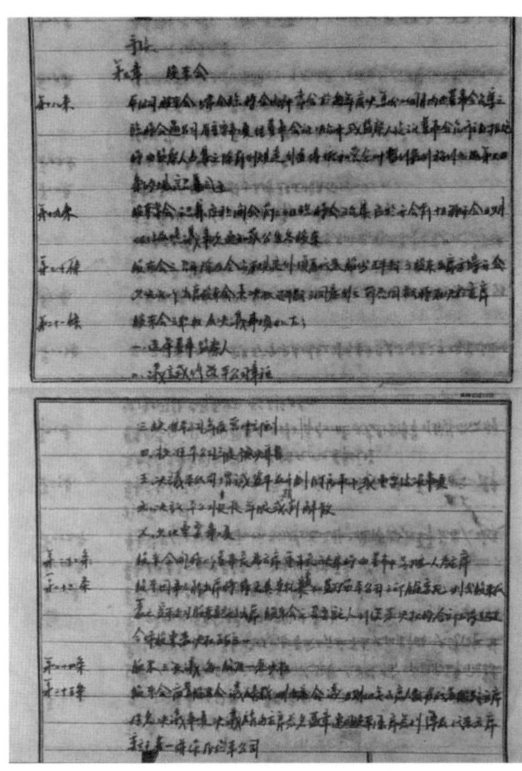

¤ 公私合营中国养气工厂股份有限公司章程草案　资料来源：陈承杰收藏

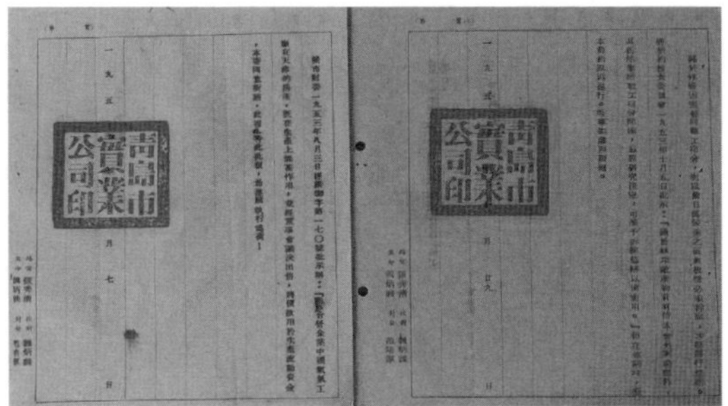

青島市實業公司印

青島市實業公司印

¤1953 年，青岛市实业公司关于公私合营中国养气工厂股份有限公司维修宿舍以及处置天津市房产的批复　资料来源：陈承杰收藏

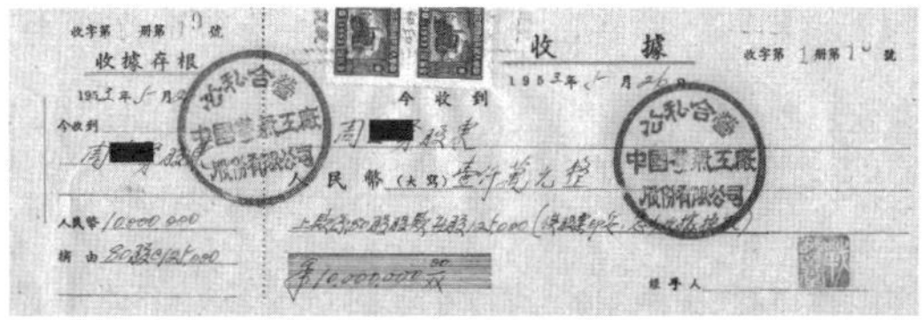

收據存根

收據

今收到

人民幣

公私合營 中國養氣工廠 股份有限公司

¤1953 年，公私合营中国养气工厂股份有限公司收据　资料来源：作者收藏

因此不同意你厂在四流南路附近设厂。特此批复。”①

因双埠危险工业区在1955年尚未解决水电问题，最终公私合营中国养气工厂股份有限公司于1956年选择在沧口区大沙路新建厂房。道口路老厂房结束了20多年为青岛市工业生产供给氧气的历史使命。

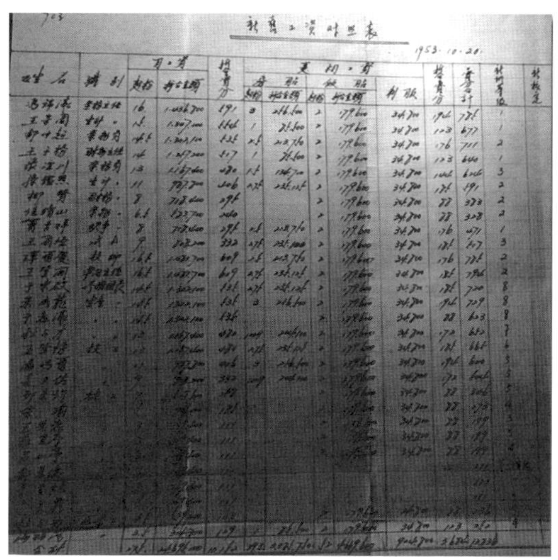

¤1953年中国养气工厂公私合营前后的工资对照表　资料来源：陈承杰收藏

余音缭绕

战警堂与他人合股经营的其他旧产业，也随着新社会的改造而改头换面。

1949年下半年，民族资本轻工业和商业在国民经济中占据重要地位。就工业而言，全国私营工业企业12.3万家，其产值占全国工业产值的63%，其中火柴业的产值占比高达80.6%。②

战警堂等股东开办于1928年的华北火柴厂，也走完了接近30年的生产历程。

华北火柴厂董事长李代芳于1949年南下中国台湾之后，再未回到大

① 青岛市人民政府城市建设委员会批复氧总字109号报告[Z].1954-09-04.

② 李定.中国资本主义工商业的社会主义改造[M].北京：当代中国出版社，1997:44.

陆[1];经理江一山于1949年5月20日辞去了青岛火柴工业同业公会理事的职务。解放军入城15天之前,这份请辞呈文[2]依然在流转。青岛解放后,华北火柴厂由青岛市人民政府代管生产。

1952年1月,华北火柴厂等私营火柴工厂归青岛实业公司管理。华北火柴厂先并入信昌火柴厂,后与振华火柴厂合并,成为国营青岛实业火柴厂的组成部分,战警堂、周子西等人的股权不变。

1955年4月,青岛振业火柴厂与青岛火柴股份有限公司合并,成立公私合营青岛振华火柴厂。1956年1月,青岛市轻工业局对青岛的私营火柴企业全部实行公私合营。随后青岛市成立火柴工业公司,统管全市的火柴生产,全市火柴产品统一使用拖拉机牌商标。

青岛火柴业公私合营后,战警堂担任原工厂监察人。

没过多久,华北火柴厂等少数经联营、剥离、重组的交叉工厂与青岛市台东区同生油脂厂、天成化工厂、力生化工社等合营工厂再度合并,更名为台东化工厂。台东化工厂随即在青岛娄山后地区建造新厂址,生产甘油、硫化钡等产品。1966年该厂更名为青岛红星化工厂。

抗战胜利后被接管的山东烟厂,1948年3月被国民政府经济部派员复工,次年5月原料消耗殆尽停工。该厂负责人登船南下中国台湾。

新中国成立后,山东烟厂由青岛市军管会接管。1949年底山东烟厂改名为山东省烟草公司青岛第一烟厂,1950年春季改名为山东省烟酒公司青岛烟厂,1951年再度改名为山东省专卖事业公司青岛制烟厂。1953年,该厂隶属青岛实业公司领导,又改称青岛实业烟厂。“后职工陆续增加到500余人,开动卷烟机10部,1953年元月划归青岛实业公司领导,改名为国营青岛实业烟厂。”[3]

烟火不分家。自民国以来火柴工业的演变相对平缓,而卷烟业江湖历来释放着辛辣的重口味。在时代改换的风潮里,无处可躲的烟草业当事人的境

① 李代芳于1973年在中国台湾台中病逝。

② 关于请准辞去青岛去火柴工业同业公会理事职务的呈文:B0038-003-00084-0318[A].青岛:青岛市档案馆,1938.

③ 青岛市商业局.青岛市私营卷烟工业社会主义改造资料[R].1959:23

遇更为坎坷。

当年那位空手套白狼把青岛东亚烟厂弄到手的俞中萼,此时更受各方瞩目。俞中萼操盘的(青岛)上海烟厂早在1948年元月就已停产。

青岛解放后,俞中萼招股注资将(青岛)上海烟厂改组为大陆烟厂,于1949年11月开业。1950年,青岛市卷烟同业公会在高密路80号重组办公,俞中萼担任主任委员。

1951年11月,青岛市军管会敌伪财产清理委员会根据华东最高人民法院的指示,组成监管小组,进驻大陆烟厂监管生产。青岛市军管会查明该厂有在逃香港的上海丁姓汉奸的股份。汉奸的股份被政府没收,而俞中萼当年零成本拿下青岛东亚烟厂的传奇操作已被业内皆知,其原始股份很快被认定属于非法盗窃所得,应予没收。

1954年元月,大陆烟厂并入青岛实业烟厂后,俞中萼从董事长被降职为检验科副科长。

民族卷烟工业家的个人经历很复杂,新中国成立后对本地卷烟工业的并转过程同样复杂。

1952年,政府接收英美颐中烟草公司青岛分公司后,将其改组为国营青岛颐中烟草公司。战警堂的原山东烟厂,经山东省烟草公司青岛第一烟厂、山东省烟酒公司青岛烟厂、山东省专卖事业公司青岛制烟厂,演变为青岛实业烟厂。

1958年,原崂山烟厂并入山东省工业厅青岛烟厂。1959年山东省工业厅青岛烟厂更名为国营青岛第二卷烟厂,当年国营青岛第一卷烟厂与国营青岛第二卷烟厂合并生产。1960年两厂再度分开生产。1961年,国营青岛第一卷烟厂和国营青岛第二卷烟厂划归山东省轻工业厅后,分别改称山东青岛第一、第二卷烟厂。

1962年青岛第二卷烟厂被撤销,厂房移交青岛电镀表厂。青岛第一卷烟厂更名为山东青岛卷烟厂,成为青岛唯一的国营卷烟生产企业。

1964年,在结束因中国中烟公司改革而被划归上海烟草分公司管辖后,山东青岛卷烟厂正式改名为国营青岛卷烟厂,并延续生产至今。

如果以简单易记的人物来表述,可概括为新中国成立后政府在接收英美颐中烟草公司在青烟厂之后，战警堂山东烟厂、俞中萼大陆烟厂、崔岱东崂山烟厂以各种角色合并加入，又经频繁更名和变换隶属关系，最终汇入一个大熔炉，打造了国营青岛卷烟厂。

而熔炉里的战警堂、俞中萼、崔岱东等随着时间的推移冷却下来，逐渐被这个城市所忘记。但历史记得他们，也记得他们自 1949 年至 1964 年望向新卷烟厂的眼神以及转身而去的背影。

过渡者

工业公私合营先行之后，1954 年 6 月 19 日，青岛市私营商业代表会召开，研究对私营商业进行社会主义改造的问题。

工商两业先后步进社会主义大道。

自 1949 年至 1953 年，青岛市公私合营企业的盈利分配参照原企业章程比例执行。自 1954 年开始，根据《公私合营工业企业暂行条例》，利润分配改为“四马分肥”的方式。即将私营企业全部利润分割，分为所得税、公积金、工人福利奖金和资方股息红利四大块进行分配。

青岛公私合营工业企业 1950 年至 1952 年的股息红利分配占比分别为 52.85%、38.1%、40.57%，至 1954 年“四马分肥”时占比下降至 23.05%；同时税务部门对公私合营企业的定税偏高，股息红利偏低。根据省政府要求，青岛市政府对此现象及时进行了调整，确定给 206 户公私合营企业退税 17.8 万元，全部充作公积金，解决了企业反映的生产困难问题。

1954 年，是青岛市公私合营改造最为重要的推进年份。仅在本年度的第二期计划中，就有振华，普华铁工厂，山荣机器厂，顺昌制链厂，大信化工厂，安泰、裕泰、大中、青一、华福、长安、翰成染织厂等 17 家工厂进行了公私合营。青岛一市公私合营的企业数量，几乎等于济南、烟台、德州、菏泽、潍坊、淄博 6 地市公私合营企业数量的总和。

1956 年国内实行全行业的公私合营，对资本主义工商业的改造已经进入收尾阶段。1 月 19 日，青岛市工商业联合会召开临时代表会议。

“很多代表在自由发言中纷纷表达了要求实行全行业公私合营迫不及待的心情。并有不少的代表表示要把自己不用的房产、黄金、外汇、存款、公债券及其他账外资财和生产资料作为企业投资，以迎接全行业公私合营。资方代理人也表示要把自己的酬劳金和购买的公债券投入企业。会议情绪极为热烈。”①

1956 年元月 10 日，青岛市宣布全市 23 个私营工业和 24 个私营商业共 4872 家企业全部完成公私合营，另有 20 万手工业者走上合作化道路。至此，青岛市资本主义工商业的社会主义改造宣告胜利完成。

20 日，全市各界人士共 11 万人参加庆祝实现全行业公私合营的盛大游行，持喜报沿途分至市委、市政府报喜。23 日，市政府在汇泉广场召开大会，庆祝社会主义改造的伟大胜利。

“批准资本主义工商业全行业公私合营大会是分区召开的，由政府代表宣布全部批准本市私营工商业实行公私合营。中共各区委、市工会、市妇联、团市委和市工商联等单位的代表都到会祝贺。会后举行了游行，分赴市委、市政府等领导机关报喜，晚上举行了联欢。23 日在汇泉广场举行庆祝社会主义改造胜利大会，欢呼青岛市进入社会主义社会。”②

¤1956 年 1 月 20 日，青岛公私方职工游行，庆祝全市资本主义工商业实现全行业公私合营

① 民建青岛市委员会，青岛市工商业联合会，工商经济史料工作委员会．青岛工商史料：第一辑[G].1986:6.

② 民建青岛市委员会，青岛市工商业联合会，工商经济史料工作委员会．青岛工商史料：第一辑[G].1986:6.

全行业实行公私合营后，分配利润的“四马分肥”制度宣告终止。国家对合营的资本家开始实行为期10年的“定息”制度，即公私合营期间资本家不再参与利润分配，国家按照私股金额发给资本家年息5厘的固定利息。定息制度自1956年元旦起施行，时限为10年，10年之后工厂归国家所有。

“全国公私合营企业的定息户不分工商、不分大小、不分盈余户亏损户、不分地区、不分行业、不分老合营新合营，统一规定为年息5厘，即年息5%，个别提高息率的企业，可以超过5厘。”①

青岛市的私股定息发放，由青岛市交通银行提报，经青岛市财经委员会审批后执行。定息发放的范围限定在合营前属于资本主义性质的企业，凡参加合作社的手工业作坊以及挂牌代销的公私合营家庭商店均不在定息范围之内。青岛市政府严格执行了定息规定，体现了政府的诚信和对资本家的关心。

1956年定息实施首年，青岛市核对登记公私合营企业私股金额为3038.8万元，共发放私股定息154.8万元。

“因为定了息，就能够把资本家的利润限制在一个固定的息率上，而不是让资本家随着企业的发展，盈余增加，水涨船高地分取利润。定息的更重大的意义还在于促进企业内部生产关系的进一步改变。所以，推行定息后的企业，严格地说已不是公私合营企业，而是实际上的国营企业了，只是还拖着一个定息的剥削尾巴，还不能算完全的社会主义所有制。

在这些企业里，资本家已退出了生产领域，由企业的主人变为一名普通管理人员。”②

战警堂同样退出了生产领域，由企业的主人变为一名普通管理人员。领取定息后，战警堂在公私合营中国养气工厂股份有限公司的职务随即由经理变为副厂长。

根据《国务院关于对私营工商业、手工业和私营运输业社会主义改造中若干问题的指示》，对私方人员的安排原则是量才录用，适当照顾。在当年青

① 《青岛市工商行政管理志》编纂委员会．青岛市工商行政管理志（1891～1990）[M]．北京：新华出版社，1996:210.

② 王炳林．中国共产党与私人资本主义[M]．北京：北京师范大学出版社，1995:362.

岛市对十大合营工业类别2850名私方代表的职务安排中，工厂正副厂长、正副课长被限定为306名。[①] 这种安排，也算是给予战警堂较高的待遇。

第二年，即1957年，战警堂副厂长以生病为由，向公方请长假不上班。

根据本年度国务院《为贯彻私方人员病假期间工资支付办法的通知》的要求，对年满60周岁（男）且有病不能工作的私方人员采取准假的办法，薪金照发。对不满60周岁者，视股金数额及是否生活困难等情减薪发放或不予发放。

继中国养气工厂较早合营之后，此时的青岛国营化学工业格局已重新调整，快步向前。

"时人不识凌云木，直待凌云始道高。"

在制药业，1954年青岛市制售西药的有华一氏、亚鲁、大昌、建美等五家，在国营医药公司的领导下，私营药企共同合营于在沙岭庄设立的青岛制药厂。

在染料业，于1920年在台西三路开设的维新化学工艺社，历经日本帝国染料公司合营公司、株式会社维新化学工艺社，更名为青岛维新化工厂。1949年后，该厂在青岛同业中的工艺和产量都居首位。除威海路大安化工厂、吴家村洪泰化工厂之外，全市尚有13家小型手工染料煮青厂。全行业公私合营后，青岛全部大小染料厂并入公私合营维新化工厂，后更名为国营青岛染料厂。

在烧碱业，商人丁尊严于1948年在嘉定路设立青岛广益化工厂，生产烧碱和漂白粉。1952年，除规模最大的这家化工厂之外，青岛建华工厂、力生碱厂、复东碱厂、毅生碱厂、鼎成工业社等手工烧碱工厂，因纱布公司烧碱需求量增大而陆续成立。全行业公私合营后，这十几家手工碱厂连同延年化工厂、兴华化工厂整体并入公私合营广益化工厂。工厂迁址娄山后地区新建厂房，后改名为红旗化工厂。

在橡胶业，上海人曹海泉开设于1934年的同泰胶皮工厂，在青岛沦陷后被日本牛岛洋行工厂强租，胜利后收回，更名为同泰橡胶厂。1949年后该厂扩建后实行公私合营，1956年在合并十几家公私橡胶制品厂后成立青岛同泰

① 十大合营工业类别为植物油酿造、木材家具、印刷造纸、牧场养殖、化学火柴、磨粉、营造油漆、帽鞋文具、染织、五金机械。

橡胶总厂。

其他工厂中，卢金章于1942年开设于台西镇的光华玻璃厂，合营后迁址沙岭庄，后改名为青岛玻璃厂。新中国成立前国内唯一能生产啤酒瓶及充气饮料瓶的上海晶华玻璃厂，用21个火车皮将设备整体迁到青岛。该厂经理徐肇和利用日本遗留的玻璃厂旧址重建新厂，后成为公私合营青岛晶华玻璃厂。

青岛华新纱厂在“五反”期间被定为“基本守法户”，1953年成为公私合营华新纱厂，国营后该厂重组为青岛国棉九厂和青岛第二印染厂。

开办同泰胶皮工厂的曹海泉，另将同泰自行车工厂参加青岛自行车制造业联社。后经两次合营重组，同泰、普华、升仙、顺昌等48家工厂合并为公私合营青岛自行车厂。该厂在1961年更名为青岛自行车厂，并在后期整合为青岛市自行车工业公司。

文登人邢忠亭等三人在台东区沈阳路9号创办的大新电线厂，兼并了东昌制杆厂生产电解铜。合营后成为公私合营青岛交电器材厂的一个车间，后将五五电化厂和东兴制筒厂合并为公私合营青岛大新电线厂，多年后成为青岛电缆厂。

战警堂烟厂股东、在日占时期郁郁而终于湛山寺的张柏祥，其创办的青济国货胶厂历经演变成为公私合营青岛文兴化学工业股份有限公司。后经多次重组，最终在1977年改称青岛明胶厂。

战警堂的亲家、青岛阳本印染厂董事长陈孟元在支援抗美援朝运动中捐献一架“阳本”号飞机。在“五反”运动期间，阳本印染厂被评为为数不多的“完全守法户”。陈孟元参加合营后，该厂成为公私合营阳本印染厂，后成为青岛第三印染厂。

尾声

他乡故乡　骊歌唤孤帆

休止符

战警堂平静地生活在黄县路老院的二楼上。对他来说,60 余年如一梦,“闲登小阁看新晴”的日子,堪惊也好,苟且也罢,不过都是“古今多少事,渔唱起三更”的轮回。

晚年,战警堂在孙辈家里住着。1980 年之前,患哮喘多年的大夫人傅冠华病逝。

在战警堂晚年,他曾入股过的上海第四无线电厂、亚浦耳电器厂、五洲大药房、青岛电业局、第一木器总公司、中国养气工厂,都随着时代的演变欲发新芽。中国养气工厂开始实行经济责任制,打破大锅饭,重新进行奖金分配。

“战警堂来往密切的人,大多现在都死了。”[①] 知交已零落。

战警堂一辈子在青岛走过的路曲曲折折。战警堂在暮年或许反复思考过,在大起大落中自己做对了什么,又做错了什么。黄县路上的玉兰花开又花落,他仍百思不得其解。

¤20 世纪 70 年代青岛氧气厂生产车间

从日本第一次占领青岛、北洋政府、南京国民政府、日本第二次占领青岛、南京国民政府,直到新中国成立。在时代滚滚洪流中,战警堂这些大小商人的命运被扬起又抛下。他们甚至未待彻底领悟便被身不由己地推搡前行,这条前行的路上所有小人物都在左顾右盼期望着崭新的明天。

流年光阴漫漶无语,但是时代却给出了最好的答案。

① 武某本 . 氧 03 号了解情况的回信[Z].

这也是《历史写作简明指南》中在何人、何事、何时、何地的前提下，何以如此的回答。

骊歌响起，到了告别的时间。

战警堂的所有青岛往事终成古月前尘。

1985年，战警堂在青岛商业局医院去世，享年84岁。

这一年，参加中苏边界谈判的苏联代表团，参观了个体经济繁荣的青岛即墨路小商品市场。宁夏路立交桥开工建设，海天大酒店合同签订，经济开发区奠基。这个城市呈现着快速奔跑的姿态。

对人生已至终点的战警堂而言，有意味的是，"全市个体工商户发展迅速"成为被记录在《青岛通鉴》里的业绩。此时青岛市个体工商业已达到82872户，从业人员12万人。

旧年工商户战警堂因此身份而承受过的恐慌与困窘，与新时代个体工商户的光荣，经过岁月的冲刷和时代的交替，已经毫无对比的意义。

这位老牌资本家有没有最后的感慨，无人知晓。

堂皇埃芜，归于尘土。

战警堂葬于青岛崂山海边一个叫作沙子口的渔村。

战警堂亲家邹道臣，在去世约44年后的今天，长眠于青岛九峰岭墓园。有意味的是，邹道臣的另一个亲家周子西之墓就在其侧。两位青岛市名商生前是邻居，现又永远伴邻。

在战警堂外孙、邹道臣孙子邹士松的带领下，我看到了九峰岭的民国青岛商会会长的墓碑。长风斜过，飘扫得往事都已远去。青山下，不留一点痕迹。

战警堂的名字，最后一次被记录在官方文函上的时间，是1993年3月31日。这一天，青岛某工业公司记录了对战警堂历史遗留钱款问题的办理意见。

1991年12月，一直和战警堂共同生活的儿子战德声去世。

2009年，战警堂次女战德美在青岛去世。

2013年，战警堂长女战德芳在青岛去世。

"梦里不知身是客。"从祖父战庆云自1908年来青岛谋生，父亲战警堂1917年来青岛创业，至子女均过世，战家三代人在这个城市走过了105年。

掖南距离虽近，但在战家人心中已为陌生乡土。对战家三代人而言，滨海百年一城梦，他乡早已是故乡。

2018年，我跟随战警堂外孙邹士松再次来到黄县路战家大院。老树犹在，物是人非。

邹士松带我来到战警堂当年的卧室。房间门口阴暗的走廊上有一组年代久远的木质五斗橱，这是战警堂唯一遗留的物件了。他不会想到在他死后30多年，战家百年的脚步和他本人所有的秘密都被一个与他毫无关联的中年人所窥见。我在他卧室门外站了许久，脑海一片空白。此时我根本不知道为何要寻找他，也不知道想要和他说些什么，更不知道因何要执着地复原他的故事。

¤ 战德声晚年与外孙女刘夏在中山公园合影　资料来源：刘夏提供

2020年2月一个微雨天里，在玉春号歇业整整70年后，我又来到高密路和博山路转角的老楼前。这个112年前开业的名牌老店的建筑，正在被修缮。

我进入玉春号内，试图寻找一点陈年痕迹。但此楼在玉春号停业后的近70年里用途反复改变，旧貌丝毫难觅。但这一天因修缮露出了博山路门的原石门柱，我意外地发现了一个非常旧的老木头梯子。这架老木梯之前被封在屋内木立柱的装修包围里，木梯显然已经年代久远，横梯上已经被踩出左右脚的坑洼。这应该是玉春号的旧物吧，我仿佛看到店员们踩着木梯存货、拿货的忙碌，遇到战警堂进出大门的匆忙身影，闻到黄酒的飘香和高档化妆品的香气，听到店内喧嚣的人语和接连作响的算盘声。

我已经记不得来过这里多少次，每次到来都是和战警堂老朋友般的一次对话。我时常会在楼前站立许久，站在这，我总会想起唐诗《与诸子登岘山》。

¤ 战宅被改造过的正立面　资料来源：作者拍摄于 2020 年 3 月 10 日

人事有代谢，往来成古今。江山留胜迹，我辈复登临。

水落鱼梁浅，天寒梦泽深。羊公碑尚在，读罢泪沾巾。

我想在战警堂留下的旧纸上给他写一封信，我们像相识多年的老朋友，我知道他的人生，我了解他的性格和习惯，我也清楚他与时代变迁的关联。

刚刚落笔写下“警堂兄大鉴”，我突然又想起来本书开篇里作家茅盾的《大时代中一个无名小卒的杂记》中的几句话。我觉得这些话与战警堂的过往以及我的写作情形特别契合，索性在这张旧纸上抄了一遍。

“友人某甲，一日来访我。谈了些话走后，遗落下一本薄薄的记事册，内中都是些杂碎的见闻录。我读了一遍，很感得趣味——一种难以名状的趣味。甲先生在他的杂记中自称那时代是‘大时代’，但我细翻那大时代的实录，总不见甲先生的大名。那么，他大概只是一个无名小卒而已。可是他的几页杂记实在有吸引目光的魔力。或者这些已成了历史。所以我便私下抄几则来在这里发表……”

虽然“或者这些已成了历史”，但我不仅将战警堂写的“杂碎的见闻录”“私下抄几则来在这里发表”，而且参考布满灰尘的“实在有吸引目光的魔力”的一麻袋公私档案，结合大量档案馆馆藏档案和家族口述，披沙拣金，整理了战警堂这个“大时代”中的“小人物”的一生行述。

找寻百年战警堂的成功，是我真实记录历史过往的一次辛苦的学习和极有意义的锻炼，更是我对青岛城市史和淹没于尘埃中的一些家族史表达敬意的方式。

青岛纷杂历史留白甚多，捡拾青史之余屑并缜密拼图，才有可能近距离地回望一个立体的时代。

此番努力，也使得这些小人物流逝在滨海昔烟里的一城梦犹带色彩，尚余温度，另有传承，别具况味。

¤2016 年 12 月拍摄的玉春号原建筑　资料来源：作者拍摄

¤2020 年 2 月拍摄的修缮中的玉春号　资料来源：作者拍摄

引用资料名录

书籍

1. 刘锦堂.掖县志：卷 2［M］. 铅本. 掖县：同裕堂书笔印刷局,1935：127.
2. 袁荣叟.胶澳志：中册［M］.青岛：青岛出版社,2011：57.
3. 山东卷编审委员会.中国资本主义工商业的社会主义改造：山东卷［M］.北京：中共党史出版社,1992：134.
4. 青岛市城市建设档案馆.大鲍岛：一个青岛本土社区的成长记录［M］.济南：山东画报出版社,2013：45.
5. 吉田弘.青岛名所写真帖［M］.青岛：吉田绘叶书店,1928.
6. 刘世仁.日本对华经济侵略史［M］.福州：全球印书社,1938：32.
7. 侯厚培,吴觉农.日本帝国主义对华经济侵略［M］.上海：黎明书局,1931：163.
8. 财政部烟酒税处.烟酒税史：下册［M］. 上海：大东书局,1929.
9. 陈存仁.银元时代生活史［M］.上海：上海人民出版社,2000：19.
10. 庄维民.近代山东市场经济的变迁［M］. 北京：中华书局,2000：30.
11. 叶春墀.青岛概要［M］. 上海：商务印书馆 ,1922：20.
12. 武康,魏镜.青岛指南［M］. 青岛：平原书店,1933：64.
13. 张玉法.中国现代化的区域研究：山东省（1860~1916）［M］.台北："中央" 研究院近代史研究所,1982：215-216.
14. 徐鹤椿.现代工商领袖成名记［M］. 上海：新风书店,1931：212.
15. 方显廷.中国工业资本问题［M］. 上海：商务印书馆,1939：57.

16. 上海华成公司美丽牌香烟之趸售市价［M］.上海：新业印书馆,1933：87-89.
17. 张仲礼.近代上海城市研究（1840—1949年）［M］.上海：上海文艺出版社,2008：130.
18. 王栋.青岛影像：明信片中的城市记忆［M］.青岛：中国海洋大学出版社, 2017：292.
19. 三船秋香.青岛土产［M］.青岛：三船审美堂光村印刷株式会社,1915：50.
20. 吉田弘.青岛写真帖［M］. 青岛：吉田绘叶书店,1928.
21. 山下富吉.青岛写真帖［M］. 青岛：青岛土产馆,1941.
22. 青岛市档案馆.青岛开埠十七年——《胶澳发展备忘录》全译［M］. 北京：中国档案出版社,2007：467-468.
23. 中共青岛市委党史研究室.城市的接管与社会改造：青岛卷［M］. 北京：中共党史出版社,1999：21,153,303,363.
24. 北京卷编辑组.中国资本主义工商业的社会主义改造：北京卷［M］. 北京：中共党史出版社,1991：522.
25. 青岛市档案馆.青岛通鉴［M］. 北京：中国文史出版社,2010：523.
26. 王霞.国家、资本家与工人：资本主义工商业改造再研究［M］.北京：中国政法大学出版社,2016：104.
27. 庄维民,刘大可.日本工商资本与近代山东［M］.北京：社会科学文献出版社,2005：83,122,548.
28. 全国政协文史和学习委员会.追忆商海往事前尘：胡西园回忆录［M］. 北京：中国文史出版社,2015：6.
29. 王炳林.中国共产党与私人资本主义［M］. 北京：北京师范大学出版社,1995：362.
30. 融入与疏离：乡下人的城市境遇——以青岛为中心(1927—1937)［M］. 太原：山西人民出版社,2013：102.
31.《青岛市工商行政管理志》编纂委员会.青岛市工商行政管理志（1891~1990）［M］. 北京：新华出版社，1996：25.

32. 中共山东省委党史资料征集研究委员会，中共青岛市委党史资料征集研究委员会.岛城春秋［M］. 北京：中共党史出版社,1992：228.
33. 李定.中国资本主义工商业的社会主义改造［M］. 北京：当代中国出版社,1997：44.
34. 金山.青岛近代城市建筑1922—1937［M］. 上海：同济大学出版社,2016：72.
35. 桑兵.交流与对抗：近代中日关系史论［M］. 桂林：广西师范大学出版社，2015：141-142.
36. 黄炎培.黄炎培日记：第4卷（1931.6~1934.11）［M］. 北京：华文出版社,2008：279.
37. 黄炎培.黄炎培日记：第5卷 （1934.12~1938.7）［M］. 北京：华文出版社,2008：70.
38. 上海市档案馆.上海市各界抗敌后援会［M］. 北京：档案出版社,1990：27,506.
39. 青岛市档案馆.青岛近代民族工商业画史［M］. 济南：山东画报出版社,2018：137.
40. 青岛市政协文史资料委员会，青岛市档案馆.图说青岛解放［M］. 青岛：青岛出版社,2019：47.
41. 菊池敏夫.近代上海的百货公司与都市文化［M］.陈祖恩,译.上海：上海人民出版社,2012：265.
42. 陶孟和.北平生活费之分析［M］.北京：商务印书馆,2011:152.
43. 陆和健.上海资本家的最后十年［M］. 兰州：甘肃人民出版社,2009：254.
44. 青岛市公安局史志办公室.1949年青岛市公安局大事记［M］.1988:12.
45. 骆金铭.青岛警察沿革：下编第一册［M］.1934：31-32.
46. 青岛日本商工会议所.青岛商工案内：第二册［M］.1939:121.
47. 青岛日本商工会议所.山东之物产：第四篇［M］.1939:1.
48. 日本海洋渔业振兴协会.海外水产调查［M］.1938:17.
49. 中共青岛市委党史研究室 青岛市档案局.青岛的“大跃进”运动［M］.2004:6.

期刊：

1. 沈雁冰.大时代中一个无名小卒的杂记[J].文学周报,1925,194:2.
2. 继定.我国草帽缏工业状况[J].钱业月报,1924,4（6）：36.
3. 山左银行注册批准[J].银行月刊,1924,4(2):125.
4. 民国十九年九月青岛气象总览图[J].青岛市观象台月报,1930,79:3.
5. 长耕.一支卷烟的成功[J]. 上海生活,1940,4（1）:23.
6. 吉林省政府农矿厅法规 工厂法[J].农矿月刊,1930（12）：9.
7. 汉口社会局.汉口各业工人工资调查表[J].妇女杂志,1930,16（8）：53.
8. 青岛批发物价表（民国十九年八月）[J].物价统计月刊,1930,2（8）：16.
9. 青岛贸易去岁突增：总额达一亿六千余万两，为开埠以来未有之荣盛[J].东三省官银号经济月刊,1930,2（4）：8.
10. 驻京城总领事馆.朝鲜产业概要[J].外交部公报,1935,8（4）:264.
11. 青岛市工人工资 民国二十三年[J].统计月报,1935,3（3）:166.
12. 青岛化学工业（一）岩木酱油制造报告[J].化学工程,1948,15(1-2):51.
13. 青岛批发物价指数（简单几何平均）[J].物价统计月刊,1930,2（8）：2.
14. 华北开发公司[J].敌伪经济情报,1939（2）：28.
15. 华北开发公司概况[J].中国经济,1944,2（2）：23.
16. 李金宝.青岛近代城市经济简论[J].文史哲,1997（3）:46.
17. 中国华成烟草公司近况[J].实业季刊,1936,3（1）：9.
18. 南华评论[J]. 上海生活,1930,3（9）：14.
19. 毕维.我国买办制度之浅说[J]. 新动力,1946,1（1）：21.
20. 南洋企业公司概况[J]. 国货与实业,1941,1（5）：60.
21. 敌伪产业尚有六万亿元待理[J].银行周报,1948,32（4）：52.
22. 收复区敌伪产业处理办法[J].经建季刊,946,创刊号：225.
23. 约钦，金鼠牌汽车[J].逸经,1937（27）：52.
24. 亦敏.三兴烟公司（工商史料之三十三）[J].机联会刊,1935（132）：16.
25. 顾孟余.铁道部指令第一九九〇八号[J].铁道公报,1933（745）：9.

26. 山东巡抚孙宝琦奏请以余则达代理登莱青胶道片[J].政治官报,1909,772：13.
27. 问渔.中国火柴业过去与将来[J].人文月刊,1930,1（6）：20.
28. 施鑫泉.最近中国火柴工业概况[J].上海法学院商专季刊,1936（10）：15.
29. 山东全省火柴业调查[J].工商半月刊,1931,3（3）：31.
30. 李代芳.胶济铁路林场造林计画书草案[J].林学,1936,6：65-74.
31. 青岛洋商火柴商标之朦混[J].工商半月刊,1930,2（22）：13.
32. 玄贞.青岛的火柴工业：所谓全国第一位[J].海王,1935,7（36）：648.
33. 陆国香.山东之火柴业[J].国际贸易导报,1934,6（8）：108.
34. 章乃身.卷烟业经营之秘诀[J].商业杂志,1931,5（10）：2.
35. 五洲固本皂广告[J].商业月报,1936,16（9）：130.
36. 亦敏.五洲大药房（工商史料之四十七）[J].机联会刊,1936（152）：64.
37. 上海五洲大药房民国十四年度营业报告[J].银行周刊,1926,10（38）：1.
38. 青岛批发物价指数（简单几何平均）[J].物价统计月刊,1930，2（9）：2.
39. 周寒梅，杨墨逸.亚浦耳电器厂参观记[J].文化建设,1936,2（4）：135.
40. 王忏摩.亚浦耳电器厂巡礼[J].新人周刊,1936,2（22）：442.
41. 薛坤明.汉口太平洋肥皂公司小史[J].科学时代,1936,3（4）：56.
42. 盛竹书.盛竹书君青岛游行之经济视察观[J].银行周报,1923,7（30）：17.
43. 洛夫.青岛归客话青岛[J].大威周刊,1946,1（6-7）：9.
44. 训令税字第一四九一三号令鲁豫区统税局[J].财政部财政日刊,1935（2161）：4.
45. 市长沈鸿烈肖像[J].青岛市政府市政公报,1934（66）：3.
46. 舒耿.观象山上眺青岛[J].新闻天地,1949（69）：15.
47. 金刚.记青岛在火焰中的那天[J].新阵地，6：59.
48. 电学泰斗西门子[J].欧亚画报,1942,3（4）:11.
49. 铁道部训令第一三O号[J].铁道公报,1931（185）：10-11.
50. 秋苇.华北火柴工业概况[J].华年,1936,5（50）:966.

51. 青岛上海商业储蓄银行代理处改组支行及中鲁银号改组银行讯［J］.中央银行旬报,1930,2（32）：21-21.
52. 咨青岛市政府：钱字第一一一一号［J］.财政公报,1932（52）：130.
53. 青岛国货广商一览［J］.国际贸易情报,1936,25：77-91.
54. 青岛日人逞凶案［J］.时事月报,1921,5（4）：603.
55. 曹明甫.华北火柴调查报告［J］.中华实业季刊,1934 ,1（4）：102-103.
56. 华祥磷寸拂込终了［J］.青岛日本商业会议所经济周报,1924（53）：1.
57. 青岛交通银行建筑始末记［J］.中国建筑,1934,2（3）：3.
58. 青岛交通银行摄影六帧［J］.中国建筑,1934,2（3）：4.
59. 青岛批发物价表（民国二十一年九月份)［J］.物价统计月刊,1932,4-9：17.
60. 青岛趸售物价（以国币元计）［J］.物价统计月刊,1936,8（3）：19.
61.（三）青岛市工人工资（民国二十三年）［J］.劳工月刊,1936,5（2-3）：165.
62. 宋春舫.青岛的银行界［J］.海光,1933（7）：8.
63. 侯统照.故城掖县［J］.山东文献,1975,1（1）：151.
64. 刘守惕. 山东掖县志略［J］.南中学生(天津),1932,1(7) :63.
65. 沈毅：行销奉天地方日本杂货之调查(奉天商业会议所稿)［J］. 奉天劝业报,1910（3）：1.
66. 何疚.如此青岛［J］.长城 1934,1（3）：52.
67. 民二十二年青岛各界之概况［J］.实业统计,1933,2（2）:26.
68. 最近完成之上海北四川路新亚酒楼［J］.建筑月刊,1934,2（4）:11.
69. 青岛渔业衰落情形［J］.农矿公报,1930（27）：207.
70. 青岛渔业渐臻发达［J］.水产月刊,1936,3（3-4）：104.
71. 陆国香.国内重要实业调查：青岛之渔业（民国二十二年八月调查）［J］.国际贸易导报，1933，5（12）:73.
72. 郑克伦.沦陷区的工矿业［J］.经济建设季刊,1943,1（4）：257.
73. 山东卷烟统税局.玉春号所请发还中山牌花价姑准照退并转知三兴公司来处具领由［J］.卷烟统税公报,1930,1（1）：12.

档案：

1. 呈青岛区敌伪产业处理局为商所经营之中国山东烟厂股份有限公司,前于七七事变之后被朝鲜浪人林熏籍敌军暴力强迫转移,恭请鉴核追还并命赔偿损害由[A].青岛：青岛市档案馆,1946-01-08.
2. 战警堂请发还山东烟草公司[A].青岛：青岛市档案馆,1946-04-05.
3. 青岛市难民临时救济委员会常务委员战警堂呈青岛房产接收委员会为难民收容及办公地点由[A].青岛：青岛市档案馆,1945-11-30.
4. 青岛难民临时救济委员会迁于中山路七十二号新会址的函[A].青岛：青岛市档案馆,1945-12-03.
5. 经济部鲁豫晋区特派员办公处批(35)鲁青字第五四七一号[A].青岛：青岛市档案馆,1946-10-23.
6. 商工发文第二七九号 青岛市社会局批市商会准黄酒公会理事长战警堂因病辞职公推理事姜星五继任等由[A].青岛：青岛市档案馆,1946-08-07.
7. 中国山东烟草股份有限公司章程[A].青岛：青岛市档案馆,1928.
8. 中国山东烟草公司二十四年营业概况[A].青岛：青岛市档案馆,1935.
9. 关于购买隋熙麟小港路楼房六十间请准予过户的呈文[A].青岛：青岛市档案馆,1927-03.
10. 青岛总商会调查各商铺调查表[A].青岛：青岛市档案馆,1927-05.
11. 青岛卷烟业公会理事长战警堂组织情况调查[A].青岛：青岛市档案馆,1946-04.
12. 青岛卷烟同业公会为战警堂任劳资仲裁委员函由：B0038-001-00606[A].青岛：青岛市档案馆,1932-07.
13. 青岛总商会入会商店会员代表人名单[A].青岛：青岛市档案馆,1931-02.
14. 青岛市工业登记申请书[A].青岛：青岛市档案馆,1950-05-20.
15. 工厂登记表00598号[A].青岛：青岛市档案馆,1950-05-20.
16. 大森木厂股份有限公司股东签字书[A].青岛：青岛市档案馆,1950-07-12.

17. 青岛联合建筑公司呈请工商局为租妥沾化路一号备案［A］.青岛：青岛市档案馆,1950-11-20.

18. 青岛市商会公函第卅八号，致胶济铁路管理局为据商号山东烟公司战警堂等呈称请胶济路局仍照旧章征收地租等情据情待请查核见复由［A］.青岛：青岛市档案馆,1932-06-07.

19. 关于战警堂等请求组织山东烟叶商同业组合的呈文指令［A］.青岛：青岛市档案馆,1939-03.

20. 呈为战警堂等请求组织山东烟叶商同业组合拟就简章请转实业部备案由［A］.青岛：青岛市档案馆,1939-03-28.

21. 大森木厂万年帐抄底［A］.青岛：青岛市档案馆,1947-01-01.

22. 大森木厂组织简章［A］.青岛：青岛市档案馆,1947-01-01.

23. □□□□委员会致青岛工商局关于大森木厂出租证明［A］.青岛：青岛市档案馆,1950-08-03.

24. 战警堂为购置客车致工务局申领车照由［A］.青岛：青岛市档案馆,1948-10-20.

25. 胶澳电汽股份有限公司章程［A］.青岛：青岛市档案馆,1923-05-27.

26. 青岛市土产杂货业同业公会关于高密路青岛玉春号战警堂等土产业公会会员登记表：B0038-001-00218-2151［A］.青岛：青岛市档案馆,1942-12-31.

27. .中原棉织厂劳资争议协议书：B0021-001-001-00152-0086［A］.青岛：青岛市档案馆,1949-02-14.

28. 胶澳各烟商请求减轻卷烟特税税率的呈：B0029-001-3346［A］.青岛：青岛市档案馆,1928-08-01.

29. 战警堂八人关于建议青岛市军政当局改善征兵办法的提案：B0024-001-00929-0024［A］.青岛：青岛市档案馆,1949-03.

30. 青岛市党政接收委员会关于接收利津路二十号华北火柴公司等事项的会议记录（第十八次）：B0033-001-01170-0023［A］.青岛：青岛市档案馆,1945-11-15.

31. 青岛市商会关于委托赵镜海、刁洪光、战警堂作为本会代表出席全国商会联合会第二届会员代表大会的委托书：B0038-001-01660-0012［A］.青岛：青岛市档案馆,1948-11-16.

32. 青岛市民政局关于姜顺如辞职由候补参议员战警堂递补的申请：B0026-001-00483-0089［A］.青岛：青岛市档案馆,1949-03.

33. 青岛市商会为送达本会邹会长略传及照片希查收由：B0038-001-01101-0009［A］.青岛：青岛市档案馆,1942-08.

34. 青岛市工务局收文第五二六六号 青岛市工务局执照展期声请单八八九号［A］.青岛：青岛市城建档案馆,1933-11-21.

35. 青岛市工务局查勘单［A］.青岛：青岛市城建档案馆,1934-01-10.

36. 交通银行关于租户玉春号租交通银行青岛仓库的租约事宜：B0040-002-00721-0232［A］.青岛：青岛市档案馆,1931-10.

37. 青岛市商会商人调查书：B0038-001-00905-017［A］.青岛：青岛市档案馆,1938.

38. 青岛市工务局使用请照单第二四八五号［A］.青岛：青岛市城建档案馆,1934-01-06.

39. 关于请准辞去青岛去火柴工业同业公会理事职务的呈文：B0038-003-00084-0318［A］.青岛：青岛市档案馆,1938.

40. 青岛酿酒公会理事长姜星五组织情况表：B0038-001-01661-0079［A］.青岛：青岛市档案馆,1938.

41. 关于李莲溪生前官衔由青岛商务总会会长向傅炳昭先生证明的函：B0038-001-01680-0146［A］.青岛：青岛市档案馆,1933-08-12.

42. 关于发给玉春号门牌证书的呈：B0038-001-00254-0211［A］.青岛：青岛市档案馆,1927-05-03.

43. 青岛市商会关于请公安局严缉玉春号管理员彭玉璞归案的公函：B0038-001-00666-0086［A］.青岛：青岛市档案馆,1933-02-14.

44. 胶澳商埠局就可减山东烟草公司烟商烟税事给胶澳烟酒经征处的指令［A］.青岛：青岛市档案馆,1928-10.

45. 青岛市政府选举事务所关于战警堂已在黄酒公会当选，其遗缺应以王达三递补的通知：B0026-001-00584-0046［A］.青岛：青岛市档案馆,1946-05.

46. 青岛市丝绸呢绒商业同业公会柏励生、战警堂等会员职员名册：B0026-001-00124-0091［A］.青岛：青岛市档案馆,1948-08.
47. 青岛市政府关于令警察局将前接收新隆瓦斯工厂发还鲁豫晋区特派员办公处的训令：B0024-001-01136-0106［A］.青岛：青岛市档案馆,1946-01-16.
48. 中国瓦斯公司关于更换厂名及负责人的函：B0038-002-00093-0196［A］.青岛：青岛市档案馆,1949-04-27.
49. 战警堂等八人关于建议军政当局合理统筹军需差额的提案：B0024-001-00929-0047［A］.青岛：青岛市档案馆,1949-03.
50. 青岛中华制果厂经销五洲固本皂广告：D000301-00108-0030［A］.青岛：青岛市档案馆,1939-04.
51. 关于转催大森木厂办理登记的公函：B0038-003-00616［A］.青岛：青岛市档案馆,1946-12.
52. 呈为战警堂等呈请组织山东烟叶商同业组合拟就简章请转实业部备案由：B0023-001-00610［A］.青岛：青岛市档案馆,1939-03.
53. 关于战警堂已在黄酒业公会当选 其遗缺应以王达三递补由：B0026-001-00584［A］.青岛：青岛市档案馆,1946-05.
54. 青岛市商会关于推荐战警堂为益成五金行火险案公证人的函：B0038-001-00717［A］.青岛：青岛市档案馆,1934-10.
55. 青岛市卷烟业同业公会会员登记名册：B0038-001-00149［A］.青岛：青岛市档案馆,1934-05.
56. 高密路青岛玉春号战警堂等土产业公会会员登记表：B0038-001-00218［A］.青岛：青岛市档案馆,1942-12.
57. 合和栈经理战先五关于发还酸素工厂启封营业的呈文：B0038-001-00907［A］.青岛：青岛市档案馆,1938-03.
58. 为函复物资外运岗卡一律凭警备部放行证放行请查照转知由：B0038-001-01585［A］.青岛：青岛市档案馆,1947-04.
59. 青岛市商会青岛玉春号商人调查书：B0038-001-905［A］.青岛：青

岛市档案馆,1938.
60. 玉春号股东吉庆堂经理战警堂商铺调查表：B0038-001-254［A］.青岛：青岛市档案馆,1927-05.
61. 关于报送本公司工厂经敌人查封强迫加入，股东财产损失情况迅予赔偿的函：B0038-001-01636［A］.青岛：青岛市档案馆,1947-05.
62. 中华全国工业协会青岛分会关于华北火柴公司经理李代芳等被暴徒殴伤，要求政府对工业安全采取有力保障的代电：B0038-000-00032［A］.青岛：青岛市档案馆,1948-04.

报纸：

1. 青岛烟厂火灾之善后［N］.申报,1930-10-01(8).
2. 青岛山东烟公司失火惨剧［N］.申报,1930-09-29(8).
3. 金鼠牌香烟广告［N］.申报,1926-03-03(4).
4. 青岛山东烟公司失火惨剧［N］.申报,1930-09-29(8).
5. 谭毅公，沈豫善.正诚法律事务所谭毅公、沈豫善律师代表三兴烟草公司悬赏通缉陈子青启事［N］.申报,1929-05-25(6).
6. 济南振业火柴股份有限公司通告［N］.益世报（天津版）,1919-11-07（10）.
7. 青岛贫民窟大火灾［N］.申报,1932-10-22(8).
8. 中华职业教育社本届年会在青举行［N］.申报,1935-04-03(13).
9. 全国生产会议实部发表会员名单［N］.申报,1933-11-29(10).
10. 中国工业炼气公司谈话记［N］.申报,1934-04-19(14).
11. 青沪实业家携手提倡国货［N］.申报,1934-06-14(15).
12. 七大工厂昨宴青参观团［N］.申报,1937-07-10(13).
13. 青岛考察团将赴锡京参观［N］.申报,1934-05-22(9).
14. 拜访各界［N］.申报,1934-05-18(9).
15. 青岛考察团购服艾罗补脑汁［N］.申报,1934-05-28(12).
16. 中法药房赠送青岛考察团药品［N］.申报,1934-06-01(16).

17. 青岛工业考察团昨日离沪赴锡[N].申报,1934-05-29(9).
18. 青岛工业考察团决定明日离沪[N].申报,1934-05-27(10).
19. 沪工商考察团[N].申报,1932-08-29(9).
20. 吴市长昨欢宴青岛考察团[N].申报,1934-05-26(11).
21. 家庭工业社昨日招待青岛工业考察团参观[N].申报,1934-05-27(11).
22. 工联会接蒋谢贺复电[N].申报,1935-12-20(10).
23. 中华工业总联合会组西南实业考察团[N].申报,1936-01-30(11).
24. 中华工业总联合会电请制止华北走私[N].申报,1936-05-09(11).
25. 百龄机广告[N].顺天时报,1927-10-22(8).
26. 等香烟金鼠月份牌[N].顺天时报,1927-01-01(6).
27. 高恩洪将任青岛电灯公司总理[N].顺天时报,1923-06-09(7).
28. 青岛之新街[N].顺天时报,1923-04-20(7).
29. 百龄机广告[N].社会日报，1931[纪念版].
30. 战警堂酬酢有法宝[N].铁报,1937-04-04(2).
31. 谭毅公.悬赏二千元通缉陈子青[N].华光日报,1929-05-23(5).
32. 肖仲斌.怎样掌握商业上的公私合营[N].冀中导报,1947-02-05(3).
33. 青岛之经济战体制[N].戏剧报,1941-12-01(1).
34. 太平洋肥皂公司敬送时疫救济灵效方[N].汉口市民报,1934-08-07(4).
35. 青岛敌伪工厂清查竣事将予标售[N].华北日报,1946-07-16(2).
36. 青岛严寒 打破十一年来记录[N].华北日报,1948-01-31(5).
37. 青岛豪雨[N].中华时报,1948-08-11(2).
38. 青岛市空蝼蛄飞行[N].大刚报,1949-05-08(1).
39. 青岛市接收 黑暗冠全国[N].大刚报,1946-11-25(2).
40. 青岛开始肃奸[N].中央日报,1946-01-17(3).
41. 青岛工业统计[N].中华日报,1947-05-18(4).
42. 青岛卷烟不太景气[N].力报,1947-08-02(2).
43. 青岛工厂关门[N].力报,1947-08-25(2).
44. 东方的瑞士 青岛[N].社会日报,1947-11-08(2).
45. 青岛工厂半陷停顿[N].社会日报,1948-03-28(1).

46. 青岛伪市长 市府已捕获[N].腾越日报,1945-10-19(3).
47. 青岛市府借款发薪[N].新疆日报,1949-05-07(1).
48. 青岛舞场特色[N].新天津画报,1941-08-03(5).
49. 青岛杂诗[N].南京日报,1935-10-06(8).
50. 青岛日侨[N].新中华报,1929-02-01(3).
51. 青岛外侨统计人数[N].复兴报,1948-06-25(2).
52. 接收后的青岛，官匪抢劫，一片恐怖[N].解放日报,1946-05-07(3).
53. 参加青岛国展 沪工厂九十八家[N].益世报,1933-07-03(2).
54. 青岛美人鱼成绩进步，昨青岛游泳比赛会何文锦破华北记录[N].民国山东日报,1934-09-03(5).
55. 江一山汉奸案已予不起诉处分[N].青岛公报,1948-01-22(3).
56. 华北火柴公司经理江一山被控杀人[N].青岛公报,1947-12-14(4).
57. 关于张柏祥在奉天路二一四号开设祥瑞行印务馆因无意经营现将该馆业务机器工具全部兑与青岛新民报馆的让受盘启事[N].青岛新民报,1938-01.
58. 华北火柴厂计划扩大营业组织[N].青岛新民报,1938-09-15(5).
59. 上平安影戏院未设太平门，警察局令从速添建[N].青岛新民报,1939-01-12(3).
60. 中华民国红十字会平度县分会关于自三十六年八月一日起至十月底止为劝募期间特请姜星五为劝募总队长，盛鸣玉为劝募副总队长等启事[N].青岛平民报,1947-07-01(5).
61. 广告[N].民言报,1945-11-10(4).
62. 大森木厂发生火警[N].青岛健报,1948-12-08(3).
63. 广告[N].青岛民报,1936-10-24(9).
64. 内弟殴妹夫 战祥成逞凶 周子文受伤[N].青岛时报,1933-02-11(7).
65. 工业考察团一部分团员昨已返青[N].青岛时报,1934-06-06(6).
66. 宏济医院开幕广告[N].青岛时报,1934-12-16(6).
67. 战警堂被选为工联总会第八届执行委员[N].青岛时报,1935-09-10(6).
68. 玉春号广告[N].青岛时报,1936-07-13(4).

69. 玉春号广告［N］.青岛时报,1936-10-28(3).
70. 玉春号广告［N］.青岛时报,1936-11-18(3).
71. 玉春号代理最美牙膏 购一瓶送一瓶［N］.青岛时报,1936-11-24(6).
72. 玉春伙计上车丢失提包内装千余元［N］.青岛时报,1937-01-15(5).
73. 工商业代表团市中派员参加，商会推定战警堂任副团长［N］.青岛时报,1937-07-02(3).
74. 参议会会场花絮［N］.青岛时报,1946-10-12(3).
75. 江一山当汉奸，法院起诉，被告潜逃无踪［N］.青岛时报,1948-01-23(3).
76. 姜星五唱 战警堂点［N］.青岛晚报,1948-03-17(4).
77. 私营中国氧气公司生产发展，产品供不应求［N］.青岛日报,1950-07-30(3).

报告：

1. 水野天英.山东日支人信用秘录［R］.1926:234 .
2. 中国国民党中央执行委员会训练委员会.中国战时经济问题［R］.1943:123.
3. 青岛市商业局.青岛市私营卷烟工业社会主义改造资料［R］.1959：89-90 .
4. 青岛市人民政府工商局.青岛实业烟厂调查报告［R］.1954：1.
5. 青岛氧气厂.战警堂遣返审批报告书［R］.1967：2.
6. 青岛私营中国养气工厂股份有限公司概况报告书［R］.
7. 山东省青岛市中级人民法院道知为前私营中鲁银行偿还储户存款处理通知由［R］.1957：1-2 .
8. 战警堂.五反坦白书［R］.1952：7.
9. 青岛氧气厂.翟绍庭遣返审批报告书［R］.1968：3.
10. 青岛市社会局.青岛市工厂工业手工业调查［R］.1933：9.
11. 青岛氧气厂.给中共沧口区委统战部的报告［R］.1957：1.

汇编：

1. 中国科学院上海经济研究所,上海社会科学院经济研究所.上海解放前后物价资料汇编（1921年—1957年）[G] .上海：上海人民出版社,1958：120，172.
2. 中国台湾“中央”研究院近代史研究所. 访问沈成章先生记录[G].
3. 青岛特别市社会局编制股.青岛社会华北火柴工厂之概论[G] .1929：3.
4. 中国人民银行青岛市分行.青岛金融史料选编：下册 [G] .1991：705,862.
5. 上海社会科学院经济研究所.英美烟公司在华企业资料汇编：第一册 [G] .北京：中华书局,1983：261.
6. 张新吾.丹华火柴公司沿革 [G] .中国人民政治协商会议全国委员会文史资料研究会.文史资料选辑：第十九辑.北京：中华书局,1961：143.
7. 原兆祥.中统青岛区室 [G] //中国人民政治协商会议青岛市委员会文史资料研究委员会.青岛文史资料：第九辑.青岛：青岛市新闻出版局,1992：210.
8. 青岛市档案馆.胶澳商埠档案史料选编（三）[G] . 青岛：青岛出版社,2016：217,347.
9. 青岛市档案馆.胶澳商埠档案史料选编（二）[G] . 青岛：青岛出版社,2014：267.
10. 严中平,徐义生,姚贤镐.中国近代经济史统计资料选辑[G] . 北京：中国社会科学出版社,2012：91.
11. 陈真,姚洛.中国近代工业史资料第一辑：民族资本创办和经营的工业 [G] . 北京：生活・读书・新知三联书店,1957：553,618.
12. 青岛特别市政府秘书处,日本人官有地第一次发表四九一件 青岛特别市公私土地权利业主姓名表 华人外国人官有地[G] .20,23,57.
13. 日本人控制的其他烟草公司(厂).青岛卷烟厂史志[G] .
14. 青岛一等分局.中央信托局同人录[G] .1947:170.
15. 青岛物品证券交易所股份有限公司.青岛物品证券交易所股份有限公司股东名簿[G] .

16. 青岛日本商工会议所.青岛银行会社要览［G］.1941：19,26.
17. 青岛特别市私立崇德中学.青岛特别市私立崇德中学校同学录［G］.1940：4.
18. 民建青岛市委员会，青岛市工商业联合会，工商经济史料工作委员会.青岛工商史料：第一辑［G］.1986：6.
19. 中国民主建国会青岛市委员会，青岛市工商业联合会，工商史料工作委员会.青岛工商史料：第三辑［G］.1988：149.
20. 青岛市政府.青岛市第六次竞租公地姓名登照：第五册［G］.1933：15.
21. 青岛市公安局三处.一九五O年大事记摘录草稿［G］.4.
22. 沈鸿烈.招待上海工商考察团欢迎词［G］//沈市长演讲汇存.1932:8.

论文：

1. 赵珊.青岛的日侨街区研究（1914—1922）——以新町为中心［D］.青岛：中国海洋大学,2014：27.
2. 郝昭荔.战后国民政府在青岛的政治接收与肃奸（1945—1948）［D］.武汉：华中师范大学,2015：45-46.
3. 魏鹏.战争与环境——以日军破坏山东社会经济环境为中心（1937—1945）［D］.南京：南京师范大学,2011：32.
4. 王国栋.关于青岛工业公私合营问题研究［D］.济南：山东大学,2008：17，19.
5. 于景莲.民国时期山东城市下层社会物质生活状况研究（1912—1937）［D］.济南：山东大学,2011：145.
6. 张昆亮.山东粮食价格研究（1912—1949）［D］.青岛：青岛大学,2009：34.

其他：

1. 战警堂坦白书［Z］.1952-04-04.
2. 战心泉.我知道的战警堂情况［Z］.

3. 与东平路 × 号赵某臣的谈话[Z].1951-12-30.
4. 战警堂.自述社会主义教育运动个人简历[Z].1965-06-20.
5. 梭管厂.关于战警堂的一些情况[Z].1959-01-13.
6. 齐东路 × 号节约检查委员会,收战警堂自写材料[Z].1952-02-16:2.
7. 战警堂.我的家庭情况和经济[Z].1952-4-20.
8. 战警堂为山东烟厂出兑于林熏自莱州致张伯祥信件[Z].1938-02-09.
9. 华北烟厂与山东烟公司转让经营协议书[Z].1938-02-14.
10. 华北电业股份有限公司股份过户更名请求书[Z].1944-11-14.
11. 调查战警堂情况之三(揭发材料)[Z].1959.
12. 青岛市公安局第六处转押犯检举材料[Z].1959-12-27.
13. 大陆木厂.全体股东决议书[Z].1941-08-01.
14. 原大森木厂会计徐荣琳具.大森木厂前后经历记录[Z].1952-11-18.
15. 战警堂.我的出身和经历[Z].1952-04-04.
16. 战警堂.木厂和我的一些情况[Z].1952-02-17.
17. 庄某周.关于见证林熏之死的一些情况[Z].1958-12-29.
18. 青岛市警察局李村区分局案奉青岛市警察局第二三二号训令[Z].1945-11-08.
19. 赵某炎.我知道的林熏与战警堂的情况[Z].1959-01-14:1-3.
20. 战警堂.有关林熏的情况报告[Z].196×-05-20.
21. 行政院指令据呈为华北烟草公司林熏战犯嫌疑一案[Z].1947-06-09.
22. 战警堂.在节约增产检查委员会的材料[Z].1952-02-16.
23. 青岛市地政局.公字第868号土地权利书状存根[Z].1947-01-01.
24. 化学工业同业公会战警堂材料[Z].1952-03-10.
25. 战警堂与陈从周等三人,青市参议会第五次大会提案[Z].
26. 化学工业同业公会会员战警堂坦白书[Z].1956-04-16.
27. 重抄玉春号万年账[Z].1947-06-30.
28. 筹辅字第2793号青岛市工商联筹备委员会关于聘请战警堂为生产救灾分会委员的函[Z].1950-10-25.
29. 中国氧气工厂董事长战警堂解放后表现[Z].1951-12.

30. 战警堂 . 我的家庭与经济[Z].1952-04-04.
31. 玉春号为呈请市人民政府工商局歇业事由[Z].1950-03-29.
32. 战警堂 . 我的个人简历及主要政治问题[Z].
33. 玉春号为货款损失呈请市人民政府工商局查核救济事由[Z].1950-05-28.
34. 查字第四十二号,青岛市人民政府税务局处分书[Z].1950-06-12.
35. 青岛市生产教养院捐助收入存单[Z].1950-06-22.
36. 战警堂 . 在互助互查及劳资见面会的书面材料[Z].1952-04-18.
37. 战警堂 . 给房地产管理部门的说明[Z].1952-12-16.
38. 股东成立大会会议记录[Z].1953-07-16.
39. 青岛市实业公司 . 关于公私合营氧气厂股份有限公司关于工商登记的批复[Z].1953-07-29.
40. 青岛市实业公司 . 为同意你厂按照新拟图样制订新证章由[Z].1953-08-05.
41. 青岛市人民政府城市建设委员会批复氧总字 109 号报告[Z].1954-09-04.
42. 武某本 . 氧 03 号了解情况的回信[Z].

人名索引：

战警堂（又名战鸿铎，山东掖县人，1902—1985）

家乡私塾学生、务农少年、青岛玉春黄酒馆学徒、玉春商号经理、中鲁银行股东、山东烟草股份有限公司经理、青岛华北火柴厂股东、青岛渤海渔业公司股东、大森木厂经理、上海五洲大药房股东、上海亚浦耳电器厂股东、青岛电业公司股东、青岛中国瓦斯工厂股东、青岛中国养气厂董事长、国民政府青岛市参议员、国民政府中华工业总联合会青岛分会主席、公私合营青岛氧气厂副经理、公私合营青岛台东化工厂股东、公私合营青岛第一木器厂股东、青岛私立晓光小学董事长、青岛中阜商行经理。

B

白乔氏：山东烟厂火灾遇难女工。

C

崔美斋：1945年青岛市警察局警员。

崔岱东：中国崂山烟厂董事长、三和堂董事长。

蔡怡庭：抗战胜利后青岛敌产接收委员。

程义法：抗战胜利后青岛敌伪产业处理局局长。

陈玉莲：战警堂二儿媳。

陈匪石：1936年实业部商标局局长。

陈孟元：战警堂亲家、青岛阳本印染厂董事长、公私合营青岛氧气厂董事。

陈介夫：(青岛)中国染料厂经理。

陈馥祺：山东烟草公司董事。

陈茂楠：山东烟草公司董事。

陈次冶：青岛复诚号经理。

陈鸣同：青岛宏济医院院长。

陈自强：公私合营北京力达化工厂经理。

陈依梅：1951 年青岛福海烟厂登记人、钮心白之妻。

陈兰孩：山东烟厂火灾遇难女工。

陈子青：1929 年上海三兴烟厂职员。

储　镇：1935 年青岛市社会局局长。

曹惠群：1941 年青岛大森木厂经理。

曹海泉：青岛同泰胶皮工厂经理。

曹善揆：青岛双蚨面粉厂经理、私立崇德中学董事长。

从良弼：山东振业火柴厂董事长。

D

丁敬臣：民国青岛名商、丁敬记经理、永裕盐公司总经理。

丁德先：抗战胜利后青岛敌伪产业处理局。

F

傅冠华：战警堂大夫人。

傅炳昭：烟台和青岛元泰号杂货铺、青岛祥泰商号经理、青岛山左银行董事长、青岛市商会会长。

范旭东：民国著名实业家。

酆洗元：1930 年代青岛中国瓦斯公司创办人。

G

葛敬恩：1930年青岛市市长。

葛　谭：抗战胜利后国民党青岛市党部主任兼副市长。

葛光庭：胶济铁路委员会委员长。

郭　顺：中华工业总联合会会长。

郭仲槐：鲁豫监察使兼敌伪物资接收清查团团长。

郭秉龢：1934年青岛财政局局长。

郭贵堂：青岛汇兴栈经理。

郭善堂：青岛东记号经理。

郭立茂：1950年率队反攻青岛的国民党少将纵队长。

高一飞：1942年青岛大森木厂经理。

古成章：民国青岛广东帮名商。

宫子谦：青岛公和兴营造厂总经理。

H

何珊元：抗战胜利后青岛敌产接收监管员。

何文锦：1934年华北游泳纪录保持者。

黄楚九：上海名商。

胡西园：上海中国亚浦耳电器厂董事长。

胡厥文：民国著名实业家。

胡家凤：1935年青岛市政府秘书长。

侯喜嫚：山东烟厂火灾遇难女工。

侯戒嫚：山东烟厂火灾遇难女工。

J

姜星五：山东汽水酿酒工厂经理、青岛酿造业公会理事长。

姜某佐：中国养气工厂工人。

矫玉丰：青岛源兴栈经理。

贾席珍：1947年青岛大森木厂股东。

贾某臣：1950年青岛新新饭店经理。

L

刘子山：民国著名实业家。

刘鸿生：民国著名实业家。

刘华亭：1920年代青岛居民。

刘华嫚：山东烟厂火灾遇难女工。

龙得海：青岛鸿盛义号经理、山东烟厂公司董事。

李静静：战警堂孙女。

李维汉：中央统战部部长。

李先良：抗战胜利后青岛市市长。

李莲溪：青岛民国名商、洪泰号经理。

李淑兰：青岛民国名商。

李毓成：1934年青岛港务局局长。

李树堂：山东烟草公司董事。

李锡友：朝鲜在青商人林熏的司机。

李锡忠：李锡友的哥哥。

李明德：1941年青岛社会局劳工股股长。

李伯平：抗战胜利后青岛市税务局局长。

李孤帆：1947年青岛市航政局局长。

李秉殿：国民政府经济部鲁豫晋区特派员办公处经济委员。

李新吾：1947年青岛敌伪产业处理局会计科长。

李恩生：1947年华北火柴工厂董事长兼总经理。

李某亭：玉春号员工、梭管厂私方股东。

李守敬：1950年青岛大森木厂主任技师。

李鸿〇：1933年青岛裕兴成经理。

李树鸣：1962年给战警堂家挑水者。

李结嫚：山东烟厂火灾遇难女工。

李乐氏：山东烟厂火灾遇难女工。

劳敬修：民国著名实业家。

林康侯：民国著名实业家。

林万秋：青岛市警察局督察长。

林耕宇：傀儡政权立法院委员会青岛宣传联盟理事长。

林大中：上海开成造酸厂厂长。

廖安邦：1937 年青岛市公安局局长。

廖瀛洲：1947 年青岛敌伪产业处理局清理处处长。

柳文廷：民国青岛名商。

鲁绍田：青岛恒兴面粉厂经理、青岛大森木厂经理。

卢金章：青岛光华玻璃厂经理。

吕皖三：青岛亚鲁号经理。

梁实芝：1953 年青岛市节约检查委员会干部。

M

牟友尼：绥区司令部中统人员。

牟广怡：1950 年青岛福海烟厂负责人。

孟吉瑞：1921 年青岛永顺利鱼行职员。

N

钮心白：北伐炮兵、崂山烟厂（生记）厂长、国民政府经济部鲁豫晋区敌伪财产清理特派员办公处专员、崂山烟草股份有限公司经理、1951 年青岛福海烟厂经营者。

倪是庸：大陆烟厂厂长。

P

潘公展：1934 年上海市教育局局长。

潘三省：上海博彩业商人。

彭玉璞：1933 年玉春号仓库管理员。

彭子明：1933 年中国银行青岛分行行员。

浦禹峤：上海中兴公司分公司经理。

Q

曲子俊：青岛交易所经纪人、山东烟厂公司股东。

曲佩光：1945 年中统青岛特工。

綦某俅：青岛华友无线电商店经理。

R

荣宗敬：民国著名实业家。

S

孙秉贤：1932 年青岛公安局第一分局局长。

孙级三：公私合营中国养气工厂股份有限公司厂董事。

孙某山：中国养气工厂职员。

孙四嫚：山东烟厂火灾遇难女工。

孙张氏：山东烟厂火灾遇难女工。

宋裴卿：民国著名实业家。

宋忠彦：1945 年青岛市警察局市南分局警员。

宋雨亭：青岛商会会长。

宋某某：1932 年莱芜路卖鸟人。

苏勖臣：青岛立诚号经理。

沈鸿烈：1932 年 -1937 年青岛市市长。

沈星德：山东烟草公司董事。

沈德华：山东烟草公司董事。

沈士诚：山东烟草公司董事。

沈其项：山东烟草公司董事。

沈顺昌：上海三兴烟厂烟叶收叶主任。

沈铭盘：国民政府行政院处理敌产审议委员会委员、青岛银行同业公会常务理事、中央信托局青岛分局局长。

盛竹书：上海银行公会会长。

邵洵美：著名出版家。

T

谈明华：中统青岛区室负责人。

田云生：潍县籍大鲍岛商人。

谭顺庆：1930年代青岛中国瓦斯公司创办人。

谭会槐：1950年代战警堂出租房屋经办人。

腾　胜：1953年青岛实业公司干部。

唐振声：青岛大成商行经理。

唐某乐：中国养气工厂工人。

W

王晓籁：民国著名实业家。

王时泽：1936年青岛市公安局局长。

王芗斋：青岛市商会常务理事、青岛义聚合钱庄经理、青岛永安百货店股东、青岛新生化学工厂股东、上海华仪进出口公司股东。

王义斋：烟台醴泉啤酒工厂经理。

王志超：1947年青岛市警察局局长。

王德彦：保密局青岛站站长。

王荩臣：中鲁钱庄董事长。

王子雍：1923年胶澳电气股份有限公司总经理。

王荫太：日本华北叶烟草株式会社董事长。

王宣忱：(青岛)中美冷藏厂董事、华北酒精厂经理。

王尊三：青岛某汽车行经理。

王组珊：青岛中阜商行经理。

王义勇：1920年代上海华成烟厂销售员。

王凌源：1947年西安烟商。

王荩臣：青岛聚顺兴号经理。

王子久：青岛德聚福号经理。

王天锡：鲁兴造纸厂经理。

王玫生：建筑师、私立青岛崇德中学校董。

王振西：1941 年青岛大陆木厂股东。

王育堂：1947 年青岛大森木厂股东。

王冠云：1948 年中国养气工厂副理。

王宣嫚：山东烟厂火灾遇难女工。

王秀英：山东烟厂火灾遇难女工。

王　道：1945 年在青岛被逮捕的河南省警务所长。

王某民：1951 年平原省财经学校职员。

王某谅：1955 年青岛市公安局在押人员。

汪集鉴：1953 年青岛交通银行工作人员。

温星垣：青岛裕盛祥号经理、山东烟草公司董事。

吴铁城：1934 年上海市市长。

吴醒亚：1934 年上海市社会局局长。

吴蕴初：上海天厨味精董事长。

吴希武：1945 年市警察局浮山派出所巡警。

吴永清：1942 年青岛大森木厂厂长。

吴子玉：青岛聚福楼老板。

吴伯生：华新纱厂经理。

吴迺昌：1956 年上海重工业造船厂职员。

X

薛坤明：武汉太平洋制皂公司董事长。

徐惟吾：(青岛)上海烟公司经理。

徐继庄：1947 年邮政储金汇业局青岛分局局长。

徐一贯：1949 年青岛发电厂厂长。

徐荣琳：1947 年青岛大森木厂会计。

徐肇和：上海晶华玻璃厂经理。

徐东璧：民国在青掖县人。

徐美燕：战警堂三儿媳。

许守忠：青岛联益建业华行建筑师。

项松茂：上海五洲固本制皂厂董事长。

夏粹芳：商务印书馆创办人、上海五洲固本制皂厂股东。

谢组元：日占时期胶海关监督。

谢之光：著名广告画画家。

玄立功：中统局青岛区室勤务兵。

邢忠亭：青岛大新电线厂经理。

Y

俞中萼：（青岛）上海烟草股份有限公司董事长。

俞伴琴：山东烟草公司董事。

俞浩鸿：1934 年青岛市工务局科长。

虞洽卿：民国著名实业家。

于风亭：战警堂二夫人。

于永晏：1945 年中统青岛站特派员。

余晋龢：1932 年青岛公安局局长。

余则达：济南商务总局总办、登莱青胶道台、山东都督。

杨公兆：1946 年经济部鲁豫晋区特派员办公处特派员。

杨文申：维新织带厂经理、福字胶皮工厂董事长。

杨辉宗：1945 年青岛市警察局法医。

杨月松：公私合营中国养气工厂股份有限公司监察人。

杨某贞：掖县日伪商会会长、中统鲁东区室组长。

杨徐氏：山东烟厂火灾遇难女工。

姚作宾：1935 年青岛中国石油公司董事、北平交通委员会委员、后任青岛伪市长。

尹致中：青岛市参议员、冀鲁针厂董事长。

尹某勤：陵县路煤店员工。

易天爵：1935 年财政部所得税事务处山东办事处指导员、青岛市工商学会总干事。

颜少卿：山东烟草公司董事。

叶桓达：1921 年青岛警察。

阎振东：1945 年青岛中统特工。

Z

战庆云：战警堂之父。

战吴氏：战警堂之母。

战德馨：战警堂长子。

战德华：战警堂次子，又名战凯、战文忠。

战德声：战警堂三子。

战德芳：战警堂长女。

战德美：战警堂次女。

战小焕：战警堂孙女。

战先五：战警堂堂叔、和合栈经理、山东烟厂董事长。

战心泉：战先五之子、青岛中国瓦斯工厂董事长、中国养气工厂股东。

战贵轩：青岛中国瓦斯工厂副理、公私合营中国养气工厂股份有限公司董事。

战春秀：公私合营中国养气工厂股份有限公司股东。

战德祥：中统鲁东区室通讯员。

战祥成：青岛战大夫医院院长。

赵公鲁：鲁豫敌伪物资接收清查团团员。

赵彦年：青岛平安公司经理、山东烟草公司董事。

赵某炎：大中织染厂经理。

赵志辉：青岛大元橡胶厂经理。

赵某平：1952 年国民党潜伏青岛电台台长。

章高元：青岛首任总兵。

章元德：1945 年青岛燕儿岛看山人。

张玉田：中鲁银行总经理。

张柏祥：祥瑞行美术印书馆经理、山东烟厂股东、青济国货胶厂股东。

张能静：张柏祥夫人、湛山寺居士。

张慰世：1928 年胶澳商埠烟酒经征处处长。

张子全：青岛玉春号经理。

张明銮：青岛协聚祥号经理。

张聚五：青岛和合栈股东、山东烟厂公司董事。

张乐亭：青岛大陆木厂股东。

张延德：抗战时期青岛保安队排长。

张某眉：1950 年玉春号伙计。

张祥嫚：山东烟厂火灾遇难女工。

张某骏：1952 年国民党青岛派遣特务。

张某臣：揭发中国养气工厂经理翟绍庭者。

张某苗：1962 年青岛第二粮库职工。

朱文熊：南洋企业公司经理、上海烟草公司董事长。

周作民：金城银行董事长。

周子西：(青岛)华北火柴公司经理、青岛华祥磷寸株式会社股东。

周志俊：青岛华新纱厂厂长。

周叔弢：青岛华新纱厂董事。

周宏杰：1942 年青岛大森木厂副理。

周子文：青岛中医、六合堂药店经理。

周和卿：1950 年受战警堂资助终身生活费者。

邹升三：青岛裕东泰号经理。

邹道臣：青岛福兴祥银号经理、青岛华北火柴公司股东、青岛市商会会长。

邹来鋕；邹道臣长子。

邹来钰：邹道臣次子。

邹来钧：邹道臣三子。

翟绍庭：私营青岛中国瓦斯工厂经理。

翟某灿：翟绍庭之女。

翟某熏：翟绍庭之子。

郑伯昭：近代中国著名买办、永泰和烟草公司经理。

郑某兰：翟绍庭之妻。

郑方正：茂昌冷藏厂常务董事、经理。

郑章华：青岛亨得利钟表眼镜店创办人。

庄某州：1960 年代新疆农二师第一煤矿工人。

外籍人士：

西姆森（Alfred Siemssen）：德国人、祥福洋行在青岛的地产商。

恩斯特・普莱斯曼：1903 年西门子公司的电器工程师。

克里伯：1903 年德国通用电气公司的工程师。

盘　门：德国人、1908 年上海固本皂厂经理。

狄克生：颐中烟草公司董事。

W.H. 福克纳：颐中青岛公司经理。

克莱门：1946 年驻青岛美国海军陆战队司令。

麦　斯：青岛无线电修理店经理。

帕乌芳天：青岛无线电修理店技师。

林　熏：朝鲜在青岛商人、日本占领青岛海军顾问、华北烟厂董事长、华北烟草株式会社董事长。

林英一：朝鲜人、林熏之子。

林　茂：朝鲜人、林熏二弟。

林暻夏：朝鲜人、林熏三弟。

林金仁柱：朝鲜人、林熏母亲。

崔达河：朝鲜人、林熏侄女婿。

申淑铉：朝鲜人、林熏侄女婿。

申淑芹：朝鲜人、林熏亲戚。

韩弼臣：朝鲜人、青岛天隆造纸厂股东。

张麟铉：朝鲜人、北京日华制纸株式会社股东。

张为正：朝鲜人、北京日华制纸株式会社股东。

火谷尊由：日本华北开发公司总裁。

荻原直之：驻青日本陆军特务机关长。

森　木：驻青日本宪兵队大佐队长。

平　川：青岛日本陆军人事部上校。

丸　田：(青岛)亚细亚物产株式会社经理。

高桥光隆：1923年胶澳电气股份有限公司经理。

中达香苗：华北东亚烟草株式会社青岛工场总经理。

国分俊介：青岛日本海军特务部军人。

金井宽人：日本华北叶烟草株式会社副董事长。

土桥芳三：日本华北叶烟草株式会社青岛支店店长。

松波银之丞：1918年青岛松波洋行经理。

内山胜美：1918年青岛三信公司经理。

白石保喜：1938年青岛资生堂青岛贩卖株式会社经理。

小林忠雄：株式会社华北火柴工场股东。

安腾荣次郎：株式会社华北火柴工场股东。

羽田川贤治郎：株式会社华北火柴工场股东。

近藤德太郎：1939年青岛光阳硫化磷工厂经理。

志摩证彰：1921年在青岛的日本鱼行经理。

大野清吉：私立青岛崇德中学校董。

平冈小太郎：私立青岛崇德中学校董。

郭立得什米特：1948年青岛郭立得洋行经理(俄国人)。

施未兰诺夫：1948年青岛宝罗洋行经理(俄国人)。

美星哥呢：1948年布鲁洋行经理(印度人)。

美丽万丽：1948年大隆洋行经理(印度人)。

书中出现的1949年前企业

青岛华商企业：

中国山东烟草股份有限公司、中国崂山烟草股份有限公司、玉春号、玉春黄酒馆、聚顺兴号、谦祥益号、亚鲁号、德聚福号、汇兴栈号、宜今兴号、东记号、和合栈、裕盛祥号、洪聚昌号、同泰祥号、福顺泰号、祥云寿号、徐昶祥号、德源号、万源永号、义顺隆号、福合永号、裕东泰号、祥泰号、裕兴成号、丁敬记、洪泰号、通聚福号、鸿盛义号、三聚成号、裕盛祥号、福合永号、协聚祥号、德源永号、立诚号、复诚号、泰东号、大成栈、源兴栈、长春堂、青岛胶澳烟公司、正泰号、润盛义记、宝隆号、盛裕成记、中阜商行、青岛鹤丰烟公司、双蜉面粉公司、大丰烟叶公司、胶澳电气股份有限公司、德聚隆钱庄、永安商行、聚丰银号、福兴祥银号、青岛复兴祥钱庄、青岛德聚隆钱庄、中鲁钱庄、中鲁银号、中鲁银行、中国银行、金城银行、大陆银行、东莱银行、山左银行、青岛地方银行、青岛农工银行、北海银行、青岛物品证券交易所、永裕盐公司、屠兽场、青岛大饭店、福生德茶庄、可可斋、顺兴楼、三阳楼、青岛佳妃饭店、公园饭店、中国养气工厂、（青岛）上海烟草股份有限公司、东鲁烟叶公司、平安公司、源兴栈、永顺利鱼行、天真和记照相材料行、福顺太百货店、亚鲁药房、大昌药房、建美药房、天宝银楼、福隆绸布庄、聚盛杂粮货铺、维新化学工艺社、鼎成工业社、祥瑞行美术印书馆、聚福楼、馅饼粥、天真美术日夜照相馆、天德堂、玉生池、华壹氏大药房、宏仁堂、十乐坊、李家饺子楼，三聚成、裕长酱园、瑞芬茶庄、（青岛）上海烟草股份有限公司、青岛中国瓦斯工厂、华新纱厂、同泰胶皮工厂、青岛维新化工厂、大安化工厂、洪泰化工厂、广益化工厂、惠成化工厂、延年化工厂、兴华化工厂、青岛化学厂、建华工厂、惠绛工厂、力生碱厂、复东碱厂、毅生碱厂、光华玻璃厂、中正书局青岛印刷厂、济青橡胶厂、天隆造纸厂、华北火柴厂、中日合办青岛华祥火柴工厂、振业火柴工厂、明华火柴工厂、鲁东火柴工厂、华鲁火柴工厂、振东火柴工厂、信昌火柴工厂、胶东增益火柴厂、鸿泰火柴厂、兴业火柴工厂、中国染料厂、永记营造厂、恒兴面粉厂、冀鲁制针厂、茂昌冷藏厂、阳本印染厂、中美冷藏厂、大陆木厂、大森木厂、福聚隆木厂、鲁兴造纸厂、维新织带厂、五福织布工厂、双蚨面粉厂、建华轧钢厂、联仁制钉厂、万丰窑厂、广益化工厂、延年化工厂、永大化工厂、华昶锯木厂、福字胶皮厂、太安胶皮厂、青济国货胶厂、青岛胶皮厂、大元橡胶厂、同泰橡胶厂、茂昌蛋厂、恒兴面粉公司、建国铁工厂、泰东铁工厂、青岛酸素工厂、新生制杆厂、鲁生制杆厂、中国制杆厂、新兴制杆厂、华东肥皂厂、崂山肥皂厂、裕生造胰厂联益建业公司、青岛渤海渔业公司、青岛中国石油公司、祥泰保险公司、先施保险公司、联保保险公司、永宁保险公司、礼合保险公司、青岛渔业公司、光复舞厅、却尔斯登舞厅、泰安路铁道消费合作社、永安剧院、光陆剧院、天成戏院、华乐戏院、和声社、欢声社、业余求智会、平民教育会、斯宜药厂、振东药房、长春堂永记药店、胶济铁路青岛医院、宏济医院、同泰自行车厂、普华铁厂、升仙铁厂、顺昌铁厂、大新电线厂、东昌制杆厂、五五电化厂、东兴制筒厂、台东药房、六合堂药店、青岛无线电修理店、惠利无线电商店、华友无线电商店。

青岛之外华商企业：

中国银行、交通银行、金城银行、上海商业储蓄银行、烟台缫丝局、上海五洲大药房、中国亚浦耳电器厂、上海中兴公司、上海搬场汽车公司、上海南洋企业公司、上海达曹染织厂、上海苏纶纱厂、上海永安纱厂、上海仁丰染织厂、上海振华纺织厂、上海中国工业炼气公司上海、达丰染织厂、上海开成造酸厂、上海新新酒楼、大西洋西菜社、上海新闻报社、上海中国工业炼气股份公司、上海大华养气有限公司、上海永泰和烟草股份有限公司、上海烟草公司、上海汇昶烟厂、上海三兴烟厂、上海民主烟厂、上海中和烟厂、上海中国化学工业社、上海中华铁工厂、上海中华珐琅厂、上海冶镕公司、上海华丰搪瓷厂、上海章华呢绒厂、上海大华钢铁厂、上海五金合作社、上海大中工业社、上海美亚织绸厂、上海五和织造厂、上海天原电化厂、上海晶华玻璃厂、上海炽昌新胶厂、上海淀粉厂、上海中南棉毛织厂、上海永安百货公司、济南中亚化学工厂、烟台醴泉啤酒工厂、烟台亿中发网公司、沈阳同德兴号、华成烟公司、南洋兄弟烟草公司、重庆森昌火柴厂、重庆泰兴火柴厂、北京丹阳火柴、天津北洋火柴厂、天津颐中运销烟草公司、武汉太平洋制皂厂、黑河全兴瑞商号、哈尔滨聚丰福杂货行、沈阳聚丰福印刷厂、天津以东方氧气工厂、中华化学工厂、上海永和实业公司、上海华兴帽厂、香港天喜堂、中国国货公司。

外商企业：

德国：库麦尔（O. L. Kummer & Co.）电气公司、AG Elektrizitaetswerkr青岛发电厂、奥斯特船厂、西门子公司、通用电气公司、Crasemann & Hagende（宝兴洋行）、烟台flilanda缫丝厂、祥福洋行

美国：英美烟草股份有限公司、得士古火油公司、美孚火油公司、美隆洋行、兹美洋行

英国：英美烟草股份有限公司、永泰和烟草股份有限公司

日本：顺昌洋行、日资协丰园酱油酿造场、华北开发公司、华中振兴公司、兴中株式会社、共荣社、花井时一商店、士蘼洋行、一郡商会、三井物产株式会社、新隆醋酸工厂第二厂、亚细亚物产株式会社、华北烟草株式会社、华北叶烟草株式会社、华北烟草股份有限公司、青岛埠头股份公司、中裕烟草公司、山东产业公司、山东烟草公司、合同烟草公司、新民报社、三井物产株式会社、大平农业株式会社、吉林磷寸株式会社、东亚磷寸株式会社、

奉天磷寸株式会社、大连磷寸株式会社、日清磷寸株式会社、泷川磷寸会社、大阪磷寸电光会社、明石磷寸工厂、山东火柴株式会社、株式会社华北火柴工场、中日合办青岛华祥火柴工厂、东华火柴工厂、益丰火柴工厂、青岛光阳硫化磷工厂、加藤洋行、兴中株式会社、华北电业股份有限公司、（中日合办）胶澳电气株式会社、东洋拓殖株式会社、日清纺织株式会社、株式会社维新化学工艺社、株式会社东洋木厂、山东化学工场、青岛染色株式会社、明治制革株式会社、内外棉株式会社青岛内外棉工厂、铃木丝厂、青岛大连制冰厂、青岛埠头股份公司、大仓蛋粉厂、东洋油房、樫村洋行青岛支店、福昌公司青岛出张所、富永商行、高桥硝子商会、鱼利料理店、铃木商店、东京寿司店、东京庵本店、ブみ屋、大日本军管理颐中烟草公司青岛事务所、华北开发公司、华北航业总公会股份有限公司、华中振兴公司、华北电业股份有限公司、东洋拓殖株式会社、日清纺织株式会社、青岛Star舞厅、青岛Palace舞厅、青岛Le　Printemps舞厅、青岛Florida舞厅、青岛Prince舞厅、青岛运输中古商会、青岛河合工厂、青岛东洋印刷社、青岛开发生计组合、伊东会社、冈崎会社

法国：上海东方修焊有限公司

朝鲜：青岛华北烟厂、青岛企业公司、青岛天隆造纸厂、青岛福奉号、青岛老马记、青岛李保田记、青岛金芳记、青岛高丽人参批发处、北京日华制纸株式会社、北京中华造纸股份有限公司

俄国：青岛郭立得洋行、青岛宝罗洋行

印度：青岛布鲁洋行、青岛大隆洋行

图书在版编目（CIP）数据

昔烟一城梦：战警堂百年青岛档案 / 贺伟著 .
青岛：中国海洋大学出版社，2024. 11.
ISBN 978-7-5670-3976-6
Ⅰ . F429.523
中国国家版本馆 CIP 数据核字第 2024M5R375 号

昔烟一城梦：战警堂百年青岛档案

XIYAN YI CHENG MENG： ZHAN JINGTANG BAINIAN QINGDAO DANGAN

出版发行 中国海洋大学出版社
社　　址 青岛市香港东路 23 号
出 版 人 刘文菁
网　　址 http://pub.ouc.edu.cn
责任编辑 矫恒鹏 郝倩倩
电　　话 0532-85902342
电子邮箱 zhanghua@ouc-press.com
策划出品 青岛日报报业集团良友书坊
策划编辑 冷　艳 杨　倩
印　　刷 青岛新华印刷有限公司
版　　次 2024 年 11 月第 1 版
印　　次 2024 年 11 月第 1 版印刷
印　　数 1~2000
成品尺寸 170mm×240mm
印　　张 17.25
字　　数 264 千
定　　价 68.00 元
